SECRETOS DE FAMILIA

Grupo ROBIN BOOK

Barcelona - México
Buenos Aires

SECRETOS DE FAMILIA

Las guerras del poder

Agustí Sala

Un sello de Ediciones Robinbook

información bibliográfica
Indústria, 11 (Pol. Ind. Buvisa)
08329 - Teià (Barcelona)
e-mail: info@robinbook.com
www.robinbook.com

© 2009, Ediciones Robinbook, s. l., Barcelona

Diseño de cubierta: Visual
Diseño interior: La Cifra (www.cifra.cc)

ISBN: 978-84-7927-954-7
Depósito legal: B-182-2009

Impreso por Limpergraf, Mogoda, 29-31 (Can Salvatella)
08210 Barberà del Vallès

Impreso en España - *Printed in Spain*

Para Carmen, Guillem,
Adrià y el resto (ellos ya saben).

ÍNDICE

Introducción: Los secretos de la empresa familiar 11
1. Batallas y guerras 17
   1.1 Gucci: Lujo y complots 19
   1.2. Cuétara: Reparto de galletas 29
   1.3. Elosúa: Todo menos una balsa de aceite 36
   1.4. Churruca: Las pipas de la discordia 43
   1.5. Guinness: Errores de grandeza 46
   1.6. Adolfo Domínguez: Arrugas entre hermanos 52
   1.7. Galvin: La familia deja Motorola 58

2. Disputas y cimas 63
   2.1. Raventós: El heredero deja Codorníu y crea su propia marca . 65
   2.2. Rubiralta: Dos hermanos, dos destinos 69
   2.3. Koplowitz: Bifurcación de caminos 74
   2.4. Lladró: Cada uno con sus figuras 79
   2.5. Bacardí: Herencias on the rocks 85
   2.6. Osborne: El toro de la discordia 92
   2.7 Estée Lauder: A la tercera... 95

3. La continuidad 103
   3.1. Ferragamo: Todos a una 106
   3.2. Haas: Levi's entra y sale de la bolsa 110
   3.3. Pérez Companc: La evolución permanente 113
   3.4. Lego: La piezas de los Christiansen encajan 118

3.5. Ortega: Zara pide el relevo 121
3.6. Kamprad: Ikea se perpetúa 130
3.7. Santo Domingo: El poder de Colombia 136
3.8. Cisneros: Venezuela con mando a distancia 139

4. La hora del relevo 143
4.1. Entrecanales: Los nietos diversifican 145
4.2. Benetton: El hijo se pone el jersey 151
4.3. Azcárraga: Cambio de programación 156
4.4. Luksic: Herencia a la chilena 159
4.5. Michelin: Cambio súbito de neumáticos 161
4.6. Slim: La saga mexicana continúa 165
4.7. Poilâne: El pan global 169

5. Claves de la supervivencia 173
5.1. Kongo Gumi: Y a los 1.428 años desapareció 176
5.2. Beretta: La mejor bala en la recámara 179
5.3. Raventós: Cava y vino desde la cuna 182
5.4. Botín: La banca en los genes 188
5.5. March: Del contrabando a los grandes negocios 196
5.6. Bettencourt: Porque L'Oréal lo vale 203
5.7. Wallenberg: Suecia en sus manos 207
5.8. Agnelli: La «monarquía» italiana 210

Bibliografía 217

INTRODUCCIÓN:
Los secretos de la empresa familiar

*La empresa familiar sigue viva, goza de buena salud y a menudo
continúa transmitiendo su legado a las nuevas generaciones.
Ello se debe a que se basa en la emoción y el impulso humano
que trascienden y sobreviven a las interrupciones
y las interferencias políticas y económicas.*

DAVID S. LANDES, *Dinastías* (Crítica, Barcelona, 2006)

Un padre reúne a sus hijos y les comunica cuál de ellos dirigirá el negocio familiar. A partir de ahí surgen celos, rencillas, envidias, odios... Como cuando hay que decidir cambiar de proveedor y un primo le dice al otro que no hay que dejar en la estacada a una empresa que colabora con la familia desde hace medio siglo. ¿Qué es lo que hace que una empresa familiar sea distinta del resto de compañías? Ésta es una pregunta que han tratado de contestar sin éxito muchos expertos y estudiosos de la materia y a la que, por tanto, difícilmente puedo aquí dar una respuesta simple. Sin embargo, es posible apuntar diversas aproximaciones a la cuestión que aporten cierta luz sobre este tipo de negocios en los que se superponen tres escenarios o esferas: la propiedad, la familia y la empresa, o la gestión de la misma. Sus actores están integrados en alguno o en cada uno de estos escenarios o esferas. Las combinaciones posibles son enormes y determinan también la existencia de posibles conflictos.

Para empezar, debe quedar claro que el punto diferencial de estas compañías se fundamenta en la propiedad, aunque no es el único de los elementos que debemos tener en cuenta. Un negocio puede ser considerado familiar cuando son parientes los titulares de la mayoría del capital o de una parte significativa del mismo, pero con capacidad de incidir en sus políticas y estrategias. Teniendo en cuenta este principio, vemos que miles de compañías y negocios responden a esa definición, desde el comercio de la esquina, que está regentado por unos padres que tienen o no el apoyo de alguno de sus hijos, hasta colosos como Ford Motors, Michelin, Fomento de Construcciones y Contratas (FCC), Acciona, Carrefour, Fiat o grupos familiares con un sinfín de intereses en empresas de la más variada naturaleza. Es el caso de dinastías como los Wallenberg, en Suecia; los Wendel, en Francia, o los March, en España. Hay muchos ejemplos.

Existen varios elementos o rasgos que se repiten en las distintas definiciones académicas que se han dado hasta la fecha del término «empresa familiar». Así, este tipo de compañía suele destacarse por el porcentaje de participación en manos de una o más familias que, a su vez, desempeñan funciones ejecutivas e influyen en la política y estrategia de la compañía. En esta línea, algunos autores han diseñado una definición que aglutina todas las características incluidas en los intentos de descripción de una «empresa familiar» realizados por otros estudiosos: «Se trata de aquellas empresas en las que al menos dos miembros de una misma familia —tanto personas relacionadas por parentesco natural como legal— tienen el control sobre la propiedad en grado suficiente como para influir y participar de forma efectiva en la administración y dirección con objetivos y fines claramente empresariales, no personales».[1]

Es indudable que el peso de este tipo de empresas en la economía es elevado. Existen muchas estimaciones al respecto; según la recogida por el Instituto de la Empresa Familiar (IEF), en EE. UU., suponen en torno a la mitad del empleo total y el 80 % del tejido empresarial. Los 17 millones de compañías de este tipo de la Unión Europea (UE) representan el 60 % del sector industrial de este territorio, y la cuarta parte de las cien mayores empresas europeas tienen a parientes como propietarios. La proporción no es exactamente la misma en todas las economías, pero siempre es elevada. En España se estima que los casi

---

1. Fuentes Ramírez, Javier; *De padres a hijos*, Ediciones Pirámide, Madrid, 2007.

tres millones de empresas de estas características existentes copan en torno al 70 % del producto interior bruto (PIB), es decir, de todo el valor de lo que se genera en un año en el país, y que suponen en torno a tres cuartas partes del empleo total; asimismo, en el Reino Unido, tres de cada cuatro compañías pueden considerarse familiares; y en Italia, más del 95 %. En conjunto, la aportación que suponen al PIB o a la riqueza de los países capitalistas oscila entre el 45 % y el 70%, que es una proporción lo suficientemente relevante para asumir su importancia.

En la esfera de las personas, si hay algún factor que distingue a este tipo de empresas del resto es seguramente la emotividad. Y es así porque la relación entre los familiares no es únicamente comercial o económica, sino que se mueve en un ámbito más etéreo y que, en principio, debería aportar una mayor cohesión a la compañía como consecuencia de las relaciones consanguíneas entre sus miembros. Al mismo tiempo, y precisamente por todo ello, el factor emotivo conlleva un aspecto más irracional que puede resultar tremendamente negativo y que puede desatar conflictos que, en ocasiones, son más violentos que los que tienen lugar en empresas con dueños que no son necesariamente familiares y tienen un perfil más indefinido, como sucede en las grandes sociedades anónimas en las que el capital está muy diluido. Y ésa es la vertiente por la que más se las conoce entre el público, gracias al éxito de series de televisión como *Dallas* o *Dinastía*, donde vemos a familiares que libran auténticas batallas por el control del poder, que se propinan auténticas puñaladas o que son capaces de denunciarse unos a otros ante la Justicia o las autoridades fiscales. No obstante, aunque a veces la realidad supera a la ficción, ése no puede considerarse un rasgo definitorio exclusivo de las empresas familiares. En cualquier caso, los vínculos de sangre proporcionan una fuerza especial a las sociedades como consecuencia de una historia, unos valores y unos intereses que sus integrantes tienen en común, lo que algunos expertos denominan como el *sueño compartido*. Pero esa misma relación de parentesco puede provocar errores (emotivos) en la gestión del negocio como consecuencia de confundir los roles entre familia y empresa. En estas páginas recojo algunos ejemplos de ello. ¡Cuántas veces no ha dinamitado un padre la gestión de un hijo al que supuestamente había cedido la batuta del negocio! El muchacho —quizá ya no tan joven— da unas órdenes, y el progenitor, a espaldas del primero, las revoca; por lo que, a la vez, lo desacredita ante sus subordinados. «¿No les dije que hicieran esto?», dice el hijo. «Pero su padre nos dijo que hiciéramos esto otro», le contestan. No hay peor desconcierto y complicación que éste para llevar un negocio como mandan los cánones.

Y es precisamente la sucesión, el traspaso del poder de una generación a otra, uno de los elementos que más complicaciones provoca, así como una de las cuestiones que más preocupan a los miembros de las empresas familiares. Es tan complejo el asunto que existen incluso dichos y refranes sobre el mismo: «Padre bodeguero, hijo millonario, nieto pordiosero», se dice en España; *«Pai rico, filho nobre, neto pobre»* («Padre rico, hijo noble y nieto pobre»), afirman en Portugal; y *«Dalle stalle alle stelle alle stalle»* («Del establo a las estrellas y de vuelta al establo»), dicen los italianos. Los hechos certifican esta sabiduría popular: menos de un tercio de las empresas familiares perduran más allá de la segunda generación (los hijos) y de éstas, apenas el 10 % duran hasta la tercera (nietos). No digamos las que dependen de los bisnietos: apenas son el 1 % del total. Según el profesor del IESE Miguel Ángel Gallo, uno de los mayores expertos en la materia en España, el 61 % de las empresas familiares están dirigidas y/o controladas por la primera generación; el 24 %, por la segunda; el 9 %, por la tercera, y apenas el 6 %, por la cuarta y siguientes generaciones.

Esa evolución que experimentan estas compañías tiene una explicación íntimamente relacionada con la paulatina —a veces rápida— ampliación del número de miembros que componen la familia. Ni siquiera los vínculos de parentesco pueden calmar los distintos intereses y gustos de las personas a medida que se incrementa el número de componentes del grupo y, por tanto, el reparto del capital es cada vez más diversificado y fragmentado. Y, cómo no, todo ello puede desatar un alud de emotividad y de sentimientos. Y es que, de una primera fase o etapa inicial dominada por el o los fundadores, se pasa a una sociedad formada por hermanos (los que constituyen la segunda generación), y posteriormente se amplía aún más el número de participantes en la etapa siguiente, en la que los accionistas y/o gestores son primos (y, eventualmente, hermanos) entre ellos —o, visto desde otra óptica, nietos de quienes crearon el negocio—. Existen algunas compañías que han resuelto la cuestión del exceso de reparto del capital y de la gestión con la sucesión dirigida a un único heredero. En estos casos, de generación en generación, se pasa siempre a un único líder de la empresa familiar.

Aunque puede suceder mucho antes, es en la tercera generación en la que suelen surgir los mayores problemas, que están relacionados con la distribución del capital social, la liquidez de los accionistas, la tradición y la visión de las distintas ramas familiares, el aumento y la resolución de conflictos, la participación y las funciones de los familiares y los vínculos de los distintos parientes con la empresa. A medida que crece el número de participantes, en función de su grado de implicación, se abren enormes brechas en materia de intereses y visiones sobre el negocio. A todo ello hay que sumar la incorporación de los parientes políticos, es decir, las esposas y maridos que provienen de otras familias distintas de la que es propietaria de la empresa.

Pero también hay diferencias entre quienes forman parte integrante del clan desde la cuna. Es frecuente que el punto de vista sea diferente para un familiar que sólo es accionista y que prefiere una buena rentabilidad de su participación, que para otro que además es gestor o para aquel que es ambas cosas a la vez. Y ésas son sólo algunas de las combinaciones posibles. Y es que las compañías familiares tienen una evolución o ciclo vital parecido al humano: nacimiento, infancia, adolescencia, juventud, madurez y, si no se ponen todos los medios para evitarlo, muerte... En EE. UU. se ha llegado a determinar una esperanza de vida de 24 años para las empresas familiares, mientras en el caso español su vida alcanza a la mitad de las que no son familiares, según los estudios del profesor Gallo, antes mencionado.

Sin pretensión alguna de análisis científico o académico, en estas páginas recojo ejemplos de auténticas y desgarradoras pugnas por el poder en empresas familiares muy conocidas e incluso que merecen reconocimiento. Estos enfrentamientos han acabado, en algunos casos, con la desaparición de la empresa o marca y, en otros casos, con la cesión y venta del negocio a terceros que, a su vez, pueden pasar la propiedad a otras familias o, simplemente, a otras empresas no familiares, con lo cual la empresa original pierde su carácter familiar. No siempre estas historias acaban tan mal ni tienen consecuencias tan dramáticas como las que afectaron al imperio italiano de la moda Gucci. Hay casos con consecuencias menos trágicas, aunque tristes desde la perspectiva de la continuidad de la empresa, como Cuétara (que acabó igualmente en manos de terceros) o Elosúa. Pero no todas las historias que se recogen en este libro tienen un tono tan negativo, porque todavía existen (y existirán) cientos de compañías familiares que han sabido superar los retos y sobrevivir tres e incluso más generaciones. Por eso también dedico apartados a firmas longevas o que, al menos, han superado las distintas vallas con las que han tropezado en el camino. Como sucede en el mundo de los negocios en general, el éxito en esta materia carece de recetas mágicas, aunque de los éxitos y, especialmente, de los fracasos, se pueden extraer una serie de pautas útiles para evitar los errores más comunes y aquellos que han acabado destrozando o dejando en manos de otros negocios que incluso fueron centenarios.

1. BATALLAS Y GUERRAS

No conoces realmente a alguien hasta
que compartes una herencia con él.

MARK TWAIN

Lo he mencionado anteriormente. El parentesco no tiene por qué ser una garantía de paz, armonía y amor; puede ser exactamente todo lo contrario, y existen sobrados ejemplos de ello. La dimensión emotiva de las empresas familiares, de no ser domada, puede llegar a tener mucho de irracional y dañina. Celos, rabia, envidias, odio, discriminación y nepotismo forman parte del día a día de muchas de estas compañías. Estos sentimientos suelen contenerse a lo largo de la primera generación del negocio —aunque también hay excepciones y las disputas surgen ya en ese período—, pero estallan en la segunda, y no digamos a lo largo de las posteriores generaciones si los representantes de la empresa no resuelven con anterioridad la posibilidad de que surjan planteamientos como: «¿Por qué tú y no yo?» o «Tu padre siempre hizo lo que quiso. Ahora es el momento de cambiar y de que sea mi familia la que lleve las riendas». Innumerables factores provocan no sólo disputas o conflictos, sino guerras con una gran carga violenta que suponen el estadio más peligroso al que pueden llegar estas empresas y el que más preocupa a los fundadores que, en su día, soñaron con la perpetuación de su idea.

No existe un único factor que influya en estos desenlaces sino una multitud de ellos. Estos incluyen desde los choques de personalidad, hasta la envidia o las aspiraciones profesionales y retributivas de distinto orden, que pueden ser muy legítimas desde la óptica individual, pero muy nocivas desde la colectiva. Y no digamos lo que puede llegar a ocurrir cuando cuestiones que forman parte de la esfera meramente familiar contaminan el funcionamiento normal de la compañía. En este sentido, es necesario trazar bien y de forma muy definida las líneas divisorias entre familia y empresa, lo que no es nada fácil. El padre debe serlo en casa, pero en la oficina ha de ser jefe, y el hermano debe aparcar ese rol para transformarse en superior, subordinado o compañero, cumpliendo a la perfección el papel que le haya correspondido desempeñar. De lo contrario, se producen los problemas.

En esencia, el reto consiste en mantener el espíritu fundacional. Pero eso es muy complicado cuando quienes están al frente ya no son aquellos que años atrás crearon la empresa con sangre, sudor y lágrimas, y cuando, además, representan infinidad de intereses y visiones diferentes sobre el negocio. Es en estas circunstancias en las que un hijo, preso de la ira por no poder imponer sus criterios, puede acabar denunciando a su padre por evasión fiscal y haciendo que éste pase una temporada en la cárcel; o formar alianzas con otros hermanos o primos para descabalgar del poder a otros miembros de la misma familia (Gucci); o que se corra el riesgo de desaparición del negocio o de la marca como consecuencia de las peleas jurídicas entre hermanos (Churruca); o que se prefiera la venta de la compañía a un tercero antes de que sea dominada por una rama familiar considerada como enemiga, rival u hostil (Elosúa o Cuétara).

Se han llegado a identificar al menos tres factores que dinamitan la continuidad del negocio. Éstos son: una mala o nula preparación de la sucesión, la fragmentación familiar a medida que ésta aumenta su número de miembros y el entorno emocional creado por la generación originaria.[2] Y es que las cuestiones que la mayoría de los miembros de estas sociedades consideran como más complejas están más relacionadas con la esfera familiar que con el propio negocio. El caso extremo que desem-

---

2. Ward, John L.; *Perpetuating the Family Business*, Palgrave MacMillan, Nueva York, 2004.

boca en el peor de los escenarios posibles es el de la falta de unidad de la familia. O todos los miembros actúan como una sola persona —con una visión parecida, con los mismos o similares criterios y objetivos— o se acaba en la explosión final que puede provocar la desaparición de la propia empresa. De hecho, ya se producen a veces enfrentamientos entre hermanos, es decir, entre los hijos de los fundadores —cuando no entre los propios fundadores, sometidos a las interferencias e intereses que surgen a partir de la aparición de los representantes de la segunda generación—. Cuando eso sucede, ¿cómo cabe esperar que se puedan evitar pugnas, aún más descarnadas entre los descendientes de estos, es decir entre los miembros de la tercera generación, los primos, que suelen tener unos intereses aún más distanciados entre ellos? Y no digamos si se trata de generaciones ulteriores.

Las fracturas que se producen en una generación, en caso de no provocar la destrucción del negocio o acabar en una difícil solución pactada, tarde o temprano se reproducen en la siguiente o siguientes generaciones. Y, en esos casos, suelen tener una evolución y un final que pueden merecer muchos calificativos, pero, desde luego, no el de «feliz», al menos desde la óptica de quienes fundaron la compañía con el ánimo y la intención de que se perpetuara en el futuro y de que se expandiera a lo largo de los años. Veamos ejemplos de algunas de estas batallas, algunas de las cuales resultaron realmente trágicas, como la de la familia Gucci.

GUCCI: LUJO Y COMPLOTS

Primera hora de la mañana del 28 de marzo de 1995. Frente al número 20 de la Via Palestro de Milán yace el cuerpo sin vida de un hombre sobre un charco de sangre. El fallecido, tiroteado momentos antes delante de la puerta de su despacho, es ni más ni menos que Maurizio Gucci, quien dos años antes había vendido la mitad del imperio de la moda y los artículos de piel de lujo creado por su abuelo, Guccio Gucci, al grupo inversor árabe Investcorp.

Esa plácida mañana de primavera, un pistolero bien vestido y provisto de una Beretta con silenciador vació su cargador contra Maurizio, según los testigos. Pero no acabaron aquí todas las sorpresas del caso: como consecuencia de las investigaciones llevadas a cabo por la policía, su ex mujer, Patrizia Reggiani Martinelli, fue sentenciada tres años después del fallecimiento de Maurizio, en 1998, a 29 años de cárcel por contratar a dos sicarios para que acabaran con la vida de su ex marido. El que apretó el gatillo fue el siciliano Benedetto Ceraulo, el único de los cinco acusados que fue condenado a cadena perpetua, que también disparó contra el portero del edificio, Giuseppe Onorato, el cual se salvó milagrosamente pese a recibir dos balazos en el cuerpo.

Este cruento episodio marcó uno de los puntos álgidos de la historia de una saga, la de los Gucci, en cuya versión cinematográfica podría sonar perfectamente de fondo la ópera *Cavalleria Rusticana*, de Pietro Mascagni, como si se tratara de la apoteosis final del filme *El Padrino III*, de Francis Ford Coppola. El mismísimo Ridley Scott, director de filmes como *Blade Runner* o *Alien*, se mostró interesado en realizar una película sobre la familia Gucci, lo que desató las iras de este clan toscano. Y es que los Gucci dejaron de ser propietarios de la compañía del mismo nombre por las pugnas, complots e intrigas que estallaron con gran virulencia a lo largo de la tercera generación, aunque las semillas de la discordia fueron sembradas ya en la segunda, si no en la primera, con la propensión del fundador, Guccio Gucci, a estimular la rivalidad ente sus hijos. Los miembros de la dinastía, simplemente, se despellejaron los unos a los otros, como en la más pura tradición de las intrigas palaciegas del Imperio romano, hasta perder el control de la compañía, hoy en manos de la multinacional francesa Pinault-Printemps-Redout (PPR), dedicada a la venta de artículos de lujo que, por cierto, también tuvo que combatir duramente con su rival también francesa Louis Vuiton Möet Hennessy (LVMH). Y es que la marca Gucci, sinónimo de *glamour* y de elegancia, se había convertido en una enseña de estatus inevitable para estrellas de Hollywood como Audrey Hepburn, Elizabeth Taylor, Grace Kelly o la mismísima Jacqueline Onassis. Era una marca muy codiciada y atractiva.

El origen de las disputas que acabaron con el dominio de la empresa por parte de la familia empezó a fraguarse muchos años atrás. Guccio

Maurizio Gucci, heredero de la legendaria familia italiana de artículos de lujo, fue asesinado y su exposa Patrizia Reggiani fue acusada de haber encargado el crimen.

Gucci, artesano nacido en 1881 y descendiente de una saga de productores de sombreros, abrió en 1906 en Florencia una pequeña guarnicionería, tras cuatro años en el Reino Unido en los que prestó mucha atención a los baúles y maletas que llevaban los clientes del Hotel Savoy de Londres en el que trabajaba. Lo que vio en esos años en la capital británica le dio ideas para el negocio que quería montar al regresar a Italia, con el toque de los artesanos de pieles de la Toscana. Esos elementos proporcionarían personalidad a sus productos.

Una vez en su país natal, al casarse con Aida Calvelli, hija de un sastre, Guccio adoptó como propio al hijo de esta, Ugo. El matrimonio no tardó en tener su propia descendencia. La primera fue una niña, Grilmalda, nacida en 1903, a la que siguieron Enzo, en 1904 (fallecido en 1913, con sólo nueve años de edad), Aldo, en 1905, Vasco, en 1907, y Rodolfo, en 1912. Tras poner en marcha el taller inicial, Guccio abrió su primera tienda de artículos de piel y pequeñas maletas en Florencia, en 1921 —lo que puede considerarse como el verdadero inicio del grupo Gucci—, después de que su esposa se negara a trasladarse a Roma tal y como él deseaba. En 1925, introdujo el bolso en forma de talego, al que siguió el mocasín en 1932, artículo que se ha convertido en estandarte de la marca de las dos «G».

No pasaron muchos años hasta que se sumaran establecimientos en arterias vitales del mundo del lujo, como la Via Condotti, en Roma, o la Via Montenapoleone, en Milán. La compañía introdujo, entre otras innovaciones, el denominado *cuoio grasso*, un cuero tratado con grasa de espina de pescado, que convertía los artículos de piel de la firma marcados con la características «G» en materiales extremadamente suaves al tacto, llanos y flexibles.

Guccio era un padre bastante rígido que aplicaba una disciplina muy estricta y férrea con sus descendientes. Durante la juventud, sus hijos le rendían total respeto y ni rechistaban. ¡Pobres de ellos! Aldo, el primer descendiente protagonista de la saga, sin contar a Ugo, Grimalda y al fallecido Enzo, fue el que mostró más dotes emprendedoras, y fue el que antes se incorporó al negocio, con apenas 20 años. Volcado en la empresa familiar por esa etapa, Aldo, un seductor nato con bastante éxito entre las mujeres, se casó en 1927 con Olwen Price, una refinada joven galesa residente en Florencia y dama de compañía de Irene de Grecia. Con ella tuvo tres hijos: Giorgio, Paolo y Roberto. Por su parte, Vasco, muy aficionado al campo, se dedicó al apartado de producción y se casó con María, pero no tuvieron descendencia.

Para disgusto del patriarca, Guccio, el último de sus hijos naturales varones, Rodolfo, se decantó inicialmente por la farándula porque sentía vocación por ser actor. Y así lo hizo durante una etapa de su vida interpretando papeles en varias películas italianas de la etapa denominada de «los teléfonos blancos», entre 1937 y 1941.[3]

El actor de la familia Gucci adoptó el nombre artístico de Maurizio d'Ancora y trabajó en películas en las que también intervenían actores de primera línea como Rodolfo Valentino o Ana Magnani. Una de ellas fue *Rotaie*, dirigida por Mario Camerini en 1929. El último filme en el que intervino fue *La donna de la montagna*, en 1943, dirigido por Renato Castellani. Después de ver que la experiencia en el cine perdía fuelle con el apogeo del neorrealismo, Rodolfo pidió a su padre incorporarse a la empresa. Uno de sus primeros cometidos consistió en gestionar la tienda de Milán y en liderar el diseño de los bolsos de la marca. Eso sucedió en 1951. Rodolfo se había casado en 1944 con Alessandra Winklehausen Ratti, de ori-

---

3. Un período histórico caracterizado por una gran euforia por encima de las propias posibilidades. Fotografiada en comedias cinematográficas en las que los teléfonos de color blanco eran un signo de opulencia. Este período del cine de evasión fue relevado en Italia por el crudo neorrealismo de directores como Visconti, Rossellini y Fellini.

gen alemán, una actriz a la que conoció durante sus pinitos como actor y que trabajaba con el nombre artístico de Sandra Ravel. Rodaron juntos en 1933 *Al buio insieme,* filme dirigido por Gennaro Righelli. Una de las últimas película en las que ella intervino fue *Ho visto brillare le stelle,* dirigida por Enrico Guazzoni en 1939. Con Alessandra, que fue quien le convenció tras la pérdida de oportunidades en el mundo del celuloide de que se acercara a su padre para incorporarse al negocio familiar, Rodolfo tuvo un hijo: Maurizio (bautizado así por el nombre que adoptó Rodolfo en su época de actor), en 1948. Fue el único de sus descendientes.

Aldo y Vasco fueron los que realmente tiraron del carro mientras Rodolfo se dedicaba al cine, y fueron los que propiciaron la expansión del negocio. Pero, con el padre vivo, tuvieron que lidiar con su filosofía de artesanía y localismo. De hecho, en 1951, cuando los dos hermanos decidieron dar el gran salto y abrir la primera tienda Gucci en Estados Unidos, fueron recriminados por Guccio. Fue un inicio tímido, con una pequeña tienda en Nueva York abierta con un capital modesto.[4] El viejo león florentino Guccio Gucci, que concebía su negocio al modo familiar y artesanal, les mandó un telegrama contundente: «No hagáis el cretino. O volvéis a Florencia u os desheredo». Finalmente, Guccio no consumó su amenaza. Apenas 15 días después de la inauguración de aquel establecimiento, el patriarca de la familia falleció víctima de un ataque de corazón. ¿Sería por la decisión que tomaron dos de sus hijos?

A medida que pasaba el tiempo, la firma Gucci iba ampliando el número de familiares participantes, hasta que los tres hijos varones del fundador formaron parte del mismo. La excepción era Ugo, el hijo adoptado por Guccio, que siempre se mantuvo al margen y que incluso formó parte de las milicias fascistas de Mussolini. Por su parte, Grimalda, la primera hija del matrimonio Gucci, a pesar de dedicar tantas o más horas que sus hermanos al negocio, descubrió, tras la muerte de su padre, que no le correspondía nada de la empresa familiar. Su parte de herencia se limitaba a unas propiedades y una cantidad de dinero, pero del negocio, nada de nada, siguiendo la más pura

4. Valcavi, Giovanni; *Ricordi*, Niccolini Editore, Gavirate, 2004.

tradición decimonónica y machista de la concepción de la sucesión en las empresas familiares.

En efecto, Guccio Gucci, que falleció en 1953, repartió el patrimonio con los tres hijos varones que forman parte del negocio a razón de un tercio para cada uno. Al conocer la noticia, Grimalda, la primera hija natural del matrimonio Gucci, decidió entablar una disputa legal en los tribunales. Grimalda no entendía un trato de esta naturaleza cuando ella aportó tanto como los demás y su esposo, Giovanni Vitali, incluso ayudó financieramente a Guccio en los inicios de la empresa. Éste, luego, le devolvió el préstamo, por lo que consideró saldada la deuda. Pero la pugna judicial la acabó perdiendo Grimalda, que firmó un acuerdo que la dejaba fuera del negocio. En todo caso, fue el primer presagio de la disputa, o mejor dicho, la suma de batallas que se avecinaban y que tenía sus raíces en la estrategia del fundador que, además de excluir a las mujeres del negocio, estimuló desde el principio la competencia y rivalidad entre sus vástagos, ya que tenía el convencimiento de que eso les forzaba a mejorar, lo que, en definitiva, según sus tesis, era bueno para el crecimiento de la empresa familiar.

Tras la muerte del patriarca, Aldo se convirtió en el líder, con el apoyo de sus dos hermanos, con los que se reunía periódicamente, y que respaldaban su gestión siempre y cuando no se apartara de la estrategia y de los valores del clan. En esa etapa, Aldo empezó a incitar a sus tres hijos a participar en la compañía. Tanto Giorgio como Roberto, el mayor y el menor, se incorporaron a la oficina de Nueva York, donde estaba su padre. El mayor enseguida regresó para ocuparse de la tienda de Roma y huir así de la alargada sombra de su progenitor. Paolo, el mediano, por su parte, se destacó desde el inicio por ser inconformista y no doblegarse a los dictados de Aldo, el patriarca, y se estableció por su cuenta en Florencia, además de dejar bien claras sus ideas sobre la gestión y el diseño, siempre que tenía la ocasión. Ese carácter iba a provocar situaciones que, en esos momentos, nadie podía llegar a imaginarse.

Durante esa etapa, Aldo potenció el crecimiento de la marca en el mercado internacional, incluyendo Japón. También diversificó las actividades y entró en el campo de los perfumes, lo que le daba nuevos territorios para mantener ocupados a sus hijos. Ése fue precisamente uno de los primeros puntos de fricción con su hermano Rodolfo, quien se indignó al ver que Aldo potenciaba Gucci Parfums, de la que, junto con sus tres hijos, tenía el 80 %, mientras que él sólo poseía el 20 % restante. Con la muerte de Vasco, en 1974, los otros dos miembros de la segunda generación, Aldo y Rodolfo, propusieron a la viuda comprarle el tercio de la firma que esta poseía, con lo que se mantenían todas las acciones en la familia. Ella accedió. De esta forma, Aldo y Rodolfo pasaron a tener el 50 % del grupo cada uno. El mayor siempre consideró, aunque sin decirlo en voz alta, que a él, por derecho propio, le hubiera correspondido una mayor parte del pastel del conjunto del negocio, al haberse volcado en el mismo desde el principio. Fue por esa época cuando Aldo decidió implicar más a sus tres hijos y les cedió un paquete del 3,3 % del capital a cada uno. Él conservaba el 40,1 %

Una de las primeras tragedias de la familia se produjo con la muerte temprana de la esposa de Rodolfo, Alessandra, en agosto de 1954. Ese triste acontecimiento hizo que el antiguo actor se volviera muy protector con su hijo Maurizio, que apenas contaba con seis años. Ese control se fue pronunciando con los años y llegó a su cenit cuando Maurizio le hizo saber que iba a casarse con Patrizia Reggiani, una joven a la que algunos veían parecido con la actriz Liz Taylor. Rodolfo, convencido de que la chica sólo quería a su hijo por el dinero, llegó a pedir al cardenal de Milán que impidiera la boda en 1972. Este hecho distanció a padre e hijo, que vio en la familia de su esposa más comprensión que en la suya propia. Incluso trabajó una temporada en el negocio de transportes de su suegro. Tuvieron dos hijas: Alessandra y Allegra. Alejado de su padre, Maurizio siguió los consejos de su tío Aldo y terminó sus estudios universitarios en Milán para luego incorporarse al negocio familiar en la oficina de Nueva York. Poco a poco, las relaciones se restablecieron y Rodolfo también convenció a su hijo de que se implicara más en la compañía. Eso iba a tener unas consecuencias que también, entonces, eran imprevisibles para los protagonistas de esta historia.

Bajo la batuta de su tío Aldo, con el que ninguno de sus hijos había logrado trabajar durante mucho tiempo, Maurizio forjó su amor por la empresa. Con la muerte de su padre, en 1983, vio la oportunidad de tomar las riendas del imperio gracias al 50 % que le legó su progenitor. En su opinión, la empresa debía diversificarse como firma global de lujo, al estilo de la francesa Hermès. Tenía unas ideas muy claras y concretas, pero que tropezaron con los principios sagrados del tío Aldo. En una maniobra de acercamiento, y después de que Rodolfo despidiera a Paolo de la empresa italiana por sus desavenencias, Aldo trató de ganarse a su hijo díscolo como aliado, pero un encuentro que mantuvieron en la oficina de Aldo en Palm Beach acabó en una virulenta discusión en la que, según algunas fuentes, el padre lanzó un cenicero contra el hijo. El conflicto desembocó en un nuevo acercamiento de Rodolfo y Aldo, quienes ofrecieron a Paolo ser vicepresidente de Guccio Gucci Spa, que integraba Gucci Parfums. Además, se creaba una nueva empresa, Gucci Plus, dedicada a gestionar licencias y franquicias. Cada uno de los hijos de Aldo recibiría el 11 % del grupo y él retendría el 17 %. En la reunión de accionistas de marzo de 1982, Paolo vio cómo el resto rebatían todas sus propuestas. Se sintió engañado.

La disputa de Paolo con su tío se acentuó al querer expandir la marca Gucci mediante acuerdos de licencia, que era algo a lo que Rodolfo, más partidario de preservar las esencias del negocio familiar, se oponía frontalmente. La muerte de Rodolfo en 1983 dejó a Maurizio, su hijo, como primer accionista individual, con el 50% del capital heredado de su padre y enfrentado al resto de la familia. Sólo las ansias de Paolo de lanzar su propia marca, Paolo Gucci, unió al resto e incluso hizo que su progenitor lo despidiera. Con el sentimiento de haber sido embaucado, el hijo díscolo de Aldo acudió con sed de venganza a la reunión de accionistas que se celebró en julio de 1982. Durante el encuentro, a Paolo se le negó la palabra y él, ante la negativa del resto de miembros de la familia, sacó de su maletín una grabadora a la vez que exponía sus quejas y reivindicaciones y lanzaba sobre la mesa una lista completa con sus reclamaciones. Eso provocó la ira de Aldo y un enfrentamiento con otros miembros de la familia que acabó con forcejeos y con Paolo sangrando en una mejilla. El episodio acabó cuando Paolo salió de la sala a toda prisa al grito de «llamen a la policía». Reclamó judicialmente 30 millones de dólares a la empresa por daños.

Fue la gota que colmó el vaso de la paciencia de Paolo, que llevaba años dentro de la empresa y que conocía todos sus entresijos. Por eso, como venganza, no dudó en denunciar a su padre por desviar fondos de la compañía a paraísos fiscales para evitar el pago de impuestos a la Hacienda de EE. UU., el Internal Revenue Service (IRS). El resultado fue, en 1986, con 81 años de edad, una sentencia de un año y un día de cárcel por la evasión de siete millones de dólares en impuestos.[5] Paolo acabó fuera de Gucci y en su propia compañía, que finalmente quebró un año antes de su fallecimiento, producido en 1995.

Tras el fallecimiento de su padre Rodolfo en 1983, Maurizio Gucci sintió apetito por imponer sus tesis de crear una firma de lujo global, y trató de hacer valer su poder con el 50 % del capital; pero el resto se le puso en contra. Sin embargo, a pesar de los distanciamientos y disputas y de que llevaban dos años sin hablarse tras el incidente del consejo de administración, acabó buscando a su primo Paolo como aliado con el que, finalmente, llegó a un pacto para sacar de la presidencia a Aldo. Paolo le vendería el 3,3 % con el que Maurizio pasaría a tomar el control. En contrapartida, Paolo pasaría a tener el 49 % de una nueva sociedad dedicada a licenciar la marca Gucci, de la que Maurizio tendría el 50 %.

Ante la desagradable sorpresa de Aldo y sus otros dos hijos, Roberto y Giorgio, Maurizio se presentó en la junta del 31 de octubre de 1984 con la mayoría del capital y forzó su nombramiento como presidente así como la salida de Aldo, que se quedó con el cargo honorífico. Pero esto no era más que el principio de una nueva guerra por el poder. Aldo, Roberto y Giorgio tenían el convencimiento de que Maurizio había falsificado la firma de su padre para convertir la cesión del 50 % del capital en donación y no en herencia, con lo que se ahorró 8,5 millones de dólares en impuestos. Estaban seguros de que Rodolfo jamás hubiera cedido en vida la titularidad de las acciones a su hijo. Había hecho gala de ello en más de una ocasión.

Finalmente, lograron reunir pruebas y, en septiembre de 1985, un juzgado de Milán bloqueó la participación del 50 % de Maurizio mientras se llevaba a cabo una investigación. Por esas fechas, Maurizio también decidió abandonar a su esposa. La esposa despechada, que fue

5. «Aldo Gucci, 84; Expanded Fashion House in U. S.», *The New York Times*, 21 de enero de 1990.

acumulando todo tipo de rencor a lo largo de los años y que en 1991 desarrolló un tumor cerebral del que salió ilesa, se apoyó en los consejos de una amiga napolitana, Giuseppina Pina Auriemma que, con sus juegos de adivinación y demás tretas, mantenía una enorme influencia sobre ella. Pero ése no era el mayor de los quebraderos de cabeza a los que iba a enfrentarse por entonces Maurizio.

Para evitar complicaciones legales, Maurizio se fue a Suiza hasta que amainó el temporal y se desencalló en los tribunales su participación. En esa etapa, Paolo denunció a sus otros dos hermanos por haber eludido el pago de impuestos a través de sociedades en paraísos fiscales como Panamá. Eso unió a Giorgio y Roberto, que sumaban el 46,6 % de la compañía. La clave para recomponer fuerzas por parte de Maurizio era atraer de nuevo a su primo Paolo y su 3,3 % en la firma, lo que le garantizaría una mayoría suficiente para imponer sus tesis. Pero Paolo, que no era precisamente el socio con una mayor participación, acabó vendiendo su paquete accionarial a Morgan Stanley y, por tanto, fue el que rompió con la tradición de mantener los títulos sólo en manos de la familia. Maurizio —el primer universitario de la familia—, con el apoyo de Morgan Stanley, contaba con una mayoría suficiente.

Pero las cosas iban a cambiar, porque los jueces dictaminaron que Maurizio había falsificado la firma de su padre y, además, había cometido evasión de capitales. La factura era muy elevada y se vio forzado a vender activos, a pesar de que, con posterioridad, se vio eximido de los cargos de exportación de capitales. En junio de 1987, Investcorp, un grupo inversor del emirato de Bahrein que actuaba oculto tras Morgan Stanley, anunció que era titular del 50 % del capital del grupo Gucci y se convertía en el aliado financiero de Maurizio Gucci. Sólo le quedaba pendiente la participación de Aldo, que después de transferir una parte de sus acciones a dos de sus hijos, contaba con alrededor del 17 %. Acuciado por las deudas, Maurizio vendió su paquete accionarial al grupo árabe en 1991.

Aunque inicialmente se había seguido alguna pista mafiosa, porque Maurizio, tras vender su 50 % en el grupo familiar por unos 120 millones de dólares a Investcorp había manifestado su intención de abrir casinos en Suiza y otros países, el juicio por su asesinato sirvió para determinar que todo había sido más simple: el resultado del despecho de la ex esposa, Patrizia Reggiani, que luego fue bautizada como «la Viuda Negra» por la prensa italiana. Ésta, al parecer, pagó unos 400.000 dólares a dos sicarios para que acabaran con la vida de aquel con quien compartió 12 años de matrimonio. Además de apuntar a Benedetto Ceraulo, un delincuente de poca monta, como autor material del asesinato, ya que fue él quien apretó el gatillo para acabar con la vida de Maurizio Gucci, crimen por el cual pagó con una pena de cadena perpetua. Del proceso también salió responsable el conductor que ayudó a huir al asesino, Orazio Cicala, propietario de una pequeña pizzería asediado por las deudas, sobre el que recayeron 20 años de cárcel. También recayó una sentencia de 25 años de cárcel sobre la amiga de Patrizia Reggiani, Giuseppina Pina Auriemma, que actuaba como vidente y auténtica confidente de la ex esposa del fallecido y que se arruinó con una franquicia de la marca Gucci; así como sobre Ivano Savioni, portero de hotel en la zona de prostitución de Milán, quien actuó de intermediario para encontrar personas dispuestas a cometer el crimen a petición de la vidente y sobre el que recayó una pena de 26 años de prisión. Reggiani llevaba un diario en el que anotaba todas las quejas que acumulaba sobre su ex esposo. El día que se conoció su muerte, sólo figuraba una palabra en ese diario: *paradeisos*, el término griego que significa «paraíso».

CUÉTARA: REPARTO DE GALLETAS

Cuétara, una de las líderes del sector de las galletas en España, forma parte desde el año 2000 del grupo agroalimentario SOS, del que los hermanos Salazar Bello (curiosamente, también herederos de una tradición galletera nacida, como en el caso de Cuétara, en México) son los máximos accionistas. Y eso sucedió después de que las dos ramas familiares de los Gómez-Cuétara acabaran cediendo la propiedad de la marca a un tercero (SOS), tras varios años de intentos de venderla como consecuencia de discrepancias insalvables sobre la forma de encaminar la estrategia de futuro. El precio equivalente por el que pasó a manos de SOS fue de unos 132 millones de euros (22.000 millones de pesetas de entonces). Como ha sucedido en otras ocasiones, las pugnas insalvables entre dos ramas de una misma familia, en la segunda generación, impidieron que la compañía siguiera su senda bajo la propiedad del apellido que la fundó.

La historia de esta industria galletera es la de dos pioneros, los hermanos Juan y Florencio Gómez-Cuétara, nacidos en Cantabria. La compañía nació con el nombre de Gómez Cuétara Hermanos, en la localidad cántabra de Reinosa. Pero, ése no es su verdadero origen, porque este proyecto comenzó después del éxito que obtuvieron estos dos pioneros con este producto en México, donde habían emigrado con anterioridad y donde crearon una productora de galletas, en 1935, con la que popularizaron el consumo de este producto en el país norteamericano.

Juan Gómez-Cuétara llegó a México en 1919 y se incorporó a una tienda regentada por sus tíos Manuel y Juan Cuétara, en la que también trabajaban sus hermanos Pedro, Isaac y Raimundo. Florencio llegó al país norteamericano en 1920. Antes de que los negocios prosperaran, Juan vivió varios años de peripecias hasta que se casó con Concepción Fernández Bravo en 1932. Tres años más tarde, Florencio hizo lo propio con Pilar Fernández Bravo, hermana de su cuñada. Tras el fracaso de una fábrica de sopas, los hermanos probaron fortuna con las galletas. La muerte de Raimundo y, luego, el regreso a España de los otros hermanos, hizo que el negocio galletero quedara en manos exclusivamente de Juan y Florencio.

La empresa mexicana, especializada en la producción de galletas y pastas para sopa, en el Distrito Federal, tenía el nombre de La Espiga. Más adelante, cambiaron su razón social por la de Galletas Gómez Cuétara. Gracias a la gran aceptación del producto que elaboraban, en 1945 abrieron una segunda fábrica en la ciudad de Veracruz.

Una vez establecido el negocio en México, Florencio regresó a España sin más propósito que instalarse en su Cantabria natal. No obstante, al volver también su hermano Juan un año después, en 1946, huyendo de las agitaciones sociales en México, sus planes iniciales cambiaron porque el recién llegado sí que tenía como objetivo producir galletas en España. Es así como Juan decidió comprar una pequeña galletera en Santander a Eugenio Cabrús Pérez-Peña. Su intención era trasladarla a la localidad de Reinosa (Cantabria), un lugar más idóneo para el aprovisionamiento de materias primas para elaborar las galletas. Así se hizo, y las instalaciones, que fueron inauguradas en 1951, se nutrieron de maquinaria diseñada por Juan, que, a pesar de no contar con una formación académica, estaba muy dotado para estos menesteres y de esta forma paliaba la imposibilidad de importar el utillaje adecuado. En los registros de la Oficina Española de Patentes y Marcas (OEPM) consta, entre los artilugios ingeniados por Juan Gómez- Cuétara, una máquina bañadora de aceite para galletas con la patente número 252.593 otorgada en 1960.

Es así como los dos hermanos lograron iniciar su actividad en España, pese a la oposición del grupo de galleteros del Sindicato Nacional de la Alimentación (SNA), en una época de autarquía en plena dictadura del general Francisco Franco y con el Ministerio de Industria y la Comisaría a Abastecimientos y Transportes (CAT) ejerciendo un férreo control sobre el mercado. De hecho, los hermanos Gómez-Cuétara se vieron afectados por las cuotas en la compra de harinas y azúcar, a diferencia de otros fabricantes más asentados en el mercado nacional; y eso a pesar de contar con una de las mejores fábricas del país. Tenían adjudicado el cupo que le correspondía a la pequeña galletera que habían comprado. Les superaban con creces las otorgadas a marcas como Artiach o Fontaneda, que ya estaban establecidas. Por ello tuvieron que recurrir a triquiñuelas como la compra de algún horno de pan para conseguir algo más de materia prima, aunque la escasez no se palió demasiado. Lo mismo sucedía con las inversiones para aumentar el negocio, que eran supervisadas con mano de hierro por la CAT. Algunos productores se beneficiaron y se vieron favorecidos por estas políticas en los años cincuenta.[6] Los hemanos Gómez-Cuétara tuvieron que llevar a cabo la introducción

6. Moreno Lázaro, Javier; «La dulce transformación. La fabricación de galletas en la segunda mitad del siglo XX», *Revista de Historia Industrial*, Universidad de Valladolid, n.º 19-20, año 2001.

ⱼctos reduciendo la fabricación de los ya existentes, lo no que desvestir a un santo para vestir a otro. En 1955, ⱼ de Industria les concedió finalmente la libertad de ejercicio de la ⱼ ⱼ disfrutaban muchos de sus competidores.

Tantos años de restricciones les agudizaron el ingenio y, en 1957, los dos hermanos cursaron una petición para abrir una nueva fábrica en la provincia de Jaén, poco después de haber alquilado otra planta en Montgat (Barcelona). El Grupo de Fabricantes de Galletas, entonces presidido por Gabriel Artiach, presionó al Gobierno para que denegara la petición alegando que en el mercado existía sobreoferta. Pero, a pesar de las reticencias iniciales, lograron el permiso y las instalaciones fueron inauguradas finalmente por el mismísimo Franco en 1961. Con esta hábil estrategia lograron el aval implícito del dictador y pudieron ampliar su red de plantas con las que abastecer al mercado español que, por aquel entonces, estaba muy disperso —los canales de venta eran establecimientos pequeños y medianos— y disponía de una red de carreteras que, en general, no presentaban muy buenas condiciones para realizar repartos rápidos y en buena forma.

El 15 de enero de 1964, los dos hermanos convirtieron el negocio originario en la sociedad anónima Cuétara, con un capital de 55 millones de pesetas de entonces (330.557 euros actuales), independiente de la empresa mexicana, que también era de su propiedad. La sede social la ubicaron en Villarejo de Salvanés, en la provincia de Madrid, donde habían construido la que, por aquel entonces, era la mayor planta de producción de galletas de Europa. El dinamismo de los Gómez-Cuétara despertó del sueño y del inmovilismo al resto de competidores y su modelo de sociedad anónima fue emulado después por otros productores nacionales de galletas como Gullón (aún hoy controlada por la familia fundadora), Siro (también con capital español), Galletas Pujol (cuyos accionistas aprobaron su disolución y liquidación en 2003), así como Marbú y Fontaneda (ambas integradas en el grupo Siro, después de haber pasado por la antigua Nabisco, United Biscuits o Kraft tras varios procesos de compras y fusiones protagonizadas por multinacionales del sector agroalimentario).

La crisis de finales de los sesenta apenas afectó a la compañía galletera de los hermanos Gómez-Cuétara, a pesar de que llegó a tener pérdidas, mientras que sí hizo mucho daño al resto. Su nivel de inversiones era muy superior al de los competidores —llegó a situarse en torno a la quinta parte del total del sector—, tanto en capacidad de producción como en red de distribución, coincidiendo con la irrupción en el mercado de la multinacional de EE. UU., Nabisco, de la mano de Artiach. Su progresión era imparable, así como el consiguiente dominio del mercado en la mayoría de categorías. En este contexto, Florencio creó en 1969 la compañía Risi, dedicada a la producción de patatas fritas y aperitivos. Posteriormente, en los años setenta, gracias a sus políticas de inversión, especialización y reducción de costes, la compañía emprendió su aventura internacional. Su primer destino fue Portugal, con la construcción de una fábrica en la localidad de Pombal (Bolachas de Portugal), que fue nacionalizada en 1975 tras la Revolución de los Claveles, hasta que lograron recuperar su titularidad y se convirtieron en líderes del mercado de ese país. En 1980 iniciaban el proyecto de una planta en Costa Rica, adscrita a la sociedad Alcasa.

A pesar de su fortaleza por encima de la media, la empresa vivió durante la década de los ochenta una trayectoria un tanto errática que coincidió con la entrada de España en la Comunidad Europea y la liberalización del mercado galletero. De esta forma, las tradicionales empresas familiares del sector español quedaron en una situación muy vulnerable ante la llegada de colosos como Nabisco, United Biscuit o General Biscuit. El disparo de salida de la reestructuración sectorial se produjo en 1984, con la compra de Marbú por parte de Nabisco. En este entorno, la compañía perdió agresividad comercial y espíritu innovador, así como la consiguiente cuota de mercado. Es por ello que tanto Juan como su hermano, ya por encima de los 80 años de edad, dejaron las riendas del negocio a sus respectivos hijos. Este fue el inicio de los problemas.

La sucesión, meditada desde hacía años, no fue todo lo fácil que se había pronosticado. El difícil entorno en el que se movía el negocio no ayudaba demasiado. La dirección recayó en el primogénito de Juan, Juan Gómez-Cuétara Fernández. Fue éste quien acometió la modernización, pero tropezó con las discrepancias del consejo de administración acerca de sus competencias. Formaban parte de este órgano de gobierno cinco miembros: tres hijos de Juan y dos de Florencio. Esas turbulentas relaciones desembocaron en la dimisión de Juan Gómez-Cuétara Fernández en 1990. Tras este hecho, se hizo cargo de la presidencia el más pequeño de sus hermanos, Fernando, que se había forjado en la administración de las fábricas de Portugal y Costa Rica. Miguel Ángel Gómez-Cuétara, hijo de Florencio, accedió al cargo de vicepresidente. La dirección general, desde 1992, corrió a cargo de un ejecutivo ajeno a la familia. A lo largo de los años noventa, la firma fue recuperando el terreno perdido en los años previos, pero sin que se desvanecieran las tensiones entre los distintos parientes.

La entrada del grupo SOS (por aquel entonces, SOS Arana) en el capital de Cuétara, en el año 2000, puso punto final a más de diez años de enfrentamientos entre primos. Los más de veinte accionistas familiares de la empresa complicaron el buen gobierno de la misma debido a sus pugnas por hacerse con el control y la gestión. El origen de las disputas surgió de la propia estructura familiar. Como se ha explicado con anterioridad, los dos hermanos fundadores se casaron con dos mujeres que, a su vez, eran hermanas entre sí. Entre ambos matrimonios sumaban un total de 20 hijos que, por decirlo de algún modo, eran primos por partida doble; y no por eso se tenían un cariño mayor que otros primos.

A diferencia de otras compañías, los forjadores del imperio galletero, pese a la gran cantidad de hijos que tenían, no habían previsto que pudieran producirse roces insalvables entre ellos. Eso complicó mucho las cosas cuando la base accionarial de la compañía se ensanchó de forma veloz. Por ello se desataron enfrentamientos por tomar el control de la gestión. Se formaron claramente dos bandos: por una parte estaba Juan (que falleció en 1998), el cual conservó el 23,05 % del capital, y sus nueve hijos, entre los que repartió el 38,8 % de la empresa; y por el otro estaba Florencio (fallecido en 2003), que mantenía en su poder el 22,35 %, su hijo Miguel Ángel, con el 1,5 %, y sus nueve hijas, con el 14,3 % restante. Las discrepancias eran totales e incluso desembocaron en un cisma, con la creación de la nueva compañía Solsona de Productos Alimenticios por parte de Francisco Gómez-Cuétara Fernández, uno de los hijos de Juan, en 1991.

Con una buena cuota de mercado, presencia en Portugal y en algún otro mercado exterior, unas ventas equivalentes a 66 millones de euros actuales y el empuje de la competencia estimulado desde la entrada de España en la antigua Comunidad Económica Europea, la rama familiar encabezada por Florencio, que controlaba el 40 % del capital, estaba decidida a vender. Mientras, la facción encabezada por su hermano Juan, tenía el control sobre el 60 % restante del capital y se oponía a lo que habían decidido sus parientes. Las diferencias entre vender o buscar alianzas eran enormes y propiciaron una batalla que parecía no tener fin.

Pero las cosas cambiaron de repente cuando todos los hijos de Juan, con la excepción de Juan (hijo), Francisco y Raimundo, se alinearon con las tesis de la rama de Florencio. Fue el clásico cambio de chaqueta y de estrategias de alianza que tanto ha afectado a muchas empresas familiares. Esta circunstancia fue vista por numerosas multinacionales, desde Pepsico hasta Nestlé, como una oportunidad de oro para hacerse con un grupo español líder del sector galletero. Incluso interesó al grupo Leche Pascual, fundado por Tomás Pascual Sanz y su esposa Pilar Gómez-Cuétara, que pudo contribuir al crecimiento de la compañía fundada por su marido gracias a recibir un adelanto de la herencia paterna como hija de Florencio, uno de los fundadores de Cuétara.

Pero Juan Gómez-Cuétara y los hijos que le apoyaban bloquearon la situación al interponer una demanda contra el grupo de descendientes partidarios de vender y frenó de esa forma cualquier operación de adquisición que pudiera planearse o llevarse a cabo. El vuelco final se produjo cuando Juan y los tres hijos que le apoyaban decidieron vender su participación a SOS Arana. Era ya un hecho consumado contra el que era difícil combatir. La firma propiedad de los hermanos Salazar mostró inmediatamente su interés en adquirir las participaciones de la facción encabezada por Florencio para poder controlar prácticamente el 100 % del capital. No fue un proceso sencillo, pero los pilares para el cambio de propiedad estaban ya bastante afianzados.

El hecho de que la compra fuera por partes hizo que SOS Arana anunciara que había logrado el 51,84 % del capital de Cuétara y el 76,84 % de la filial portuguesa Bogal-Bolachas de Portugal a través de una comunicación a la Comisión Nacional del Mercado de Valores (CNMV) el 9 de febrero de 2000. El importe de la operación en ese momento era de 73,08 millones de euros actuales. Tres meses después, en mayo de ese mismo año, SOS Arana comunicó que había alcanzado el 94,15 % del capital de Cuétara por el equivalente a 114 millones de euros. Incluyendo la filial portuguesa, el importe total de la operación era de 120,20 millones de euros. El proceso había llegado a buen puerto, al menos para SOS Arana y los bolsillos de los familiares enfrentados. El comprador acabó absorbiendo Cuétara y la sociedad se denominó, desde enero de 2001, SOS Cuétara, empresa insignia del grupo SOS. En 2008, SOS vendió Cuétara al grupo Nutrexpa, titular de marcas como Cola Cao y propiedad de las familias catalanas Ferrero y Ventura.

ELOSÚA: TODO MENOS UNA BALSA DE ACEITE

Igual que en el caso de Cuétara, en la empresa Elosúa ya no hay miembros que lleven el apellido que bautizó este aceite, ni como propietarios ni llevando la gestión del negocio. Ni siquiera es una empresa independiente, sino que forma parte de un conglomerado agroalimentario que poco tiene que ver con sus orígenes. La compañía leonesa, fundada en los años veinte del pasado siglo, dejó de contar en 1994 con participación de la familia que la creó. Marcelino Elosúa, nieto del fundador, vendió el 19,66 % que poseía junto con su madre y sus hermanos a través de varias sociedades a la firma luxemburguesa Bessol y al Banco Internacional de Luxemburgo, que actuaban por cuenta de la italiana Ferruzzi, del grupo Montedison (hoy llamado Edison, alejado del sector agroalimentario y dedicado a la actividad energética).[7] El grupo italiano sumó luego Elosúa a su filial en España, la aceitera vasca Koipe. (En los años sesenta, Elosúa ya había constituido una sociedad por mitades con Koipe, Kelsa, para elaborar aceite de soja.) Tras lanzar una oferta pública de adquisición (OPA) sobre Koipe en 2001, el grupo SOS absorbió a ésta, y la marca Elosúa quedó

7. Edison se desprendió de la compañía agroalimentaria Cereol en 2002, al venderla a la estadounidense Bunge.

integrada en SOS Cuétara en 2003. Elosúa, lejos de sus orígenes, quedó diluida dentro de dicho grupo, liderado por los hermanos Salazar, al igual que las galletas Cuétara.

La empresa fue fundada en 1927 por Marcelino Elosúa Herrero con un capital equivalente a unos 6.000 euros actuales y del que él era titular del 90 %. El resto estaba en manos de su suegro y sus cuñados. El objeto social, las actividades con el aceite de oliva, no se respetó demasiado y el negocio acabó limitándose a una tienda de ultramarinos en Oviedo que acabó por cerrar. Dos años más tarde, tras un intenso trabajo de identificación e investigación de mercado, optó por trasladar a la familia a la provincia de Jaén, donde registró dos marcas de aceite. En 1935 compró unos terrenos en León que iban a ser la sede social de la compañía y los almacenes. Fue en 1940 cuando fundó Aceites Elosúa S. A., con un capital de unos 12.000 euros actuales. Con los años, su hijo, Marcelino Elosúa Rojo, se hizo con la gestión. El reparto accionarial de la sociedad era parecido al de la empresa originaria creada en los años veinte. Aunque asumió la dirección en 1943, no fue hasta 1954 cuando su padre efectuó la cesión formal de poderes.[8] Elosúa Rojo decidió en 1959 que la empresa formara parte del grupo fundacional de Spar, la primera cadena voluntaria de central de compras y distribución que hubo en España, con sede central en Holanda. Esta red revolucionó la distribución y extendió los negocios de la aceitera hasta la creación de la primera empresa española de venta por catálogo, Venca, al 50 % con la firma francesa La Redoute. Otra de las pasiones de Marcelino Elosúa Rojo era la tierra que le acogió. Aunque nacido en Oviedo, era leonés de adopción y siempre estuvo muy preocupado por la economía de la zona. Por eso participó en la creación del Banco Industrial de León, en 1963, y formó parte de su consejo de administración hasta que la entidad fue absorbida por el Banco de Fomento, en 1975.

Volviendo a su negocio principal, la primera refinería de aceites de la empresa, con la que se homogeneizaba la producción y la calidad, se construyó en 1962. Diez años más tarde, falleció el fundador Marcelino Elosúa Herrero, a los 86 años de edad. Marcelino Elosúa Rojo ya era el

---

8. VV. AA.; *Cien empresarios españoles del siglo* xx, Lid Editorial Empresarial, Madrid, 2000.

máximo responsable, y un año después del fallecimiento de su progenitor llevó a cabo la fusión con Elosúa Martos, compañía adquirida a finales de los sesenta. De ahí surgió una nueva Elosúa con un capital social de unos 1,8 millones de euros. Estaba presidida por el propio Marcelino Elosúa Rojo, y sus hermanos José Manuel y Andrés eran el vicepresidente y el secretario, respectivamente. En esta etapa, el negocio se extendió también hacia los platos preparados y otras actividades. En 1981, después de la tragedia provocada por el aceite de colza desnaturalizado con anilina, que desembocó en una «epidemia» (el síndrome tóxico afectó a unas 20.000 personas en España, lo que supone la mayor intoxicación alimentaría de la historia de este país), el sector se vio muy perjudicado por la crisis del consumo de aceite. Este momento convulso se superó cuando se descubrió que la intoxicación se había propagado a través de garrafas de aceite que comercializaban de forma ilegal vendedores ambulantes. Por aquellas fechas, el resto de accionistas de la familia pidieron al hijo de Marcelino Elosúa, Marcelino Elosúa de Juan, que se incorporara a las labores de gestión. Bajo su mandato se creó un holding con un capital de unos seis millones de euros, propietario de Aceites Elosúa y de Peñagrande, sociedad que aglutinaba todas las actividades de distribución.

Como sucede casi siempre, la salida de la familia fundadora se fue produciendo a medida que surgían discrepancias entre sus distintos miembros y se ampliaba el número de representantes del clan. Estas diferencias empezaron a aflorar en 1984, cuando falleció Marcelino Elosúa Rojo, con sólo 57 años. Aunque era un consumado piloto, pereció en un accidente con su avioneta a primera horas de la tarde del día de Reyes en las cercanías de León. Al parecer, la aeronave rozó con su tren de aterrizaje un cable de alta tensión, lo que originó el siniestro.[9]

Poco tiempo después de su fallecimiento, la compañía se embarcó en la compra de aceites Carbonell al antiguo Banco Hispano Americano, que había pasado a controlarla. La operación contaba con el apoyo del Gobierno socialista, ansioso por aquel entonces de construir un potente grupo agroalimentario español. Carbonell man-

9. «Marcelino Elosúa Rojo, presidente de Elosúa S. A.», necrológica publicada en *El País*, 9 de enero de 1984.

tuvo una dura pugna con la francesa Leisieur —que por aquel entonces era la propietaria de Koipe—, y contra Unilever —que acabó
adquiriendo Costa Blanca/La Masía—. El Banco Hispano Americano
se había hecho con la totalidad del capital de Carbonell mediante una
operación acordeón (reducción y luego aumento de capital) y la familia propietaria había desaparecido del mismo. La empresa adquirida
por Elosúa fue fundada hacia 1866 por el alcoyano Antonio Carbonell
Llàcer en Córdoba y lo siguieron sus descendientes hasta que acabó en
manos del banco.

Ante las perspectivas de que otro grupo del sector acabara en manos
extranjeras, el Ministerio de Agricultura, dirigido por el socialista
Carlos Romero, consideró que el aceite era un sector estratégico. En la
mente del Ejecutivo aún estaba la toma de control de Koipe por parte
de la francesa Leisieur. Por eso dio todo su apoyo a Elosúa. Así evita-
ba que otra marca autóctona dejara de serlo. Concedió un crédito blando a la compradora a través del Banco de Crédito Agrícola para que se
hiciera con Carbonell.[10] Era la solución más drástica y rápida para evitar el riesgo de que cayera en manos extranjeras.

La transacción, que se realizó a través de la filial Aceites Españoles
en la que la familia Pont, propietarios de Borges, poseía el 22 %, ascendió a unos 27 millones de euros actuales (unos 4.500 millones de pesetas), y supuso una pesada carga para Elosúa, que forzó radicales cambios en la composición del capital a lo largo de los años siguientes. La
empresa adquiriente no sólo tuvo que hacer un enorme esfuerzo para
devolver el crédito recibido para hacerse con Carbonell, sino que tuvo
que asumir unos 66 millones de euros de deuda que ésta arrastraba.
Además de las pérdidas acumuladas por una cruenta guerra de precios
con los competidores (especialmente las multinacionales que desembar-
caron en España con la entrada del país en el antiguo Mercado Común),
Carbonell soportaba enormes costes y un exceso de plantilla. Los compradores tuvieron que iniciar una reestructuración, vender filiales de
vino, maderas, cafés e inmobiliarias, y mejorar las compras y la produc-
tividad. A la vez, siguieron promocionando las marcas de vinagres y
aceites (Procer y Louit). En 1987, Elosúa, ya con Carbonell en su órbi-

10. «La derrota aceitera», El Mundo, 11 de julio de 1994.

ta, salió a bolsa en busca de liquidez para consolidarse en un mercado cada vez más competitivo. También era una vía para dar una salida a los accionistas de la familia que desearan dejar el capital.

Un primer punto de inflexión importante en la historia de la compañía se produjo en 1989, cuando los hermanos Andrés y José Manuel Elosúa Rojo, que habían sido presidente y vicepresidente del grupo, respectivamente, y eran los tíos de Marcelino, vendieron el 29,5 % de la firma a las financieras foráneas Fidinam y Paribas. Estas dos firmas resultaron actuar por cuenta de la italiana Ferruzzi, multinacional que luego pasó a pertenecer a un grupo de bancos tras descubrirse que ocultaba una monumental deuda. Como consecuencia de la preocupación de la Administración por mantener la españolidad de Elosúa, el Estado entró en el accionariado. Primero a través de Mercasa y luego de Patrimonio del Estado y Tabacalera. Marcelino Elosúa —el sobrino de los dos vendedores de la familia— selló una alianza con los representantes del sector público en la que participaba el Banco Pastor. Fue otra de las componendas de la Administración para frenar la entrada de grupos extranjeros en el sector aceitero. Este núcleo accionarial controlaba el 51 % del capital. Pero la familia no estaba unida, tal y como se deduce del pacto de Marcelino Elosúa con la Administración, que dejó al margen al resto de los parientes. De ahí que sus tíos Andrés y José Manuel se vengaran de Marcelino vendiendo su participación al grupo que el Gobierno menos deseaba: Ferruzzi. El enemigo ya estaba ciertamente dentro de casa.

Desde entonces, sólo Marcelino Elosúa permanecía en la empresa como representante de los que fueron los dueños a través de la sociedad de la que controlaba el capital junto con otros familiares, Consejeros Empresariales Españoles. Él se veía como el hombre fuerte de la compañía aceitera y por el que tenía que pasar cualquier acuerdo para alcanzar el control de la empresa. Pero estaba equivocado. Basta con ver el pacto al que llegaron en 1992 la Administración y Ferruzzi, principal accionista de Koipe, que dinamitó el acuerdo de sindicación que tenían con Marcelino Elosúa de Juan. De golpe, los italianos habían dejado de ser malos para la Administración española. Ferruzzi había pasado a ser el dueño de la participación mayoritaria en Koipe gracias a la compra de la firma francesa Liesieur —que era la propietaria de la aceitera española— por parte de una de sus compañías, Eridania Beghin-Say. En defi-nitiva, los italianos no tuvieron que comprar directamente ese paquete accionarial de Koipe sino que les bastó con hacerse con su propietaria francesa.

El acuerdo entre el Gobierno y Ferruzzi, que suponía una oferta pública de adquisición (OPA), establecía el control compartido de la sociedad y dejó fuera de juego a quien se veía como el pilar de una compañía que estaba en una situación económica crítica, en especial tras la adquisición de Carbonell. Contra los criterios anteriores del Ministerio de Agricultura se situaron los del Ministerio de Economía, partidario de dejar de invertir en Elosúa y, por tanto, de facilitar la entrada a los italianos que, con anterioridad, habían sido considerados una auténtica bestia negra por la propia Administración. El pacto cita-do rompía el acuerdo establecido con Marcelino Elosúa. El Gobierno había cambiado a Marcelino Elosúa como aliado por los italianos. El Estado, a través de Tabacalera y Alimentos Españoles, controlaba el 40 % de la sociedad, al igual que los italianos, y los Elosúa, representados por Marcelino, se quedaban con el 20 % restante, es decir, con voz y voto, pero sin poder de decisión. (Al 15 % que controlaba a través de la sociedad Consejeros Empresariales Españoles se sumaba otro 5 % que adquirió en su día al Banco Pastor.)

Este desembarco de Ferruzzi, realizado mediante una OPA amisto-sa, se producía curiosamente contra el criterio del Ministerio de Agricultura, en lo que, en cierto modo, constituía también una especie de disputa familiar: el Ministerio de Agricultura contra el de Economía y Hacienda. Desde ese momento, Marcelino Elosúa, que se vio apeado de la vicepresidencia, perseguía desprenderse de su participación que, aunque sustancial, no le permitía ningún tipo de control ni capacidad de decisión. Los movimientos no cesaban. El acuerdo de los represen-tantes del Estado con los italianos provocó incluso interpelaciones por parte del principal partido de la oposición, el Partido Popular (PP), que exigió explicaciones por las facilidades dadas al grupo italiano y tam-bién por las supuestas comisiones que algunos políticos habrían cobra-do de Ferruzzi por facilitar el control de Elosúa. El fiscal general del Estado, Eligio Hernández, abrió investigaciones por estos hechos, pero éstas no dieron fruto. Se quedaron en nada.

Elosúa, con una facturación superior a los 60.000 millones de pesetas (unos 360 millones de euros), controlaba, junto con Koipe, el mercado español del aceite, pero además operaba también en sectores como vinagres, salsas, legumbres y distribución. Su marca líder era Carbonell y contaba con otras como Elosúa, Bonsol, Sotoliva o Elosol. Por su parte, Ferruzzi-Koipe ansiaba ampliar todavía más su peso en España y no le bastaba con la participación con la que contaba en Elosúa, pactada con la Administración. Por eso, en 1991, decidió lanzar una oferta pública de adquisición (OPA) para hacerse con el 100 % de Elosúa-Carbonell por la vía rápida. Se equivocó. Tras conocer la operación, el ministerio de Agricultura, dirigido entonces por Pedro Solbes, emitió un claro y contundente comunicado: «Se han adoptado las medidas pertinentes para garantizar que la mayoría del capital del grupo Elosúa y, consiguientemente, su gestión queden en manos españolas». Los accionistas, en aquel momento, podían bloquear cualquier operación que consideraran hostil. Éstos eran el Banco Pastor (11,4 %), Patrimonio del Estado (27 %) y FORPPA —herederas de la también pública Mercasa— y Consejeros Empresariales Españoles (15 %), dirigido por Marcelino Elosúa.

Los italianos tuvieron que retirarse a sus cuarteles de invierno y conformarse con el 24,89 % del capital que habían adquirido. Pero, al año siguiente, se consumó la integración de Koipe, que se hizo con el último paquete accionarial familiar que quedaba, el que estaba en manos de Marcelino Elosúa y su familia más directa, casi el 20 %. Las ventas se realizaron a través de una serie de sociedades instrumentales. Los compradores eran la sociedad luxemburguesa Bessol y el Banco Internacional de Luxemburgo. De esta forma, casi de la noche a la mañana, la aceitera, que había recibido apoyos públicos en forma de créditos blandos para que comprara Carbonell, pasaba a estar en manos del grupo italiano Ferruzzi —convertido luego en Compart, tras destaparse el escándalo financiero que afectó a la sociedad originaria—. Su nuevo dueño la transformó en un holding del que dependían las marcas Koipe, Carbonell, Elosúa y Salgado; todo un coloso. En 2003, SOS Cuétara absorbió Koipe (dentro de la que estaba Elosúa), de la que ya poseía más del 75 % del capital, tras lanzar una OPA en diciembre de 2001. Y fin de la historia, familiar, o, en concreto, de la familia Elosúa en la aceitera, porque los actuales principales accionistas de SOS Cuétara son también una saga: los hermanos Salazar.

CHURRUCA: LAS PIPAS DE LA DISCORDIA

Nunca nadie hubiera imaginado que las pipas —sí, sí, esas cuyas cáscaras se acumulan en el suelo a las puertas de las escuelas e incluso de las aulas y de los cines— causarían un auténtico terremoto familiar. Y es que algo así sucedió, o al menos muy parecido, entre los hermanos valencianos José y Luis López Lluch. Ambos protagonizaron una furiosa batalla por el control de la marca Churruca, creada por su padre José López Palazón, un clásico de las pipas, frutos secos y otras chucherías. Las pugnas judiciales entre los dos hermanos por hacerse con el control de la popular marca, cuyo logotipo era un simpático cocinero, se prolongaron durante más de una década y casi hacen desaparecer esta enseña tan popular.

La compañía, que tiene su sede en la localidad valenciana de Quart de Poblet, fue creada en 1932. Al fallecer el padre, la empresa fue heredada por Luis, el menor de los dos hermanos, y José, el mayor, al 50 %; lo mismo que los inmuebles. Una tercera hermana quedó al margen del negocio y heredó varios apartamentos que eran de sus padres. No es nada raro todavía que las hijas queden fuera del reparto del negocio y reciban otro tipo de herencias, como viviendas, joyas y otros bienes.

A finales de los años ochenta, problemas relacionados con la gestión de la compañía distanciaron y provocaron enfrentamientos entre los dos herederos de la marca. Luis, mediante dos ampliaciones de capital, logró hacerse con el control de la sociedad. Esas operaciones financieras y, especialmente el resultado que dieron, convirtiendo a un hermano en más dueño que el otro, fueron la espita del enfrentamiento y los conflictos. A partir de ese momento, la lucha entre ambos hermanos se volvió casi fratricida. José impugnó ante los tribunales las ampliaciones de capital que había promovido su hermano y, a la vez, creó una empresa paralela en 1998. Se trataba de STI Ibérica, una sociedad dedicada a comercializar frutos secos con varias marcas, entre ellas también Churruca, con el dibujo del cocinero, por supuesto, la auténtica marca de la casa. Posteriormente, en 2004, esta empresa fue integrada en Mercadalia, una sociedad controlada por José López Lluch y sus hijos José Vicente, Javier y Jorge.

Luis, que gestiona la compañía Productos Churruca S. A., denunció el empleo de la marca Churruca por parte de su hermano José, pero una sentencia judicial reconoció el derecho de ambos a utilizarla. El juez interpretó que ésta no era propiedad de la sociedad Productos Churruca, sino de los hermanos como resultado de la herencia que les dejó su padre. Fue en esa misma sentencia en la que el juez decidió sacar a subasta la marca. Ésta era también una de las peticiones de Luis en las demandas que interpuso. Los dos hermanos se veían, de esta forma, forzados a pujar por hacerse definitivamente con la propiedad de la marca en una subasta en la que podían participar otros interesados. De esta forma, su disputa podría haber hecho que el popular cocinero del logotipo y todo el fondo de comercio que tenía detrás cayera en manos de terceros.

En 1993, el número de pleitos cruzados entre los dos superaba los veinte. A pesar de la lentitud de la justicia, las sentencias cayeron una tras otra. En lo que atañe a la propiedad de la empresa Productos Churruca, los tribunales dieron validez a la toma de control mediante una ampliación de capital por parte de Luis en primera y segunda instancia. Desde que el juez admitió la legitimidad del uso de la marca Churruca, quien la utilizaba era José, mientras que Productos Churruca —curiosamente la compañía que empleaba el nombre original— se lanzó a un cambio de imagen sin incluir el tradicional cocinero del logotipo y con otras marcas. Entre ellas estaba la propia denominación social, Productos Churruca, que la Audiencia Provincial de Valencia, en una sentencia, anuló como nombre comercial con la consiguiente prohibición de usarlo.

La empresa Productos Churruca no creció prácticamente desde 1993, cuando facturó 20,83 millones euros. En el ejercicio cerrado el 30 de junio de 2002 facturó 18,73 millones de euros, un 4,1 % más que el año anterior, y ganó 107.330 euros, un 124 % más. Esta sociedad cuenta con Luis como accionista mayoritario. Su esposa, María Teresa Alamar, propietaria de la firma Tododulce, creada en 1992 y mayorista de distribución de dulces, golosinas y frutos secos, también figura entre los accionistas. Su hermano posee una pequeña participación en el capital de la compañía. El importe neto de la cifra de negocio alcanzó en 2006 los 27,8 millones de euros, con un crecimiento del 22,40 % con respecto al año anterior.

STI Ibérica, por su parte, cuyo principal accionista es hoy Mercadalia, controlada por José y sus tres hijos, registró en 2006 un importe neto de negocio de 15,6 millones de euros, con un crecimiento del 44,81 % con respecto al ejercicio anterior. La compañía, con sede en la ciudad valenciana de Paterna, es propietaria también de Productos Damel, fabricante de caramelos, chicles y regaliz, con sede en la ciudad alicantina de Crevillente. Tiene una firma de distribución y gestión logística, así como una sociedad que controla sus activos industriales, entre los que están una inmobiliaria —Proyectos Iberomax— y una proveedora de soluciones tecnológicas denominada Addis Network. Comercializa y explota la marca de frutos secos Churruca.

Tras conocer la sentencia definitiva sobre el juicio por competencia desleal iniciado en 1993, José y STI Ibérica —hoy propiedad de Mercadalia— demandaron a Productos Churruca, a la que exigieron un millón de euros por daños morales y 890.000 euros por supuesto lucro cesante, ya que el juez le impidió usar la marca durante varios años. Un nuevo pleito para una historia demasiado vieja y enrevesada.

Además de la subasta de la marca, los tribunales dictaron también la de todos los inmuebles utilizados por Productos Churruca que eran propiedad al 50 % de Luis y José. Se los repartieron casi como hermanos, excepto un inmueble de Mallorca que se adjudicó un tercero, con una recaudación total de unos seis millones. La pugna judicial que duró diecisiete años culminó en julio de 2008 con la subasta judicial de la marca y del logotipo —el popular cocinero— que había establecido el juez años antes. Luis ganó la puja con una oferta de 7.120.000 euros. Como resultado de ello, su hermano José, que también participó en la subasta en Valencia, se vio obligado a dejar de utilizar tanto el nombre como el icono en todos los productos que comercializa a través de su compañía STI Ibérica. La subasta judicial, que se inició con un precio de salida de dos millones de euros y duró más de seis horas, contó con la intervención de otros dos postores junto a los hermanos López Lluch. Esta subasta supuso el punto final para un litigio por la copropiedad de la marca y el logotipo que se había iniciado en 1991. El pleito afectaba al empleo de la marca no sólo en España sino en el extranjero. Al ser Luis López Lluch copropietario de la misma, sólo se vio obligado a pagar la mitad del precio de adjudicación. El Juzgado de Primera Instancia número 20 de Valencia es el que había sentenciado, en febrero del año 2003, que la marca Churruca saliera a subasta. Lo que dos hermanos no fueron capaces de solventar con palabras lo solucionó un juez.

GUINNESS: ERRORES DE GRANDEZA

Demasiados títulos, demasiada nobleza. ¿Y el negocio? Un proceso de endiosamiento de este tipo es lo que acabó con la independencia de la cervecera centenaria Guinness como compañía de carácter familiar para transformarla en una marca más dentro del conglomerado Diageo, nacido en 1997 como fruto de la integración de esta compañía con la también británica Grand Metropolitan, propietaria de la cadena Burger King, entre otros negocios. Los Guinness son hoy accionistas minoritarios de esta multinacional con sede en Londres, pero ya no son más que una sombra de lo que fueron. Tras ese apellido irlandés hay mucho más que unos banqueros y unos propietarios de una fábrica de cerveza cuya sede originaria se encuentra en Saint James Gate, en Dublín. Se estima que casi un centenar de miembros de la familia Guinness han sido clérigos, y también ha habido militares, por no citar los nobles. Tienen un árbol genealógico con muchísimas ramas y, por tanto, con frutos tan diversos que los periódicos se han llegado a referir a la familia como los *Guinnessty*, en referencia a series de televisión sobre sagas empresariales.

Arthur Guinness creó en 1778
esta famosa marca de cerveza.

La rigidez de patrones y la incapacidad de adaptarse a los nuevos entornos acabó afectando a la compañía que vivió los efectos más negativos del éxito o, para ser claros y contundentes, el adormecimiento que provoca que las cosas funcionen bien o que así lo parezca. A medida que el imperio cervecero se fue expandiendo desde sus orígenes en Dublín, a finales del siglo XVIII, dicha actividad fue perdiendo interés e importancia para unos Guinness que fueron ocupando grandes cuotas de poder no sólo en el mundo de los negocios sino en el de la política, las finanzas o el deporte. Con este crecimiento y las sucesivas generaciones, la implicación y lealtad por el negocio originario fueron perdiendo fuerza para los miembros de la familia. Su empuje y enfoque estratégico se fue difuminando y, a la vez, la dirección fue cayendo en manos de directivos externos y ajenos a la familia, que hicieron crecer la empresa mediante fusiones y adquisiciones, pero sin la estrategia e implicación que había tenido la familia propietaria desde los inicios. Muchas empresas familiares perduran precisamente porque el clan que las mantiene vivas hace que sigan con el mismo espíritu, o similar, que cuando fueron fundadas.

El apellido Guinness es sinónimo de aristocracia no sólo en Irlanda, donde los que lo llevan podrían ser considerados algo así como miembros de una familia real, sino también en el Reino Unido. Hasta que no se llegó a la quinta generación desde la creación de la compañía, tras años de control férreo, los títulos de la empresa no empezaron a dispersarse entre un accionariado más amplio, aunque siempre familiar.

Creada por Arthur Guinness en 1759, en Dublín, y famosa mundialmente por su cerveza negra, se constituyó realmente como empresa en 1886, época en la que estaba dirigida por Edward Cecil, el primer lord de Iveagh. Uno de los elementos más llamativos de sus inicios es el contrato de arrendamiento que firmó por unas instalaciones cerveceras en desuso. El contrato, con una duración ni más ni menos de 9.000 años, establecía una renta anual y perpetua de 45 libras. Bajo el mandato de Edward Cecil Guinness, la empresa comenzó a cotizar en la Bolsa de Londres en 1886. Ya se había convertido en la primera cervecera mundial. Pese a la colocación bursátil, Edward Cecil controlaba más de la mitad del capital. Fue a su muerte cuando los títulos se dividieron a partes iguales entre sus hijos Rupert, Arthur y Walter.

De este modo, la compañía seguía controlada por la familia. El primero de los grandes errores que entrañaba esta filosofía de hacer este reparto equitativo entre los herederos era partir de la premisa de que por el mero hecho de ser un Guinness ya se estaba capacitado para estar y gobernar la compañía. Siguiendo esta regla, el primogénito varón siempre tomaba las riendas.[11] Y lo mismo sucedía con el conjunto del consejo de administración. Pero la generación más antigua solía abandonar el puente de mando a edad muy avanzada, lo que desincentivaba a los más jóvenes, que veían pasar los años sin ningún tipo de opción de controlar, gestionar ni mandar.

En este sentido, el caso más relevante fue el de Rupert Guinness, que no cedió el testigo hasta 1962, cuando tenía 88 años de edad. Hay que decir que el relevo se vio dificultado por la segunda guerra mundial, que acabó con la vida de su hermano pequeño y de su propio hijo, Arthur. En todo caso, al final siguió con la tradición y traspasó la batuta del negocio a su nieto Benjamin, un joven de 25 años que tuvo que gestionar, sin ninguna experiencia, una empresa que aumentaba sus actividades y que, a pesar de tener de su parte a un consejo de administración que estaba dominado por miembros de la familia, carecía del liderazgo, el enfoque y la implicación que caracterizaba a las generaciones anteriores. Las decisiones del día a día pasaron a estar controladas por ejecutivos ajenos a la familia sin demasiados controles ni super-

---

11. Gordon, Grant, y Nigel Nicholson; *Family Wars*, Kogan Page, Londres, 2007.

visión por parte de los propietarios, que estaban demasiado ocupados gastando su fortuna o ganando posiciones en la alta sociedad.

El deterioro se fue haciendo tan grande que, en los años setenta del siglo XX, Johnathan Guinnes, el hijo de mayor de Bryan Guinness, lord de Moyne, escribió un libro con un título que era muy revelador: *Requiem for a Family Business* (*Réquiem por una empresa familiar*). El control de la compañía estaba en manos de la familia de forma muy mayoritaria gracias a las herencias intergeneracionales. Y eso fue así hasta 1986, cuando un ejecutivo externo, Ernest Saunders, que anteriormente había trabajado en la compañía de publicidad J. Walter Thompson y en la agroalimentaria suiza Nestlé, fue fichado como consejero delegado, con un sueldo que llegó a superar los 420.000 euros anuales. Ni que decir tiene que, por aquellos entonces, era todo un dineral. Desde ese momento, numerosas divisiones accionariales y una serie de fusiones pilotadas por un consejo de administración en el que predominaban los familiares, pero que representaban unos intereses que en muchas ocasiones no eran comunes, los dueños fueron perdiendo el control. La nave la dirigían otros y, tras una de las últimas adquisiciones, la participación familiar del 22 % se desplomó hasta el 4,5 %. Cada vez tenían un papel más reducido y, por lo tanto, cada vez tenían menos capacidad de decisión sobre un negocio que estaba totalmente controlado por gestores ajenos al clan.

Tras la compra de la destilería escocesa Arthur Bell & Sons PLC en 1985, bajo el mandato de Saunders, se inició la batalla por hacerse con la escocesa United Distillers, fabricante y comercializador de marcas tan conocidas en los mercados mundiales como el whisky Johnnie Walker y la ginebra Gordon's. Por ella acabaron pagando unos 3.800 millones de dólares después de una desenfrenada puja en la que acabó desbancando a la cadena Argyll, la otra interesada. Pero la operación no fue limpia y Saunders, junto con el consultor Jack Lyons, el agente bursátil Anthony Parnes y el empresario Gerald Ronson fueron acusados en 1990 de manipular el precio de las acciones de Guinness. Este grupo de ejecutivos fueron bautizados como «the Guinness Four» («los cuatro de Guinness»). En 1986, a raíz de las primeras informaciones, el Departamento de Comercio e Industria decidió abrir una investigación especial sobre las circunstancias que rodearon la adquisición del grupo de bebidas escocés. Esta operación de compra fue la auténtica perdición de un Saunders totalmente ofuscado en hacerse con el control de esa firma al precio que fuera y, lo peor de todo, empleando cualquier tipo de medios. Su meta era la de convertir Guinness en un enorme conglomerado que fuera líder mundial. Por conseguir ese objetivo estaba dispuesto a realizar las adquisiciones y absorciones que hicieran falta.

Después de trascender las primeras informaciones acerca de la investigación iniciada por el Gobierno británico, que estaba dirigido por la conservadora Margaret Thatcher, la familia propietaria, avergonzada y apesadumbrada por la mala imagen que daba todo el asunto, forzó la dimisión de Saunders y la de otros dos consejeros. Tras la reunión del máximo órgano de gobierno de la empresa se emitió un comunicado en el que anunciaba esta decisión: la destitución de Saunders como presidente, primer ejecutivo y consejero. La investigación confirmó que Saunders había ordenado la utilización de 100 millones de libras esterlinas (unos 120 millones de euros actuales) a través de una cuenta en un banco suizo, con el fin de hacer subir artificialmente las acciones de Guinness. El objeto de esta operativa radicaba en hinchar el valor, con lo que la oferta de dinero y acciones que presentaban por United Distillers se convertiría en mucho más atractiva que la de la competidora.

Los detalles de la operación afloraron mediante una auditoría hecha por la antigua Price Waterhouse (hoy PricewaterhouseCoopers), supervisora de las cuentas del grupo Guinness. Ese informe fue debatido por el consejo de administración de la sociedad. Al día siguiente, el nuevo presidente de Guinness, el escocés sir Norman McFarlane, admitió en una carta a los accionistas que «no se habían encontrado explicaciones satisfactorias» por pagos equivalentes a unos 30 millones de euros actuales, aunque en la misma misiva admitía que la cifra podía ser mayor y que estos pagos podían estar relacionados con «acciones bursátiles en apoyo de la operación de compra de Distillers». Las pesquisas posteriores lo corroboraron.

En la investigación del mayor escándalo financiero en el Reino Unido en muchos años participó también con sus declaraciones a las autoridades el agente bursátil estadounidense Ivan F. Boesky, implicado en un asunto de información privilegiada que era investigado por la Securities and Exchange Comisión (SEC) de EE. UU. La intervención de este tiburón de los negocios demostraba que las operaciones de *calentamiento* de los títulos de Guinness no se habían producido sólo en la City de Londres, sino también en Wall Street.

Tras un juicio que duró un centenar de días durante 1990, que se hizo muy famoso y tuvo mucha repercusión mediática, todos los implicados acabaron pagando sus culpas con penas de prisión —con la excepción de Lyons, que estaba enfermo—, así como con elevadas sanciones. «Es ilegal que una compañía financie secretamente la compra de sus propias acciones a terceros para mantener elevado el precio de éstas en bolsa», declaró el juez del caso, Denis Henry. Por su parte, el ex presidente de Guinness, que se declaró inocente al inicio del juicio, afirmó ante la audiencia que lord Iveagh, el cabeza de la familia Guinness por aquel entonces, le había presionado para realizar la «OPA fatal» sobre Distillers porque quería rivalizar con la familia Rothschild.

Esas declaraciones no le sirvieron a Saunders para quitarse las culpas de encima ya que fue condenado a cinco años de cárcel por falsa contabilidad, conspiración y robo. Las otras penas fueron las siguientes: el multimillonario Jack Lyons fue penalizado con una multa equivalente a unos 5,6 millones de dólares por robo y falsa contabilidad, entre otros delitos, y se le desposeyó del título de caballero; a Anthony Parnes se le impusieron 30 meses de cárcel, luego rebajados a 21, por robo y contabilidad falsa, y a Gerald Ronson, una pena de un año y una multa de unos ocho millones de euros actuales por delitos de contabilidad falsa y robo.

Al final, después de la polémica y la vergüenza que pasó la familia, Guinness acabó protagonizando en 1997 una fusión con Grand Metropolitan que dio paso a la nueva Diageo, en la que la familia Guinness, de la que en la actualidad merodean por estos mundos unos 700 componentes vivos, es accionista minoritaria. Lo que sobrevive, por encima de todo, es la marca y el libro en el que cada año se recogen los récords más variopintos de todo el mundo desde los años cincuenta.

ADOLFO DOMÍNGUEZ:
ARRUGAS ENTRE HERMANOS

«La arruga es bella.» Este eslogan hizo famosa a la marca textil Adolfo Domínguez. Pero, con el éxito logrado después de años de trabajo, detrás de esa imagen joven y fresca, en la que el lino y el estilo desenfadado tenían todo el protagonismo, se ocultaba una disputa entre hermanos —la segunda generación de un negocio de sastrería fundado por el padre—. La pugna, inicialmente más sorda y subterránea, acabó con la separación y la competencia directa pura y dura entre Adolfo, presidente y principal accionista del grupo que cotiza en bolsa —Adolfo Domínguez, S. A.— y sus hermanos, Jesús, Josefina y Francisco Javier, que se convirtieron en propietarios de Sociedad Textil Lonia (STL), que se expande gracias a un acuerdo con la diseñadora Carolina Herrera, que sustituyó a otro anterior con Purificación García. Se da la circunstancia de que el grupo catalán Puig, propietario de Puig Beaty & Fashion, que cedió los derechos de explotación de la marca Carolina Herrera a Jesús, Josefina y Francisco Javier es, a su vez, el segundo accionista de Adolfo Domínguez S. A. (cosas del mundo de los negocios).

Los orígenes de esta estirpe se remontan a la pequeña sastrería orensana El Faro, fundada por el padre de todos los protagonistas —el primer Adolfo Domínguez de la saga—. El negocio, modesto y especializado en elaborar trajes de caballero a medida, daba para que viviera toda la familia. El primer hijo que se incorporó a la actividad fue Jesús. Poco a poco se fueron sumando, en la década de los años setenta, Josefina y Adolfo, economista la primera y licenciado en filosofía y letras, el segundo. Luego entró Francisco Javier. Las otras dos hermanas, Inmaculada, fallecida en 1997, y Laura, la más joven (arquitecta), no entraron a formar parte del negocio. Jesús, junto con Josefina, se ocupaba de la gestión. Adolfo, tras estudiar estética y cinematografía en París y vivir una breve temporada en Londres, regresó y comenzó a ocuparse de la parte del diseño. Era el más artista de todos los herma-

Adolfo Domínguez se hizo con los mandos del negocio creado por su padre y acabó teniendo como competidores a tres de sus hermanos.

nos. El Faro pronto pasó de ser una mera sastrería, a convertirse en una verdadera empresa. Adolfo, que inicialmente no estaba muy ligado con la compañía, parece ser que vio la luz durante su estancia en Londres. De todo ello nació un planteamiento que le cambió la vida. «A los 22 años, tuve claro que lo que había hecho grande a Inglaterra es que era un país de tenderos. Me dije: yo continúo el negocio de mi padre. En ese momento tomé la decisión de hacerme empresario. Estoy convencido de que si mi padre hubiera tenido una carpintería, yo hubiese sido diseñador de muebles», explicó en una ocasión.[12]

Fue el comienzo de un período de crecimiento. El auténtico éxito de la compañía provino de las franquicias y del *marketing*. El símbolo de la arruga se fue imponiendo y convirtiéndose en una auténtica moda. Uno de los momentos cumbre fue cuando el actor Don Johnson empleó los modelos del diseñador gallego para sus apariciones en la serie televisiva *Corrupción en Miami* (*Miami Vice*).

Pero ese empuje, que parecía imparable, perdió todo su brío con el incendio que en el verano de 1991 destruyó la fábrica principal de la compañía, su sede central con una superficie de más de 6.000 metros cuadrados. Los daños se cuantificaron en el equivalente actual a unos 90 millones de euros. El apoyo financiero de Caixanova y del entonces Banco Central Hispano —hoy dentro del Santander— permitieron que el grupo textil remontara —aunque también contó con los apoyos por

12. Rodríguez, Julián; *Señores de Galicia*, La Esfera de los Libros. Madrid, 2008.

parte de la Xunta de Galicia (el Gobierno de la comunidad autónoma), presidida por entonces por Manuel Fraga, el fundador del Partido Popular (PP)—. Fue una época dura, marcada por la contención de costes para sanear las cuentas. Por eso surgieron las primeras fricciones y diferencias de criterio entre los hermanos. Jesús, el hombre de los números y el más atado a la realidad, tenía que esforzarse en frenar las ensoñaciones de Adolfo, mucho más vinculado al mundo artístico y que, a la vez, eras más conocido por sus apariciones en público. De hecho, era el auténtico rostro del grupo, el que le daba su imagen. Jesús; Josefina y Francisco Javier se mantuvieron ocupados hasta aquellos momentos en apuntalar la integración vertical, es decir, aglutinar en una única compañía todo el proceso de diseño, fabricación y distribución. La comercialización se realizaba a través de franquicias, pero también de algunas tiendas propias, siempre evitando el recurso a los intermediarios y sumando para el propio grupo toda la generación de valor. Este proceder catapultó al grupo Inditex-Zara, también gallego, y funcionó asimismo para la firma de los Domínguez, domiciliada desde siempre en el polígono industrial de la localidad orensana de San Cibrao das Viñas.

Las diferencias de perspectiva y de óptica respecto a cómo había que enfocar el negocio ya eran irreconciliables por aquellos entonces. Había que encontrar una salida al conflicto y los hermanos vieron en la bolsa su tabla de salvación. Era la mejor fórmula que se les ocurrió para que los que lo desearan pudieran irse vendiendo sus acciones a precio de mercado y sin tener que vender la empresa al mejor postor. Fue así como se realizó la operación de colocación en bolsa en marzo de 1997, con la que Jesús, Josefina y Francisco Javier obtuvieron, por el 70 % del capital que sumaban entre los tres, entre 90 millones y 100 millones de euros —según diversas fuentes—. Obtuvieron una liquidez con la que, en el futuro, iban a competir contra su propio hermano. La sociedad Adolfo Domínguez S. A., la cual realizó su salida a bolsa, había nacido en 1996 fruto de la fusión de Nuevas Franquicias, Adolfo Domínguez e Hijos y otras sociedades pertenecientes a la familia.

En la operación de venta de acciones, Adolfo Domínguez, presidente del grupo homónimo y que hoy cuenta con el 31,9 % de los derechos de voto, se consolidó como el principal accionista; las cajas de Vigo, del Mediterráneo (CAM), de Burgos y de Ávila adquirieron y sindicaron el 3,90 %, 2,10 %, 0,50 % y 0,50, respectivamente, que sumaba el 7 % del capital. La salida de sus hermanos del capital propició un cambio de estrategia, que se volcó en la internacionalización. Uno de los pasos fundamentales en esa línea fue el acuerdo con la cadena de grandes almacenes mexicanos Palacio del Hierro, que supuso la apertura de espacios comerciales en régimen de franquicia. A esa experiencia de 1997 le siguió la de Argentina, al año siguiente. A su vez, el negocio de Japón pasó a ser gestionado directamente por la compañía. La empresa siguió también con su expansión por Europa. Dentro del capítulo de acuerdos se incluyó también el sellado con Myrurgia, ya en 1989, para la producción y comercialización de artículos de perfumería y de cosmética.

Pero además de proporcionar liquidez a los propietarios, la bolsa tiene otras vertientes que hacen que no pueda hablarse de un camino de rosas. Cuando la compañía cayó hasta un precio mínimo en bolsa, otra empresa que entonces era familiar —de la familia Hinojosa— y de una dimensión mayor, Cortefiel —controlada en la actualidad por fondos de capital riesgo—, lanzó en 2001 una oferta pública de adquisición de acciones (OPA) hostil sobre Adolfo Domínguez. La oferta valoraba la compañía en unos 78 millones de euros, en torno a la mitad del precio al que había salido en su día a bolsa, pero con una prima de más del 20 % sobre su cotización de aquellos momentos. A partir de ahí se puso en marcha toda una estrategia defensiva. Adolfo Domínguez logró bloquear la operación gracias al apoyo, como sucedió en la etapa del incendio, de Caixanova —en la que estaba integrada la antigua Caja de Vigo— y del grupo Puig, que posee hoy (2008) en torno al 15 %, a través de su filial Myrurgia. Tras esa operación de bloqueo, el capital de la compañía textil tiene hoy como primer accionista al propio Adolfo Domínguez, y al grupo Puig como segundo. Les siguen por su peso Caixanova, con el 5 % y La Previsora Mallorquina, con una proporción de capital similar al de la caja gallega.

Pero, después de la OPA, Adolfo Domínguez aún no lo había visto todo. Sus tres hermanos, que meditaron inicialmente (y con los bolsillos llenos por la venta de sus participaciones) sobre la posibilidad de dedicarse al negocio inmobiliario, optaron finalmente por volcarse en lo que conocían y sabían hacer y constituyeron Sociedad Textil Lonia

(STL), por el nombre de un río de la zona que desemboca en el Miño. Tras encontrar un socio capitalista, una filial de la multinacional francesa del lujo Louis Vuitton & Moët Hennessy (LVMH), se dedicaron a buscar una imagen, que era lo que les faltaba, un papel que, cuando permanecían juntos, su hermano Adolfo desempeñaba a la perfección. Finalmente hallaron a Purificación García, una conocida diseñadora gallega afincada en Barcelona, con la que mantuvieron una relación profesional de dos años que reforzó su imagen de marca, pero que estalló por los aires en noviembre de 1999. En esas fechas, apenas dos años después de firmar el pacto, los tres hermanos denunciaron a esta diseñadora por hacerse con material propiedad de la compañía. Purificación García fue incluso detenida cuando iba a tomar un avión en el aeropuerto de Vigo hacia Barcelona, donde estaba afincada. Tras declarar, la policía la dejó marcharse.

Después del juicio que se desarrolló en Ourense, García difundió un comunicado en el que acusó a STL de «instrumentalizar el procedimiento penal» y de presionarla a fin de que aceptara las condiciones que la empresa había pretendido imponer en la renegociación de su contrato firmado en 1997. Según ese acuerdo, la diseñadora prestaba funciones profesionales de dirección en las áreas de colección y diseño de la firma textil orensana. El crecimiento que experimentó la compañía y, por tanto, la enorme carga de trabajo que conllevó podrían haber sido elementos que provocaron la fricción entre las partes. Cuando fue detenida en el aeropuerto de Vigo, a Purificación García se le incautaron dos maletas que, según los denunciantes —la sociedad STL—, contenían material creativo de la firma. Sin embargo, García sostuvo en el juicio que se trataba de elementos que necesitaba para continuar trabajando el fin de semana en su domicilio de Barcelona y para la promoción de sus productos en los días siguientes. La modista explicó que, cuando las maletas fueron abiertas por el juez, se constató que en ellas no había ninguna clase de material informático ni de patrones de diseño, lo que contradecía las acusaciones de STL. El problema acabó con un acuerdo extrajudicial. Con más de un centenar de tiendas en las que figuraba la marca Purificación García, la sociedad de los tres hermanos Domínguez tenía que garantizarse la exclusividad de ese nombre por lo que llegaron a un pacto mediante el que

Purificación García recibió una compensación lo suficientemente satisfactoria como para zanjar la polémica.

Los tres hermanos Domínguez volvían a tener un problema de falta de imagen de marca. En su nueva búsqueda por solventar esa cuestión dieron con la diseñadora venezolana Carolina Herrera. Lograron un acuerdo gracias al apoyo —carambolas de la vida— del grupo Puig, accionista de la compañía de su hermano y competidor, Adolfo Domínguez, y que era dueño de la exclusiva de comercialización de la marca Carolina Herrera en España. Fue así como nació la red de tiendas en las que figura el nombre de esa diseñadora. Pero no acaba aquí la cosa. La pasión textil de los Domínguez carece de límites. Así, las dos hijas de Jesús Domínguez, Uxía y María Domínguez Rodríguez, constituyeron en 2005 la sociedad Moet & Mos, que luego pasó a denominarse Bimba & Lola, con la que crearon su propia cadena de moda dedicada a la mujer. El proyecto, en fase de expansión, cuenta con el apoyo de su padre, Jesús, cuyas tareas de gestión en STL fueron repartidas entre los otros miembros de la familia. En poco más de un año, la firma registró una enorme expansión a partir de una inversión inicial de 15 millones de euros. La joven compañía se ha convertido en la personalización del nuevo auge de la moda gallega y se la ha calificado como la empresa española de confección de más rápido crecimiento. «Somos un equipo muy joven, empezamos todos juntos y tenemos muchas ganas de triunfar», explicaba Uxía Domínguez, la presidenta en 2007.[13] La empresa se dirige exclusivamente a mujeres jóvenes, con una moda desenfadada.

Adolfo Domínguez, por su parte, se encuentra en una nueva etapa en la que pretende potenciar la internacionalización. Uno de sus últimos golpes de efecto fue el fichaje de José María Castellano, para acometer esa estrategia. Castellano fue la mano derecha de Amancio Ortega, el dueño de Inditex-Zara, durante muchos años y uno de los arquitectos de su expansión internacional. En la fase final era vicepresidente hasta que llegó la ruptura con Ortega, entre otros motivos a raíz de la pugna del magnate gallego por hacerse con la participación del Banco Santander en la eléctrica Unión Fenosa. Castellano era, en opinión de

13. «Bimba & Lola es la firma de más rápido crecimiento en España», *El País*, 25 de junio de 2007.

Domínguez, la persona propicia para encarar la expansión internacional, que ha sido uno de los grandes éxitos de Zara. De ahí que se produjera este sonado fichaje.

Fiel a Galicia, Castellano, a pesar de su trabajo en Inditex y en otras empresas, nunca ha abandonado sus clases como catedrático de Economía en la Universidad de A Coruña y asesora algunos proyectos de investigación impulsados a través de proyectos empresariales de capital riesgo. Tras su salida de Inditex, fue durante ocho meses asesor del presidente de Fadesa, Manuel Jove, que en la actualidad ya no es titular de esta firma del sector inmobiliario, que fue vendida a Fernando Martín.

Castellano incluso compartió en Fadesa una participación del 5 % con Josefa Ortega, hermana del principal accionista de Inditex, hecho que fue otro motivo de fricción con el dueño de Zara. Adolfo Domínguez, S. A. es en la actualidad el segundo grupo de moda de Galicia, tras Inditex-Zara. La compañía que controlan sus tres hermanos (STL) es la tercera de la comunidad y la firma de las hijas de Jesús Domínguez va camino de ocupar también los primeros puestos de ese particular podio. El textil gallego no estuvo nunca antes tan en familia. Eso sí, cada uno en su casa.

GALVIN: LA FAMILIA DEJA MOTOROLA

Motorola se ha caracterizado desde sus orígenes por volcarse en la innovación. Aunque con dificultades en la actualidad y fuera del control de la familia Galvin, que la fundó, Motorola se mantiene en los primeros puestos en el mundo de las telecomunicaciones, aunque ya no es ni de lejos lo que era. El punto culminante del cambio se registró en 2003, cuando Christopher B. Galvin, nieto del fundador, dejó el cargo de consejero delegado. Esa decisión rompía con una tradición de tres generaciones durante la que los miembros de la saga llevaban las riendas de la empresa, que manejaban a su gusto. Con el clan fun-

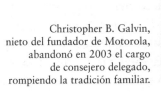

Christopher B. Galvin,
nieto del fundador de Motorola,
abandonó en 2003 el cargo
de consejero delegado,
rompiendo la tradición familiar.

dador en posesión de menos del 3 % del capital, ya no se podía hablar de una empresa familiar. Y eso que su historia había sido hasta ese momento la de una compañía de esas características. Primero fue el abuelo del dimisionario, el creador de la empresa en 1928, Paul V. Galvin, y luego el hijo de éste y padre de Christopher, Robert, que fue el gestor de la compañía a lo largo de tres décadas. Durante esa etapa, Robert aupó la empresa hasta el liderazgo, aunque también contribuyó a su decadencia hacia el final. En la actualidad, los dos principales accionistas de la antaño firma familiar son la gestora de activos Dodge & Cox y el financiero e inversor Carl Icahn, quien, en 2008, inició una batalla legal con el consejo de administración para determinar si el órgano de gobierno de la compañía falló en sus funciones y por ello se registraron pérdidas en el negocio de telefonía móvil. La pugna legal acabó con el nombramiento de consejeros en representación de Icahn, que así tuvo un mayor control sobre la gestión.

En 2007, la división de telefonía móvil perdió 1.200 millones de dólares como consecuencia de una caída de los ingresos del 33 %. Carl Icahn, un auténtico tiburón de los negocios, labró su reputación a partir de la oferta pública de adquisición (OPA) que lanzó sobre la antigua aerolínea TWA en 1985. Con los años, ha sumado un enorme patrimonio en el que, además de Motorola, figuran importantes participaciones en numerosas grandes compañías, que van desde Time Warner, donde también forzó un plan de reestructuración de costes, hasta Yahoo, contra cuyo consejo de administración plantó batalla cuando éste rechazó en 2008 la oferta de compra de Microsoft.

A raíz de la batalla con el consejo de administración encabezada por un persistente Icahn, Motorola se acabó dividiendo en dos gran partes.

Una estaba formada por la telefonía móvil, el negocio de mayor envergadura; y otra parte se constituyó con divisiones más pequeñas, como
la dedicada a equipamientos para empresas, pero que eran mucho más
rentables.

Durante el mandato de Christopher, las acciones de Motorola per-
dieron la mitad de su valor y cedió las posiciones de liderazgo en teléfonos móviles a competidores como la finlandesa Nokia y, sobre todo
a los pujantes productores coreanos, con Samsung y LG a la cabeza.
El heredero fallido de la empresa con sede en Schaumburg (Illinois),
cerca de Chicago, entró en la empresa a finales de los 60, aún como
estudiante, y fue escalando puestos hasta llegar al máximo nivel ejecutivo en 1997.

No todos los males hay que atribuírselos a Christopher Galvin.
Heredó, por ejemplo, uno de los mayores fiascos empresariales, el sistema Iridium, al que había dado su autorización su padre y que se
basaba en una constelación de 66 satélites que permitían dar cobertura en cualquier punto del mundo. La participación en el proyecto
acabó costando miles de millones de pérdidas a la empresa y fue un
absoluto fracaso de mercado al basarse en unos terminales pesados y
costosos que poco podían competir con una telefonía móvil que iba
por otros derroteros. Mientras Motorola dedicaba tiempo, recursos y
esfuerzos a un sistema que carecía de clientela, la telefonía móvil des-
plegaba sus repetidores prácticamente por todo el planeta con mucha
más velocidad que la compañía de los Galvin hubiera podido imaginar y facilitaba la cobertura mediante terminales mucho más cómodos
desde todos los rincones del mundo.[14]

Cuando Chris Galvin dejó la compañía, ésta era un conglomerado
heterogéneo de comunicaciones personales, semiconductores, grandes
redes de comunicaciones, sistemas electrónicos integrados y otras actividades..., como un gigantesco bazar. La empresa empezó a tener problemas cuando su cultura de alta ingeniería tecnológica se tornó into-
lerante y las divisiones funcionaron como islas que desarrollaban sus
proyectos autónomamente, pero sin rumbo fijo y claro. Se primaba
más la tecnología que el aspecto comercial, por lo que los productos

---

14. Sala, Agustí; *Sucedió en Wall Street*, Ediciones Robinbook, Barcelona, 2006.

empezaron a salir con mucho retraso al mercado, con costes de fabricación muy altos y sin tener en cuenta los gustos de los consumidores. Evidentemente, eso era un error. Había más pasión por la tecnología y la ingeniería que por las demandas de los clientes.

Todo el mundo coincide en que Chris actuó más como un visionario que como un directivo que debía preparar la compañía para un cambio profundo. Titubeaba y carecía del liderazgo que habían poseído sus antecesores. En este contexto, la empresa llegó tarde al cambio de lo analógico a lo digital y, poco a poco, se fue distanciando de sus mercados y de sus clientes que querían cosas que Motorola no les proporcionaba. La decadencia de la compañía se produjo porque llegó con mucho retraso al mercado digital a pesar de contar con numerosas patentes de la tecnología del sistema Global para las Comunicaciones Móviles (GSM) —el estándar que se impuso para la comunicación de teléfonos móviles con tecnología digital—. Ese proceso de descenso continuó luego con Edward J. Zander al frente del grupo, a pesar del breve período de éxito con el móvil extraplano Rzor. Zander ganó protagonismo durante su etapa como alto ejecutivo de Sun Microsystems, en la que la compañía se convirtió en una firma de dimensión internacional. Los malos resultados obtenidos, denunciados por Carl Icahn, acabaron forzando el anuncio de abandono de Zender y su relevo como principal ejecutivo por parte de Greg Brown.

Una vez fuera de la empresa, Galvin y su familia se volcaron en dar rendimiento a un fondo, Harrison Street Real State Capital, destinado a invertir en el sector inmobiliario. Una de sus especialidades son las viviendas para estudiantes y para personas de la tercera edad. Otro de los instrumentos de la familia es Galvin Projects, una especie de centro de ideas destinado a reestructurar y mejorar el funcionamiento de las redes eléctricas. El objetivo de la familia a través de distintas iniciativas es actualmente generar negocios que sean un modelo a seguir, como en su día lo fue Motorola. La familia no tenía ninguna intención de entrar en las actividades de telefonía y competir con su gran creación, ya que lo consideraba una actividad establecida y madura. Motorola, de la que poseían una pequeña participación, dejaba de ser una prioridad para la saga. En una entrevista, Chris explicaba claramente las estrategias familiares: «A los Galvin les gusta pensar sobre muchas cosas que otros consideran que son imposibles y les gusta involucrarse y comprometerse en procesos para intentar hacerlas posibles. Muchas veces se convierten en posibles... Somos pacientes y conocemos las filosofías del trabajo. Si erramos, cambiamos. Cambiaremos y trataremos de hacerlo mejor. Y eso es lo que disfrutamos haciendo. Es donde estamos en la actualidad».[15]

Fundada por la familia Galvin (por los hermanos Paul y Joseph), como Galvin Manufacturing Corporation, en 1928, el primer producto de la empresa fue un eliminador de baterías. El nombre Motorola fue adoptado en 1930 para expresar la idea de introducir las radios en los automóviles. Paul V. Galvin creó la marca Motorola para la radio, uniendo el término *motor* (de la palabra inglesa *motorcar*, automóvil) y *ola* (que sugería el sonido). La marca, por tanto, significaba algo así como «sonido en movimiento». Uno de sus últimos éxitos fue el móvil extraplano Rzor. Pero ni un modelo como éste, que tuvo tanto impacto, logró frenar la decadencia de una compañía que no logró lanzar al mercado modelos nuevos de similar popularidad, cuyas ventas superaron en 2007 los 36.000 millones de dólares, aunque con pérdidas considerables, y con un valor en bolsa de unos 18.000 millones de dólares.

---

15. «Motorola: Q&A with Christopher Galvin, former chairman and CEO», *Chicago Tribune*, 13 de abril de 2008.

2. DISPUTAS Y CIMAS

Más se estiman los bienes adquiridos que los heredados.

PLATÓN

Dos hermanos se disputan la herencia. Uno de ellos discrepa de la forma en la que su padre, con más de 70 años, lleva la empresa. Dos primos aspiran al cargo de presidente y plantean enfoques distintos y totalmente opuestos sobre cómo orientar la estrategia del grupo... La casuística es casi infinita. Las formas y los factores con los que una compañía de carácter familiar puede tropezar en su camino son muy variados. Como decíamos al principio, la emotividad es una variable y un hecho diferencial de estas empresas. No es que no la haya en el resto de las compañías, pero es que en las de este tipo supone una vertiente de irracionalidad difícilmente evitable: los miembros del consejo de administración o los dueños son parientes, sean hijos, hermanos o primos. Entre ellos existen unos lazos de consanguinidad que, igual que unen, pueden llegar a provocar odios viscerales.

Lo que es cierto es que la influencia del parentesco se pronuncia con el paso de los años y, por tanto, con la acumulación de generaciones. Ya es un clásico el considerar una primera generación como la de los fundadores o creadores, una segunda como la caracterizada por una asociación de hermanos y una tercera como aquella en la que domina lo que se conoce como consorcio de primos, que será más tupido cuantos más hijos tenga cada uno de ellos. A partir de ahí...

Uno de los problemas esenciales surge cuando el padre se resiste a ceder la batuta. Hay diversos motivos que provocan esa dificultad y estos abarcan desde la no aceptación de la pérdida progresiva de facultades o de capacidad de mando hasta el temor a no tener nada que hacer o carecer de la confianza en que los herederos dirijan o aprecien el negocio como ellos lo hicieron. El diálogo entre padres e hijos es, en estos casos, un buen sistema de reconducir estos problemas, aunque no siempre. También depende mucho de la forma de ser de cada persona.

Los roces entre hermanos y, evidentemente, entre primos son también un terreno propicio para las fricciones. Pero los primeros, es decir, las diferencias entre hermanos, pueden convertirse en las más difíciles de sobrellevar y en las más conflictivas de todas. Y suele ser, por tradición, más una batalla entre hermanos que entre hermanas porque siempre fue más habitual dejar a las mujeres al margen del negocio en materia de herencias. Con los años esta costumbre tan anómala, rancia y discriminatoria se ha ido abandonando, y las mujeres han entrado a formar parte de las empresas familiares tanto como los hombres. En muchas ocasiones las pugnas entre hermanos nacen de los celos y envidias con respecto a la relación mantenida con los padres.

Las chispas que producen los incendios familiares son de carácter diverso: los choques de personalidades, las envidias generacionales, las diferencias de criterio o los distintos enfoques, ideologías y «culturas» familiares entre las ramas que constituyen la saga. Cualquiera de estas situaciones puede desembocar en una separación o división del negocio porque se enquista, porque supone la suma de muchos pequeños problemas que se convierten en un enorme conflicto... La casuística es variada. Pueden surgir discrepancias sobre el enfoque del negocio, actuaciones estratégicas defendidas o realizadas por una rama de la familia y no apoyadas por otra, el enfriamiento de la relación fraternal, las diferencias en la forma de llevar la empresa, los distintos intereses o enfoques a la hora de decidir qué hay que hacer con las ganancias o el patrimonio surgido del crecimiento de la empresa y, por tanto, de la familia. Veremos ejemplos de cada uno de estos casos.

RAVENTÓS: EL HEREDERO DEJA CODORNÍU Y CREA SU PROPIA MARCA

Corría el año 1982. José María Raventós Blanc, gerente de las centenarias bodegas Codorníu, con sede en Sant Sadurní d'Anoia, y heredero de las mismas por ser el hijo mayor, tal y como establece el derecho civil catalán, discrepaba de la estrategia de la compañía con el resto de sus hermanos y primos. José María se incorporó al negocio cavista familiar en 1945, con apenas 20 años y después de que su padre, una vez transcurrida la guerra civil, tuviera un ataque cerebral a edad temprana. Pero José María no era el dueño absoluto. Su abuelo, Manuel Raventós Domènech, el auténtico motor del grupo como empresa y celoso de la unidad de la compañía, introdujo cambios en la tradición secular del *hereu* (heredero) iniciada en el siglo XVI: al fallecer, en 1927, repartió las bodegas entre sus seis hijos. Nadie a partir de ese momento era el dueño absoluto de estas cavas. No había un único heredero como había sucedido desde 1551 porque la sociedad fue dividida entre sus descendientes. Eso hacía que, si no llegaban a entenderse entre ellos, o bien tendrían que ponerse de acuerdo o bien habrían de buscar soluciones para que una de las partes se marchara del negocio. Y siempre tenía que ser el que estaba en minoría. La unidad del negocio estaba garantizada por los siglos de los siglos.

Por una parte estaba la empresa —en la que el reparto de la herencia supuso el inicio de una cultura accionarial—, y por otra, la finca, la casa señorial y los derechos de paso, que correspondieron al primogénito. Es por ello que, fruto de esa tradición, José María, que permaneció en el negocio familiar hasta 1982 —algunos dicen que no pudo soportar no ser el dueño único y en solitario—, no tenía el control total sobre la empresa, pero sí sobre uno de sus mayores símbolos: la mansión en el término de Sant Sadurní d'Anoia, la auténtica capital del cava —ya que la mayor parte del mismo se produce en esa comarca—, edificio que su abuelo mandó construir al lado de las bodegas, diseñado por el arquitecto modernista Josep Puig i Cadafalch y cuya construcción finalizó en 1915. En 1976, estas instalaciones emblemáticas fueron declaradas Monumento Histórico Artístico Nacional por el rey Juan Carlos I.

El primogénito, harto de discrepar con sus hermanos y primos, en especial con el entonces patriarca de las cavas, Manuel Raventós Artés; acerca de la dirección que debía seguir la compañía y tras fracasar en su intento de comprar las acciones a la familia para poder desarrollar su propia estrategia, optó por vender en agosto de 1982 los títulos que poseía a sus parientes y establecerse en solitario. En Codorníu, Manuel Raventós decidió poner a su hermano pequeño, Jordi Raventós como sustituto al frente de la gerencia. La ruptura, la primera y hasta ahora única que se ha producido en este grupo familiar centenario, estaba completamente consolidada. Como había previsto Manuel Ravantós Domènech, era más fácil que una de las partes discrepantes se marchara que dividir el negocio.

Pero José María no se marchó con los bolsillos vacíos. Y ni siquiera se trasladó muy lejos, ya que instaló su nuevo negocio frente a la casa señorial marca de la estirpe en el término de Sant Sadurní d'Anoia —que seguía siendo suya, al igual que unas hectáreas de viñas que la circundaban—. Además, sus nuevas cavas se construyeron en un terreno en el que se encontraba el viejo roble centenario característico de Codorníu —hoy símbolo de la marca Raventós i Blanc— y en torno al que se extienden las primigenias 90 hectáreas de viña transmitidas de padres a hijos desde el siglo XV. En esas instalaciones montó su negocio encaminado a aplicar la política que quería haber llevado a cabo con el nombre Codorníu: una elaboración esmerada y un diseño de las botellas cuidado al detalle, apostando por un volumen menor de producción, pero con una mayor personalidad.

Eran unos criterios con los que discrepaba la mayor parte de la familia, acostumbrada a vender grandes cantidades de botellas, según cuenta el heredero de este Raventós díscolo. Después de un tiempo de trabajo con su hijo Manuel Raventós Negra —ferviente defensor de posicionar la marca de forma clara, al considerar que se movía en un segmento medio del mercado sin una tendencia clara—, crearon en 1986 las cavas Raventós i Blanc. Pero José María no pudo ver con sus propios ojos la obra que había promovido, porque falleció de un infarto —ya había tenido otros avisos mientras estaba todavía en Codorníu— a los pocos días de la constitución de la nueva empresa. Pereció, paradojas de la vida, en aguas de Nueva Zelanda, mientras practicaba una de sus mayores pasiones: la pesca del marlín, una pieza de grandes dimensiones emparentada con el pez vela y el pez espada.

A partir de entonces, su heredero, Manuel Raventós Negra tuvo que ponerse manos a la obra para consolidar la idea que había madurado junto con su progenitor. Fue así como encargó en 1989 el diseño de las nuevas cavas a Jaume Bach y Gabriel Mora, que ganaron un premio FAD de arquitectura por ese trabajo. Las instalaciones de Raventós i Blanc están formadas por un conjunto de edificios en tonos pardos, con luz natural, abiertos e integrados en el viñedo y concentrados en torno al roble de los Raventós. Es un rincón ecológico y silencioso con un toque de modernidad frente al aire modernista de las instalaciones de Codorníu, que están enfrente.

El actual gestor y propietario de las cavas tiene su opinión sobre lo que movió a su padre a embarcarse en su propio proyecto empresarial. «En las empresas familiares, los problemas personales son terribles. En una empresa normal, te echan y se acabó; pero en una familiar, un desacuerdo supone una ruptura más íntima. El punto de vista de mi padre y de su familia siempre fue distinto; la estrategia, todo. A finales de los setenta, Codorníu era líder del mercado gracias a productos sin personalidad, que no eran ni caros ni baratos, pero que proporcionaban la mayor parte de los beneficios: 55 millones de botellas de un cava que en un 97 % se usaba para brindar, no para beber. Algo que hoy sigue pasando. La batalla de los grandes es el volumen. Y mi padre, por el contrario, pensaba que un día el mercado maduraría y había que ir a la personalidad, a la calidad. Tener uva propia. Competir con el champaña. Mi padre era un convencido del cava y quería hacer el mejor en Codorníu. Poner a Codorníu arriba, y cubrir el segmento más bajo con otras marcas de la casa, como Rondel o Delapierre. Pero no le dejaron. Tuvo varios infartos. Harto, ofreció a su familia comprarles las acciones. Y si no lo conseguía, se marchaba. "O ellos, o nosotros", me dijo un día.»[16] Y así lo hizo aunque luego no pudo completar su obra.

En su día, la ruptura por parte de José María Raventós provocó una situación ciertamente anómala puesto que el resto de la familia titular de Codorníu tenía que rodear la simbólica casa señorial para llegar a sus viñas, pero no podía entrar en ella porque era propiedad del primogénito, un heredero que ya no formaba parte de la empresa familiar. Lo de ver pero no poder tocar uno de los símbolos de la familia incomodaba mucho a los miembros del clan.

En 1996, Manuel Raventós llegó a un acuerdo con sus primos, encabezados por el entonces director general de Codorníu, Jordi Raventós Artés; para venderles la casa señorial en la que su madre, Isabel Negra, vivió hasta su fallecimiento en los 90, así como una docena de hectáreas de viñedos que circundaban la mansión. Esa operación, que insufló a los Codorníu una enorme satisfacción y orgullo, le sirvió a Raventós Negra para mejorar su liquidez y evitar el endeudamiento a fin de consolidar su nueva marca en el mercado. En 1999 llegó al punto de equilibrio después de varios años de sufrimiento.[17] En la actualidad, Manuel Raventós, casado con Anna Vidal, trabaja en la compañía con el apoyo de un hijo, José Maria Raventós Vidal, que también está en el consejo junto con su hermana Elisabet. En el consejo de administración figura también su hermano Higinio, que es el presidente del grupo Confide y de la cadena de residencias para la tercera edad, Eurosar.

Para el resto de los Raventós —más de 400 primos, de los que sólo unos 200 son accionistas— el acuerdo de compra fue un auténtico alivio, como cumplir con un sueño de hacía muchos años. Anhelaban hacerse con ese símbolo de la estirpe y pagaron 400 millones de las antiguas pesetas (2,4 millones de euros). Manuel Raventós Negra se quedó con los archivos, muebles y retratos de los antepasados. El resto de la familia pudo acabar con la pesadilla de tener que rodear sin poder entrar en la mansión modernista símbolo del clan. Incluso decidieron celebrar la presentación de resultados de la compañía en las instalaciones en 1997, como una auténtica

16. «Los amos del cava», *El País*, 18 de diciembre de 2005.
17. «El caballero del oro líquido», Presston Comunicació, 3 de abril de 2006. (http://www.presston.com/feedback/art.asp?id=309&fb=39)

reafirmación de identidad, especialmente frente a sus ancestrales competidores, la familia propietaria de Freixenet, los Ferrer, con los que en 1996 iniciaron una guerra de acusaciones a propósito de los métodos de elaboración de sus respectivos productos que fue bautizada como la «guerra del cava». Pero ésa es otra historia.

GRUPO
CELSA

RUBIRALTA: DOS HERMANOS, DOS DESTINOS

Los hermanos Francisco y José María Rubiralta Vilaseca han logrado una de las grandes fortunas de España a través de un imperio siderúrgico (Celsa) y de los equipamientos hospitalarios y productos de diagnóstico para análisis clínicos (CH Werfen) con una facturación conjunta superior a los 3.000 millones de euros. Desde hacía años, gestionaban cada uno una de las patas del conglomerado, aunque entre ambos se repartían por mitades el conjunto del capital. Francisco, con algo más de presencia pública —aunque no mucha más que su hermano— llevaba las riendas de la parte de acero y trefilerías, con compañías como la antigua Nueva Montaña Quijano o Global Steel Wire; y José María, el grupo de material hospitalario, que cuenta con Izasa como una de sus cabeceras.

Pero la armonía entre estos hermanos, que se han caracterizado desde hace años por una extremada discreción y vocación de trabajo según cuentan quienes los conocen, no resultó ser eterna. Hay muchos ejemplos de ello a lo largo de la historia empresarial. Ni los hermanos más próximos pueden evitar que, en determinados momentos, salten chispas, en especial cuando entran en juego sus respectivos herederos y descendientes, como fue el caso. La llegada de la segunda generación fue motivo de disputa y, finalmente, de ruptura. La compra de la empresa finlandesa Fundia al grupo Rautaruukki por parte de uno de los hijos de Francisco, desató las diferencias entre los dos hermanos fundadores que, finalmente, en 2006, acordaron de forma amistosa, después de meses de discusión por la valoración de los activos correspondientes —en especial los de la rama de siderurgia, que habían registrado un crecimiento exponencial en los últimos años— y tras 40 años de historia conjunta, separar sus grupos empresariales.

El chispazo del conflicto tenía que producirse a la fuerza, porque dos meses antes de la operación de adquisición de la compañía finlandesa, la compra había sido rechazada por Celsa con el voto de José María, que controlaba la mitad del capital y que veía la firma que se aspiraba a controlar como excesivamente endeudada y un lastre potencial para el conjunto del grupo. Aunque desde la compañía se insistió en que la operación de adquisición finalmente llevada a cabo se realizó a título personal por parte de Francisco Rubiralta Rubió, hijo mayor de Francisco, su tío no lo vio del mismo modo y lo consideró un auténtico bofetón, una especie de rebelión frente a la decisión que él había tomado.

El hecho de que cada uno de los hermanos fundadores del grupo tuviera cuatro hijos tensó todavía más las relaciones familiares y provocó que el conflicto desembocara en la ruptura definitiva. Francisco, casado con Isabel Rubió Badia, de la familia de los laboratorios Rubió, tiene dos hijos (Francesc, nacido en 1977; e Ignasi, nacido en 1985) y dos hijas (Carola, nacida en 1986; y Anna, nacida en 1989). Los cuatro hijos de José María, casado con Teresa Giralt Iglesias, miembro de una tradicional saga textil, son varones. Además de la vinculación empresarial existen otras relaciones, como las de las dos cuñadas y sus respectivos maridos como fundadores y miembros de patronatos de algunas fundaciones y otros organismos filantrópicos, como Adana, creada en 1997, dedicada a la ayuda a la investigación para paliar los problemas de personas con trastorno de déficit de atención con o sin hiperactividad (TDAH). Hoy sólo consta Isabel Rubió como presidenta. En la etapa en la que todavía no se había consumado la separación, Teresa Giralt constaba como vicepresidenta de la fundación, y los respectivos maridos, como vocales. La ruptura se produjo en todos los frentes. Cada uno se fue realmente por su lado.

La existencia de numerosas cartas y documentos cruzados entre los dos hermanos, en los que hablaban ya desde 2005 de la necesidad de separar los patrimonios, era una prueba evidente del clima de enfrentamiento que se había instalado entre las dos ramas de la compañía.

Francisco Rubiralta ha conseguido
tener una de las mayores fortunas
de España gracias a su imperio
siderúrgico Celsa.

Finalmente, como consecuencia de la pelea y el acuerdo final de separación, la junta de accionistas de Barna Steel Werfen, el holding que agrupaba los principales negocios de los dos hermanos, acordó su disolución en julio de 2006. De esta forma, cada uno pasaba a ser dueño y a controlar totalmente la parte del grupo de la que se había responsabilizado hasta entonces, con la diferencia de que ahora no era sólo una división en la gestión, sino también patrimonial. Francisco Rubiralta, presidente de Celsa, pagó una suma no especificada de dinero a su hermano por la separación del conglomerado, ya que el grupo de material hospitalario de José María, tenía un volumen mucho menor de ingresos, pese a contar con una presencia internacional más arraigada y antigua, con casi dos tercios de las ventas provenientes de la exportación y con un enorme peso no sólo en la Unión Europea sino en EE. UU. Celsa, por su parte, inició su internacionalización a partir del año 2003.

En conjunto, ambos grupos cuentan con plantas en España —Castellbisbal (Barcelona), Vizcaya, Cantabria, Asturias, Polonia, Reino Unido, Italia y Alemania, entre otros países—. El grupo Celsa obtuvo en 2005 unos ingresos de 2.800 millones de euros y un beneficio neto de 145,8 millones de euros, mientras que el grupo Werfen facturó en el mismo ejercicio 622,8 millones de euros y registró ganancias por valor de 31,98 millones de euros. José María realizó una ampliación de capital de 148 millones de euros en el grupo de actividades hospitalarias al que cambió la denominación por la de Werfen Life Group, y alcanzó en el 2007 los 735 millones de euros de facturación.

El origen del imperio de los Rubiralta era la Compañía Española de Laminación (Celsa), nacida en 1967 en Sant Andreu de la Barca (Barcelona), con un capital de 10 millones de pesetas (60.000 euros en la actualidad). Era una pequeña empresa relaminadora de redondo corrugado. En origen, no fabricaba los productos siderúrgicos sino que los transformaba, por lo tanto tenía que comprar tanto la materia prima (chatarrra) como los productos intermedios. Conocimientos no les faltaban a los fundadores, porque el mayor de los dos, Francisco, nacido en 1939, estudió un posgrado en una universidad Carnegie Mellon de EE. UU. Hasta 1977 no tuvieron una acería propia, con la que iniciaron la estrategia de integración vertical con la que consiguieron ser menos dependientes y apropiarse de buena parte del valor desde la producción hasta la comercialización. Por un lado, aumentaba su capacidad de transformación y, por el otro, reducían su dependencia de los proveedores.

A lo largo de los años 80, siguieron creciendo con la adquisición de productoras y transformadoras de acero, en especial en el marco del Plan de Reconversión de la Siderurgia de Acero Común, que les permitió hacerse con muchos activos a precios relativamente bajos, reducir el número de sus competidores e incrementar su capacidad productiva de forma sustancial. En este contexto se produjo, en 1987, la compra de Torras Herrería y Construcciones. Fue una etapa en la que tuvieron que digerir esa compra, la de su filial Altos Hornos de Cataluña (su principal competidor por aquel entonces) y, en 1988, la adquisición de Nueva Montaña Quijano, perteneciente al antiguo Banco Santander, hoy Global Steel Wire (GSW). Así siguió con el crecimiento que transformó la originaria Celsa en un coloso de la siderurgia. La otra línea de actuación fue la diversificación de la producción y el aprovisionamiento de materia prima. Por ello compró Trenzas y Cables de Acero (TYCSA) o la histórica trefilería Rivière. A la vez, para asegurarse la provisión de materia prima (chatarra) a lo largo de los años 90 adquirió numerosas chatarreras. Estos esfuerzos permitieron a los Rubiralta construir un conglomerado como el que es en la actualidad. Por un lado apostó por la minimización de costes con la inversión en tecnologías punta, lo que facilitó la ampliación y diversificación de catálogo de productos. Por el otro, la compra de chatarreras y fabricantes de numerosos productos acabados le abrió un gran campo de negocio sin intermediarios ni comisionistas.

Paralelamente al nacimiento de su actividad siderúrgica, en 1969, sólo dos años después de la creación de Celsa, los hermanos Rubiralta compraron Izasa, especializada en la distribución de material técnico hospitalario; en 1973 crearon Biokit, dedicada al diagnóstico clínico, y en 1991 compraron la empresa italoamericana Instrumentation Laboratory. Con estos elementos se constituyó el potente grupo internacional en el sector del análisis clínico y equipos y suministros para el sector hospitalario en el que se ha convertido. El grupo tiene un elevado componente de investigación y desarrollo (I+D) propio. Todas estas actividades forman el Werfen Life Group, en manos de José María Rubiralta a través de una sociedad holding radicada en Holanda, denominada Werfen Holding BV. El grupo en su conjunto alcanzó en 2007 unas ventas superiores a los 700 millones de euros, de las que la mayoría correspondieron al negocio de los diagnósticos clínicos. El resto era de las empresas dedicadas a fabricar dispositivos para terapia vascular y la distribución de instrumentación científica para laboratorios y centros de investigación, entre otros. En 2008 adquirió Inova Diagnostics por unos 107 millones de euros. Se trata de una empresa estadounidense líder en el sector del diagnóstico precoz de las enfermedades autoinmunes, como la esclerosis múltiple o la artritis reumatoide.

Por su parte, Francisco Rubiralta se volcó en las actividades del acero a través de la originaria Compañía Española de Laminación, convertida en Grupo Celsa, que controla a través de la sociedad Barna Steel. El conglomerado tiene seis cabeceras: Celsa, Nervacero, Global Steel Wire y, en el extranjero, Celsa UK (en Reino Unido, fruto de la compra en 2003 de una planta en Cardiff y otros activos al grupo siderúrgico británico Allied Steel & Wire, Ltd.), la filial polaca Celsa Huta Ostrowiec (también adquirida en 2003) y Fundia (en Finlandia, comprada en 2007 y que dio como resultado la ruptura final entre los dos hermanos fundadores del grupo).

KOPLOWITZ: BIFURCACIÓN DE CAMINOS

En la actualidad, Esther Koplowitz es la principal accionista del grupo de construcción y servicios Fomento de Construcciones y Contratas (FCC) y una de las mujeres más ricas de España. La compañía que controla surgió de la fusión de Construcciones y Contratas (Conycon) —una firma fundada por su padre Ernesto Koplowitz—, con la barcelonesa Fomento de Obras y Construcciones (FOCSA). En 1998, Esther le compró a su hermana menor, Alicia, la participación que ésta poseía en FCC, lo que significó la ruptura entre ambas. Alicia, que como su hermana es una de las mujeres más acaudaladas de España, se dedica desde entonces a la inversión en distintas compañías y al mecenazgo a través de una fundación que lleva su nombre. Hasta su ruptura, las hermanas Koplowitz llevaron vidas tan paralelas que incluso se casaron con los populares primos Alberto Cortina y Alberto Alcocer, conocidos como «Los Albertos» desde que se consolidaron como actores protagonistas en la época de la cultura del pelotazo predominante en España a finales de los años 80 y principios de la década de los 90. De esa etapa, los dos primos purgaron hasta fechas recientes un calvario jurídico que acabó con su absolución por parte del Tribunal Supremo.

Incluso parece como si las dos hermanas se hubieran coordinado al tener descendencia, porque Alicia tuvo tres varones (Alberto, Pedro y Pelayo) y Esther tuvo tres hijas (Esther, Alicia y Carmen). Sus respectivos descendientes ya se han ido incorporando en los negocios familiares. Una y otra dedican parte de su fortuna a actividades filantrópicas. Esther, por ejemplo, ha financiado el Centro de Investigaciones Biomédicas Esther Koplowitz (CIBEK), donado a la Fundación Clínic de Barcelona. Se trata de uno de los mayores mecenazgos en el ámbito biomédico a escala europea. Alicia, por su parte, constituyó en 1995 la Fundación Vida y Esperanza, dedicada a la ayuda asistencial a colectivos con necesidades específicas. También fue la responsable de crear otra entidad sin ánimo de lucro que lleva su nombre y que se

Ernesto Koplowitz, judío polaco que llegó
a Madrid huyendo del holocausto nazi,
fue el fundador de uno de los
consorcios familiares más ricos de España.

dedica a la formación y las investigaciones relacionadas con los niños y los adolescentes.

Pero ¿de dónde surgió la fortuna que en la actualidad miman y hacen crecer las dos hermanas? El padre de las dos mujeres, Ernesto Koplowitz Sternberg, era un judío alemán nacido en la Alta Silesia (entre Alemania y Polonia), hijo de un farmacéutico. A principios de los años 30, huyendo de los nazis, como hicieron muchos otros judíos en Europa central, recaló en España. Ingeniero de profesión, prosperó gracias a sus negocios en el sector de los electrodomésticos y a sus habilidades y artes para relacionarse con personas influyentes del Madrid de aquella época. Pero la guerra civil truncó todos sus planes. Decidió entonces trasladarse a París, desde donde, con la entrada de los carros de combate alemanes, optó por volver de nuevo a España en 1940.

A su regreso, como era persona tenaz y constante, logró ingresar como administrativo en la filial española de la compañía alemana AEG. Tras la segunda guerra mundial, AEG España pasó a manos del antiguo Banco Central. Ernesto Koplowitz siguió cultivando amistades poderosas, que a la larga le serían muy útiles. Por aquel entonces se enamoró de Isabel Amores Herrera, una empleada del Banco Rural y Mediterráneo. Con ella tuvo dos hijos, Ernesto e Isabel. Un tiempo después, tras un corto noviazgo, contrajo matrimonio con Esther Romero de Joseu y Armenteros, hija de una aristócrata cubana. Esa unión le abrió nuevas e interesantes puertas de cara a prosperar. En 1952, abandonó el empleo en AEG y adquirió una compañía llamada Construcciones y Reparaciones, que transformó en Construcciones y Contratas. La empresa se dedicaba a saneamientos y a limpiar las alcantarillas de Madrid. Situó en el consejo de administración de la nueva compañía a personas influyentes con las que había cultivado profundas relaciones a lo largo de los años. El trabajo y las buenas relaciones de Koplowitz hicieron que la empresa empezara a ir viento en popa y a convertirse en un auténtico negocio.

En pleno auge de la compañía, en 1962, Ernesto Koplowitz falleció tras caer de un caballo en la madrileña Casa de Campo. La viuda, Esther Romero de Joseu, se sintió perdida, desorientada y muy sola al recaer sobre sus espaldas la responsabilidad de dirigir una compañía con un futuro brillante, en pleno proceso de crecimiento y con dos jóvenes hijas a su cargo. Entonces, Ramón Areces, fundador de El Corte Inglés y amigo de la familia desde que conoció a Ernesto Koplowitz en 1952, no dudó en hacer de padrino y protector de las Koplowitz, que entonces tenían 18 (Esther) y 16 años (Alicia). Después de que su esposa Dolores González Arroyo, con la que no tuvo hijos, falleciera en 1968 tras una larga enfermedad, Areces llegó incluso a plantearse casarse con la viuda de Koplowitz, pero los planes se truncaron debido al cáncer que esta contrajo y su posterior fallecimiento al año siguiente. Areces, uno de los hombres más ricos de España por aquella época, hizo de gestor del grupo empresarial creado por Ernesto Koplowitz, como presidente. Trasladó incluso a directivos de El Corte Inglés a las empresas de Koplowitz para que las gestionaran.

Alicia, la menor de las dos hermanas, se casó con apenas 18 años edad con Alberto Cortina, hijo del ministro de Asuntos Exteriores franquista, Pedro Cortina Mauri. El matrimonio se celebró poco después de que Alicia aprobara el ingreso en la Escuela de Bellas Artes, en la que, finalmente, no llegó a entrar para seguir sus estudios. Al poco tiempo, cedió su puesto como consejera en la empresa a su esposo. Igualmente, Esther, dos años mayor, se casó tres meses más tarde que su hermana y también cedió la batuta de la empresa a su marido, Alberto Alcocer, un agente de cambio y bolsa, nieto de un antiguo alcalde de Madrid y primo de Alberto Cortina.

Que las dos ricas herederas se casaran con dos primos que a su vez eran socios no fue fruto de la casualidad. Antes de su boda, Alicia, todavía muy joven, con apenas 15 años, puso como condición para salir como novios con Alberto Cortina que su hermana Esther los acompañara en los paseos y salidas. El pretendiente aceptó la condición e incorporó a las salidas que realizaban a su primo Alberto Alcocer. De ahí surgió el otro noviazgo y la unión de las Koplowitz con los dos primos. Una vez casadas ambas, de la mano de sus esposos, la empresa despegó. Ambos se convirtieron en los principales accionistas del Banco Zaragozano.

Como buen padrino y tutor de ambas, Ramón Areces, después de que Esther y Alicia contrajeran matrimonio, concedió a Conycon la exclusiva de la construcción de los edificios de su cadena de grandes almacenes. La pasión de Areces por las dos jóvenes era evidente. Las dos se referían cariñosamente a Areces como «el tío Ramón», quien, una vez fallecidas su esposa y la madre de las dos chicas (Esther Romero), se volcó en la educación y atención de ambas, con las que actuó siempre como si fueran sus propias hijas. La exclusiva de la construcción de los edificios de su cadena fue un auténtico empujón para la compañía de las Koplowitz, ya que El Corte Inglés tenía previstas muchas nuevas instalaciones. Pero las discrepancias no tardaron en llegar. El estilo agresivo y ambicioso de «Los Albertos» topaba con la vieja guardia encabezada por Areces que, finalmente, decidió marcharse de la compañía en 1987, aunque en realidad ya no podía ocuparse de la misma tanto como solía hacer desde que padeció una hemiplejía en 1972, enfermedad que le obligó a pasar largas temporadas recluido en su casa madrileña, en Puerta de Hierro, o en la Clínica de la Concepción, también en la capital de España.

Con los años, los problemas matrimoniales comenzaron en plena época de especulación bursátil con la agencia kuwaití KIO, los fraudes del financiero Javier de la Rosa, la cultura del *pelotazo* y el hambre por el dinero rápido y fácil en su pleno apogeo. Eran momentos de puñaladas por la espalda y de guerras sucias. Una de las vertientes de esta batalla fue la difusión de fotografías comprometidas. De esta forma, con unas instantáneas aparecidas en la revista del corazón *Diez Minutos* en las que se veía a Alberto Cortina, marido de Alicia Koplowitz, saliendo de un hotel en Viena (Austria) con otra mujer, Marta Chávarri, la joven esposa del marqués de Cubas y bisnieta del conde de Romanones; se precipitó la primera crisis matrimonial de las hermanas. Las fotos fueron la prueba definitiva que confirmaba las sospechas de Alicia sobre los escarceos amorosos de su esposo. A raíz de ello le hizo dimitir del cargo de administrador de Conycon. Luego el matrimonio se rompió definitivamente. Alberto Cortina se casó con Marta Chavarri, de la que se separó en 1995. Luego contrajo matrimonio con Elena Cué. Y no fue la única unión que acabó. Unos meses después, como por efecto de mimetismo y de fatal paralelismo, se precipitó el final del matrimonio de Esther Koplowitz, cuyo esposo, Alberto Alcocer, se había enamorado de la modelo Margarita Hernández.

«Los Albertos» se quedaron con las participaciones de control en el Banco Zaragozano, como parte del acuerdo de divorcio. Con el tiempo, esta entidad pasó a ser adquirida por el banco británico Barclays, coincidiendo con la condena a cárcel de los dos primos por fraude documental en un negocio inmobiliario en Madrid denominado el *caso Urbanor*. De la noche a la mañana, sin haberlo buscado, entre 1989 y 1997, las dos hermanas gestionaron juntas el grupo de construcción y pasaron a formar parte de la primera línea de la actualidad, tanto de la del corazón como de la económica. Lejos de unirlas, la coincidencia en el fracaso conyugal separó a las dos hermanas, que se hicieron muy famosas de repente y sin quererlo, y que, a la vez, tuvieron que retomar las riendas del negocio. Fue tal el grado de enfriamiento entre ambas que Alicia acabó vendiendo en 1998 su participación del 28 % en FCC a su hermana tras una dura negociación. El precio fue el equivalente a 821 millones de euros actuales.

Las dos hermanas se encuentran entre las personas más ricas de España. La clasificación de los más adinerados del mundo de la revista *Forbes* le atribuye a Esther, marquesa de Casa Peñalver y de Cárdenas de Monte Hermoso, una fortuna de más de 3.000 millones de dólares. Otras fuentes estiman que su patrimonio (entre la participación en FCC, sus inversiones inmobiliarias y otras) supera los 3.000 millones de euros. En la actualidad, controla más del 53 % del grupo FCC a través de la sociedad B 1998, S. L. El grupo posee entre otras participadas la mayoría de la cementera Portland Valderribas. En 2003, se casó con

Fernando Falcó, marqués de Cubas, precisamente este estuvo casado con anterioridad con Marta Chávarri, con quien Alberto Cortina engañó a Alicia Koplowitz. Casualidades de la vida. Su actual esposo es consejero de FCC. Sus tres hijas, Esther, Alicia y Carmen, se han incorporado también al desempeño de distintas responsabilidades, con cargos de representación en varias sociedades, entre ellas B 1998 S. L., a través de la que la familia controla el conglomerado FCC.

La hermana menor, Alicia, posee importantes participaciones en distintas empresas, entre las que destaca el Banc Sabadell, Acerinox o la cadena hotelera Hospes. Tras vender a su hermana la parte que poseía de FCC, se volcó en la inversión. Se le atribuye una fortuna superior a los 3.500 millones de euros, según la revista *Forbes*. Desde hace unos años, el ex presidente de Repsol, Óscar Fanjul, es el responsable de gestionar su patrimonio y sus inversiones, cuyos dos principales instrumentos son Omega Capital y Morinvest. Sus hijos, con el primogénito Alberto al frente, han entrado a gestionar también los intereses de la familia. Alicia Koplowitz es, además, marquesa de Bellavista y del Real Socorro. Se le atribuyó una relación amorosa con Carlos Fitz James-Stuart, primogénito y heredero del ducado de Alba de Tormes y duque de Huéscar.

LLADRÓ: CADA UNO CON SUS FIGURAS

Lladró es una referencia en todo el mundo. En los momentos más álgidos del negocio, siete de cada 10 figuras de porcelana vendidas en el planeta llevaban esta marca. Pocos nombres empresariales españoles cuentan con un reconocimiento internacional como el de esta empresa, con presencia en todos los distritos comerciales de importancia del planeta. Detrás de estos artículos ligados al lujo y al *glamour* se encuentran los tres hermanos Juan, José y Vicente Lladró Dolz. Entre los tres fundaron la compañía hace más de medio siglo a partir de un pequeño horno en la parte trasera de la casa familiar en la localidad de Almàssera, a pocos kilómetros de la capital valenciana. Hijos de labradores, los dos hermanos mayores empezaron a trabajar en la Azulejera Valenciana y, luego, en Víctor Nalda, una firma que producía porcelana industrial y artística, en la que también entró como empleado el menor de los tres hermanos, Vicente. Durante esa etapa compaginaron el trabajo con los estudios en la Escuela de Artes y Oficios de San Carlos, en Valencia. Tras una sólida formación artesanal, empezaron a ambicionar algo más, y es así como iniciaron sus actividades propias en el patio trasero de la residencia familiar.

Allí, con el estímulo de su madre, Rosa Dolz, se volcaron trabajando con deshechos de ladrillos de los Altos Hornos de Sagunto con el objetivo de imitar las piezas de Royal Copenhagen. Después de varios intentos fallidos, finalmente dieron con la fórmula para lograr piezas de la máxima calidad con una sola cocción, una de las marcas de la casa. En 1961, después de que el primer espacio de trabajo se quedara pequeño, inauguraron una fábrica en la localidad valenciana de Tavernes Blanques, convertida hoy en la «Ciudad de la Porcelana» y que, desde que fue creada, no paró de crecer bajo las premisas de mantener el control familiar del negocio, primar la calidad como imagen de marca y potenciar la comercialización. A los 20 años de iniciar su actividad, exportaban el 40 % de su producción a EE. UU., el 23 % al resto de Europa y el 15 % a países asiáticos.[18]

El reparto de papeles entre los tres hermanos, acostumbrados a una andadura en grupo, era perfecto y complementario: Juan era el inventor; José el verdadero empresario y Vicente, el artista.[19] Pero, aunque se esforzaron en mantener la unidad, nada es eterno, ni siquiera las buenas relaciones entre familiares, por muy directos que estos sean. Es por ello que la familia decidió en 2007, tras una serie de desavenencias, romper la sociedad que mantenía desde 1953. Las tres ramas de la dinastía, que se repartían la empresa al 33 %, alcanzaron un acuerdo societario por el que el mayor de los tres hermanos fundadores, Juan,

18. VV. AA; *Juan, José y Vicente Lladró Dolz. Cien empresarios españoles del siglo XX*, Lid Editorial Empresarial, Madrid, 2000.
19. Navarro, Rafael; *Los nuevos burgueses valencianos*, La Esfera de los Libros, Madrid, 2005.

Los hermanos Lladró
consiguieron que siete de cada
diez figuras de porcelana vendidas
en el mundo llevaran su marca.

y sus cuatro hijas (Rosa María, Belén, María Ángeles y María Luz Lladró Sala) pasaban a controlar el 70 % del capital de la compañía, Lladró Comercial, sociedad que agrupa tanto el negocio de la porcelana —desde la producción hasta la comercialización, con sus marcas, Lladró y Nao— como el de joyería, con la firma Carrera y Carrera, de la que tomaron el 100 % del capital en 2006. En todo caso, las otras dos ramas permanecían como accionistas de la división señera del negocio, pero en minoría, con el 30 % entre ambas.

El acuerdo suponía el reparto de los activos de la matriz, Sodigei, que controlaba tanto Lladró Comercial como Tabnet (una sociedad en la que se agrupaban el resto de participaciones de la familia, especialmente en el sector inmobiliario, a través de la sociedad Rosal; y en otros campos de diversificación, como una parte del parque de atracciones Terra Mítica y Occidental Hoteles). En contrapartida por la pérdida de peso en Ladró Comercial, los otros dos hermanos, José y Vicente y sus respectivas familias, aumentaron su control sobre Tabnet.

Los motivos de esta ruptura hay que buscarlos en la dificultad de alcanzar acuerdos que agilizasen la gestión en el negocio típico familiar. En 2003, el grupo cerró su primer ejercicio en pérdidas provocadas por la caída de las ventas en EE. UU. y Japón como consecuencia de los atentados del 11 de septiembre de 2001. Estos siniestros restringieron el comercio mundial e hicieron perder fuerza al dólar, la moneda con la que la empresa realizaba la mayoría de sus negocios. Desde entonces, no han abandonado los números rojos. A partir de ese punto de inflexión, los fundadores, nacidos entre los años 1926 y 1933, prácticamente se retiraron de la gestión para dejar que sus herederos se ocuparan de la dirección de la compañía, pero conservando el 51 % de las acciones en usufructo. De hecho, la incorporación de la segunda generación al negocio ya empezó a producirse en los años 80. Estaba todo previsto y planificado, incluso con la limitación de incorporar dos hijos por fundador. Pero, de pronto, llegaron las dudas y el proceso se ralentizó, con las consiguientes paralizaciones en la toma de decisiones por la falta de acuerdos sobre quién debía llevar la batuta y el momento en el que ceder el testigo a la generación siguiente. Finalmente, ese momento llegó, tras la cruda realidad de los malos resultados de 2002. Así, Juan Vicente y David Lladró Roig (hijos de Vicente), Mamen (María Carmen) y María José Lladró Castelló (herederas de José) y Rosa y María Ángeles Lladró Sala (hijas de Juan) tomaron las riendas del consejo de administración, no sin algunos roces y problemas por el traspaso de poderes. La segunda generación tomaba el mando con Juan Vicente Lladró, hijo mayor de Vicente en la presidencia, y la entrada también de algunos consejeros independientes. La primogénita de Juan, Rosa María Lladró, se hacía cargo de la presidencia de Lladró Comercial e inició la transformación de la compañía.

El nombramiento de un consejero delegado de Lladró Comercial ajeno a la familia en 2004, Alain Viot, un alto ejecutivo procedente del grupo Richemont (dueño de marcas de lujo como Piaget, Cartier o Montblanc), fue un primer síntoma de los cambios que se estaban produciendo en materia de gestión en la empresa. Viot llegó a Lladró con el encargo de sacar a la empresa de la crisis que le había llevado a registrar pérdidas. El plan que diseñó preveía volver a los beneficios en 2008. Dentro de esta estrategia estaba su apuesta por entrar en mercados como el chino o el indio y la producción de figuras con estética más moderna para atraer a un público más joven. Pero cada uno de los pasos que sugería requería el consentimiento del conjunto de primos que controlaban el capital de la empresa. Con la nueva reorganización accionarial acordada en 2007 se perseguía agilizar la toma de decisiones que dieran viabilidad a la compañía, que estaba estancada. Pero, como suele suceder en muchas compañías familiares, el alto ejecutivo externo se transformó en la víctima (o, si se prefiere, en la cabeza de turco) y, apenas dos semanas después del reparto del grupo entre las tres ramas familiares en 2007, fue destituido bajo el pretexto de que no había cumplido las expectativas que se habían depositado en su gestión.

Pese a la división accionarial, la familia volvía a tomar las riendas para sacar al grupo del estancamiento provocado por la caída de ventas. Uno de los problemas de la firma no era tanto la competencia, de la que prácticamente carece, sino el plagio. Es por eso que cada año se ve forzada a incrementar su catálogo con ideas e innovación pese a que sus líderes de ventas siguen siendo las figuras más clásicas. El reto es hallar la fórmula con la que compatibilizar la renovación y la adaptación a los nuevos gustos de un negocio que ellos mismos habían convertido en clásico con los elementos tradicionales de la fórmula. La clave parece estar en la explotación de una marca que, en definitiva, es el mayor de sus activos. En esta línea, la compañía apostó a principios de la década de 2000 por la diversificación y adquirió el 40 % de la firma de joyería Carrera y Carrera —en 2006 alcanzó el 100 % de esta joyería de lujo—. En los años 80, el intento de entrar en el negocio de la piel, después de que el Gobierno les sondeara para que adquirieran Loewe —una firma familiar de lujo que en la actualidad pertenece a la multinacional francesa LVMH—, fue un fracaso. En ese proceso de diversificación, los Lladró también entraron en la actividad de grifería y complementos de baño de gama alta.

Lladró Comercial acumula un descenso en sus ventas en los últimos años. En 2006, la actividad característica de la marca, la división de porcelanas, perdió 12 millones de euros, después de haber ganado 2,7 millones en el ejercicio precedente. Aunque la compañía ha optado desde hace unos ejercicios por no facilitar los resultados finales globales, su objetivo era recuperar la senda de los beneficios en 2008, según el plan de saneamiento. En conjunto, la sociedad matriz del grupo, Sodigei, obtuvo un beneficio neto de 5,2 millones de euros en 2006, frente a los 11,7 millones del ejercicio anterior, según consta en los datos registrales.

La rebelión interna en la compañía comenzó con Rosa María Lladró Castelló, hija de José, que, tras acumular poder de gestión, vio frenadas sus aspiraciones y decidió abandonar la compañía en 1997 para iniciar aventuras empresariales en solitario. Hasta aquí, nada de extraño. En muchas empresas familiares suele suceder que los herederos o sucesores prefieren emprender sus propias aventuras al margen del clan. En diciembre de 2003, la aparente tranquilidad de la firma, descrita siempre como un ejemplo de empresa familiar, se truncó. La hija de José Lladró obligó a la compañía a convocar una junta de accionistas para debatir la salida a bolsa de la sociedad. Su objetivo era vender libremente su participación en la empresa de la que había participado activamente pero de la que había sido apartada. Tenía otros proyectos y buscaba liquidez para poder acometerlos. Uno de los problemas de muchas de estas compañías radica en que el precio de las participaciones de sus accionistas no está sometido al escrutinio del mercado porque no cotizan en bolsa.

Primero, la familiar díscola intentó vender su parte en el capital del grupo al resto de hermanos y primos, tal y como marca el protocolo familiar que se elaboró en su día. Sin embargo, la valoración del grupo que hizo la auditora Deloitte & Touche en aquel momento, 623 millones de euros, no satisfacía sus aspiraciones y le pareció claramente insuficiente. Ella pedía 120 millones de euros por el 11 % del capital de su propiedad, y la empresa, en base a la valoración realizada, le ofrecía 69,2 millones. La junta de accionistas rechazó por mayoría a finales de enero de 2004 la propuesta. Desde entonces, Rosa María sigue como accionista.

Su relación con el resto de la familia no ha estado exenta de complicaciones ya que incluso se ha enfrentado a la compañía por usar el nombre Lladró para un vino de su bodega, Duque de Lladró. La sentencia judicial, que perdió Rosa María, reconocía que, pese a tratarse efectivamente de su propio apellido, éste había logrado tal renombre internacional que su empleo para un producto distinto al que era asociado —las figuras de porcelana— y ajeno a la firma familiar podía dar lugar a confusiones por parte de los compradores y clientes. El tribunal aseguraba en su resolución que de acuerdo con la Ley de Marcas, los distintivos renombrados, como en el caso de Lladró, aunque estén registrados en una sola clase de productos o mercancías deberá entenderse inscrita en todos ellos. La propia Rosa María reconocía en unas declaraciones a la prensa que cometió numerosos errores cuando fue directiva de la compañía y las dificultades que entraña el gobierno de una empresa familiar, en especial, en este caso, con tres fundadores, no uno sólo como sucede en otras. «Tenía la dirección ejecutiva de todo y lo hice mal, porque no me di cuenta de que en una empresa familiar hay que mantener las cuotas de poder. Yo era joven, con ganas..., y llegó un momento en que todos decidieron que tenía demasiado poder y me tiraron», llegó a afirmar.[20]

BACARDÍ: HERENCIAS ON THE ROCKS

Bacardí es un apellido refrescante, que sabe a ron y a Caribe, o al menos lo evoca. Y, ¿quién lo diría?, con orígenes catalanes, como el de otras bebidas alcohólicas de la zona, como el dominicano Ron Brugal. Su fundador fue Facundo Bacardí Massó, un inmigrante procedente de la localidad de Sitges (en la comarca catalana del Garraf); su familia de descendientes, que controla actualmente este imperio de las bebidas alcohólicas,[21] se encuentra ya en su séptima generación. Está formada por más de 480 parientes con intereses, como es evidente, muy diferentes, cuando no dispares. En todo caso, controlan el 90 % del capital de este grupo que perdió activos con el ascenso al poder de Fidel Castro en Cuba en 1960 tras la nacionalización de muchas industrias.

Pero se exiliaron a las Bahamas, y desde allí siguieron forjando un imperio de las bebidas alcohólicas con marcas con el propio nombre de la familia y posteriormente, los vermús Martini-Rossi (adquiridos en los años noventa por unos 1.800 millones de dólares), el whisky Dewar's o la marca de vodka Grey Goose, entre otras muchas. Según diversas fuentes y documentos revelados por la CIA, algunos de los

20. «Las grietas de los Lladró», *El Mundo*, 10 de noviembre de 2002.
21. Para más información sobre el tema, véase: Sala, Agustí; *Sucedió en Wall Street*, Ediciones Robinbook (Masterclass), Barcelona, 2007.

miembros de la familia se han significado por su lucha anticastrista e incluso por promover atentados y todo tipo de acciones contra el mandatario cubano.

La compañía fue fundada en 1862, cuando el emigrante catalán Facundo Bacardí Massó, nacido en 1814 en Sitges, Barcelona, fundó en Santiago de Cuba la Compañía de Ron Bacardí, junto con su hermano José. Algunos estudiosos atribuyen la creación de la firma al hermano y a su socio, el francés Joseph Léon Bouteiller.[22] En 1862, año de la fundación de la empresa, surgieron también dos de sus símbolos más conocidos y que perduran: el murciélago que caracteriza a la marca (que fue idea de la esposa del fundador, Amalia Lucía Victoria Moreau) y el coco (por el cocotero plantado por uno de los hijos del fundador, Facundo M., en el momento de constituir la empresa, y que se ha visto como una metáfora de la unión de los Bacardí con la isla de Cuba).

El ron Bacardí ganó sus primeros premios en 1888, dos años después de la muerte del fundador, Facundo Barcardí Massó. En esa época, el hijo mayor de Facundo, Emilio, fue encarcelado por resistirse a la ocupación española de Cuba, tras la independencia en 1898. El hijo mayor de Emilio luchó por la independencia de Cuba. Los dos hermanos de Emilio, Facundo y José, y su cuñado, el francés Henri Schueg —que estaba casado con Amalia, hija del fundador—, tuvieron que llevar las riendas del negocio mientras Emilio combatía. Las mujeres de la familia buscaron refugio en Kingston, Jamaica, mientras que fallecía doña Amalia, la esposa del patriarca, y se ponía fin a la primera generación y la segunda se convertía en la protagonista de la historia.

Después de la guerra con los españoles y la ocupación de Cuba por parte de EE. UU., el ron Bacardí dio origen al Cuba Libre Original y al daiquiri. Mientras, el general Leonard Wood nombraba a Emilio Bacardí alcalde de Santiago, en etapa de protectorado de EE. UU. sobre la isla. En la primera década del siglo XX nacía la República de Cuba, y Emilio, en 1906, fue elegido senador. Su hermano Facundo

22. Calvo Ospina, Hernando; *Ron Bacardí, la guerra oculta*, CRAN (Red de Consumo Solidario), Madrid, 2000.

M. seguía perfeccionando el ron, y Henri Schueg continuaba aumentando las ventas. Emilio murió en 1922. Su hermano, que falleció en 1926, heredó la fórmula secreta del padre y la transmitió a la siguiente generación. Henri Schueg ocupó el cargo de Emilio Bacardí como tercer presidente de la compañía. Fue él quien promovió la construcción de la sede en La Habana y el que diversificó los negocios con la incorporación de la cerveza.

José Pepín Bosch, yerno de Henri Schueg, con cuya hija se había casado, comenzó a asumir responsabilidades en la compañía en los años cuarenta y fue el encargado de extender el negocio a EE. UU. En 1949, el presidente de Cuba le nombró ministro de Hacienda. Un año más tarde, dimitió del cargo político y se convirtió en el quinto presidente de Bacardí. Fue el responsable de trasladar las compañías familiares a las Bahamas en los años sesenta. Algunos estudiosos aseguran que la compañía ya había efectuado la mudanza de la mayoría de sus pertenencias fuera de la isla,[23] con lo que sus supuestas pérdidas por la nacionalización de Fidel Castro no habrían sido significativas. Sea como fuere, los Bacardí tenían escaso cariño por el mandatario cubano y su régimen. Bosch es citado en algún memorando de la CIA, difundido tras desclasificarse documentos secretos, como instigador e incluso como persona que financió actos terroristas contra la Cuba castrista. Entre estos episodios destaca la compra de un viejo bombardero B-26 para destruir refinerías cubanas y provocar el caos. El plan se vio desbaratado cuando la existencia del aeroplano y lo que se pretendía hacer con el mismo aparecieron en una información de *The New York Times*. En otra ocasión se menciona su nombre en un supuesto complot para matar a Castro, al hermano de éste, Raúl, y al *Che* Guevara. Lo cierto es que algunos miembros de la saga se han convertido en activos participantes de la Fundación Nacional Cubano-Americana (FNCA) y dieron todo su apoyo a la Helms-Burton Act de 1996, normativa que prohíbe tener negocios en Cuba y que ocasionó enfrentamientos con la Unión Europea (UE) a cuenta de los negocios europeos instalados en la isla.

23. Calvo Ospina, Hernando; *Ron Bacardí, la guerra oculta*, CRAN (Red de Consumo Solidario), Madrid, 2000.

Un sobrino de Bosch, Edwin Nielsen, relevó a éste en los años setenta como sexto presidente del grupo de bebidas; y Manuel Jorge Cutillas fue el responsable de recoger el testigo en los años ochenta, como séptimo máximo directivo de la compañía. La empresa dio otro enorme salto al lanzar en 1995 el Bacardí Limón y también en esa década adquirió Martini-Rossi. Antes, en 1992, había integrado las cinco sociedades que la conformaban —Bacardí Internacional, con sede en Bermudas; Bacardí & Company, en Nassau (Bahamas); Bacardí Corporation, en Delaware (EE. UU.); Bacardí Imports, radicada en Nueva York; y Grupo Bacardí de México— en una sola, Bacardí Ltd. Una de las últimas grandes compras fue la del vodka Grey Goose en 2004 por unos 2.000 millones de dólares, tras alcanzar un acuerdo con la propietaria, la estadounidense Sidney Frank Importing.[24] Con esta operación, Bacardí ganaba dimensión para seguir como grupo independiente en el podio de los grandes productores de bebidas alcohólicas, un segmento dominado por gigantescos conglomerados como Diageo (véase el apartado «Guinness: errores de grandeza»).

Y ¿cómo se estructura este enorme imperio? El origen proviene del reparto realizado por el fundador, Facundo Bacardí. En su día, dividió el negocio entre sus cuatro hijos. A Amalia, Facundo y Emilio les dio el 30 % a cada uno y el restante 10 % a José, al que la leyenda atribuye escaso interés por la empresa. Esa división de capital originaria se ha mantenido con los años en esas proporciones para los descendientes. Pero, al agrandarse cada vez más el número de partícipes y ramas familiares, empezaron a surgir los problemas y las disputas.

Una de las más sonadas y que no deja de ser habitual en grandes conglomerados familiares, la protagonizó Lissette Arellano Bisson, descendiente del fundador, quien decidió demandar en los años 90 nada más y nada menos que a su madre Vilma Schueg de Arellano y a sus hermanos. Esta rama de la familia controla entorno a un tercio del capital del grupo. A todos les acusaba de negarle la participación en la herencia de su bisabuela, Amalia, cuyo importe estimaron en unos 200 millones de dólares. Todo se precipitó cuando falleció un

---

24. «Bacardi to buy Grey Goose, stirring more talk of IPO», *The New York Times*, 21 de junio de 2004.

hermano de Lisette, Fernando, con 26 años en 1989, y su herencia debería haberse repartido entre los otros tres hermanos —una de ellas, Lisette y Ana Laura y Jorge, los otros dos—. Ese fue uno de los pleitos con los que Lisette se enfrentó a sus familiares. Se da la circunstancia de que Lisette, casada en segundas nupcias con Randolph J. Bisson, adquirió una vivienda con la expectativa de recibir la herencia familiar que finalmente no cobró, lo que provocó que tuviera que abandonar la casa adquirida por no poder pagarla. El dinero procedente de la herencia de su hermano llegó demasiado tarde para amortizar el préstamo que tenía sobre el inmueble.

Según la denuncia, en este complot habrían intervenido una filial de Citibank, el jefe de Bacardí por aquel entonces, Manuel Jorge Cutillas, y la madre de Lissette y sus otro hijos, amparados en sociedades y fondos de inversión radicados en el paraíso fiscal de las Bahamas. Según los expertos y estudiosos del grupo, Lisette se vio envuelta en problemas por romper las reglas de la empresa, ignorando que la firma, en realidad, funciona como un matriarcado. «Lisette rompió las reglas», según fuentes de la familia. «Retó el orden matriarcal al casarse con un hombre que a Vilma, su madre, no le gustaba».[25] Según esa tesis, las batallas por el control de la empresa se libran siempre más bien fuera del consejo de administración que dentro del mismo. «Hay que entender que la familia Bacardí es un matriarcado. Los hombres, con algunas excepciones, son personas de carácter débil», explica el mismo interlocutor. Hay que tener en cuenta que a Vilma —hija de Jorge, que a su vez era hijo de Amalia y Henry Schueg, uno de los muchos yernos o hijos políticos que se hicieron con las riendas del negocio a lo largo de los años— no le gustaba ni el primer esposo de Lisette, del que se acabó divorciando, ni el segundo, Randolph J. Bisson, un contratista de obras de Miami. La rama más poderosa de la familia es la de los Schueg, descendientes de Amalia, la hija del fundador. «Las mujeres Schueg, incluso comparándolas con los estándares de la familia, son inusualmente autoritarias.» Eso explicaría, por tanto, ese conflicto entre madre e hija.

25. «The Bacardi family: A new rum war is just beginning», *The Independent*, 18 de agosto de 2006.

Pero ésta no fue, ni de lejos, la única pugna que mantuvieron familiares y descendientes del fundador del imperio del ron. En 1987, una rama familiar encabezada por Daniel F. Bacardí, que estaba en contra de que el grupo comprara la escasa porción de capital que estaba fuera del control absoluto de la saga, correspondiente a las sociedades de Delaware y de Nueva York, combatió contra ese objetivo y la pelea acabó con una mayor presencia de los disidentes en el consejo de administración, a cambio de que la empresa quedara totalmente en manos de la familia y que, por tanto, no estuviera sometida a obligaciones de información pública que afectan a las sociedades cotizadas. En ese momento, el puzzle de compañías Bacardí se convirtió en una sola sociedad, aún más opaca, si cabe. El objetivo inicial de la mayoría de la familia, que había iniciado un plan para rebajar cada 1.000 acciones a una y pagar 41 dólares por título a los accionistas con menos de un millar de acciones, era que la empresa redujera su número de socios hasta unos 300, el requisito impuesto por la autoridad bursátil de EE. UU. para ser considerada una empresa privada. Tras el anuncio de esa operación, el demandante, Daniel F. Bacardí, transfirió sus participaciones a más de 200 sociedades, a razón de 1.000 títulos a cada una. El juez, en su resolución, interpretó que la compañía contaba con más de 300 accionistas, porque las sociedades que la empresa no había considerado como tales en realidad sí que lo eran, y ordenó, a instancias de los demandantes, que el grupo hiciera públicas las cuentas desde 1987, ejercicio en el que dejó de hacerlo.

La compañía paga más de cien millones de dólares anuales en dividendos, un auténtico río de dinero que se dirige hacia cuentas bancarias, fondos de inversión y sociedades de todo el mundo, de las que se nutren los descendientes del fundador. Ese es un motivo más que suficiente para pelear por los derechos como accionista-familiar de esta compañía. De los 482 accionistas de la firma, 276 tienen direcciones de correo en EE. UU., y 79 de éstos son fondos y sociedades de distinto tipo y naturaleza.[26] No obstante, otras fuentes apuntan que el 75 % del capital está en manos de sociedades

---

26. «Rum on the rocks: A Broken family», *The New York Times*, 26 de mayo de 1996.

radicadas en paraísos fiscales como las Bermudas, las Bahamas o Gran Caymán.[27]

Por si todo esto fuera poco, Bacardí inició en su día una disputa con la francesa Pernod-Ricard a propósito de los derechos de uso de la marca Havana Club, comercializada a través de una sociedad a medias entre el grupo galo y una firma cubana. En 1995, Bacardí registró en Estados Unidos el mismo nombre, tras explicar que había comprado los derechos al dueño de la compañía anterior a la confiscación de la misma por el Gobierno de Fidel Castro. Las demandas de Pernod-Ricard fueron rechazadas en EE. UU., país en el que miembros de la familia Bacardí contribuyeron mediante campañas a la promulgación de la ley Helms-Burton. En todo caso, el asunto Havana Club provocó quejas de la Unión Europea ante la Organización Mundial del Comercio (OMC), y el mismo Castro amenazó con producir su propia versión de Bacardí, al considerar que es una marca del país, por si no había suficiente jaleo.

En todo caso, Bacardí siguió su curso. En 2003, la junta de accionistas dio un paso sin precedentes en sus más de 140 años de historia. Aprobó la creación de dos clases de acciones de la compañía, cuyo valor se estima en unos 5.000 millones de dólares.[28] Las antiguas, con diez veces más derechos políticos y de voto que las nuevas. De esta forma se asegura que la familia no pierda el control en caso de sacar una parte del capital a bolsa, una decisión que, por ahora, no se han atrevido a tomar. Si es por mantener el activo común y, por tanto, el flujo anual de dividendos, el interés común puede más que las disputas y luchas de poder que separan a unos de otros. En juego están cientos de millones de dólares en forma de retribuciones al capital que, en muchas ocasiones, acaban en cuentas corrientes y bolsillos libres de impuestos, previo paso por paraísos fiscales. Si es con ese fin, la familia no tiene inconveniente en permanecer unida. Aun así, estos planes contaron con una fuerte oposición por una parte del accionariado. Una de las críticas más visibles provino de Karen Bacardi-Fallon, para quien la gestión de la empresa estaría mejor garantizada por directivos externos a la familia.

27. «Bacardí genie out of the bottle», *The Guardian*, 7 de mayo de 2003.
28. «Bacardí genie out of the bottle», *The Guardian*, 7 de mayo de 2003.

OSBORNE: EL TORO DE LA DISCORDIA

En tránsito entre la sexta y la séptima generación, el Grupo Osborne, es una de las empresas familiares más antiguas de España, junto con Codorníu, del clan Raventós; y tampoco ha estado exenta de problemas a lo largo de sus 200 años de historia. Creadora, hace más de medio siglo, del famoso toro que se desplegó a lo largo de la geografía española, la firma, que sigue controlada por la familia fundadora —un clan que se mueve entre los negocios del fino, el vino y la ganadería—, no ha podido evitar los conflictos propios de una saga cuando se amplía en la forma en que ésta lo ha hecho.

Uno de las situaciones críticas más importantes se produjo al fallecer José Luis Osborne Vázquez. El reparto de su herencia provocó conflictos en los que se vieron envueltos diez hermanos como herederos y accionistas de Osborne S. A. Por ejemplo, Pilar Osborne Domecq litigó con las dos empresas que llevan sus apellidos por la importante y sustanciosa herencia de sus padres. A su vez, la propia Osborne S. A. demandó a los Osborne Domecq, que son además accionistas de la propia firma.[29] Los litigios empezaron en 1977 y duraron 20 años, hasta 1997. En la actualidad, el principal directivo de Osborne es Tomás Osborne Gamero-Cívico, junto con su primo Ignacio Osborne Cólogan. Bajo su mandato se produjo la fusión con la compañía de aguas y dueña de un balneario, Solán de Cabras, que dio entrada a la familia Del Pozo en el capital del Grupo Osborne en 2002, aunque con una participación minoritaria.

No es extraño que surjan problemas en esta compañía si tenemos en cuenta los años de historia con los que carga. Sus orígenes se remontan a finales del siglo XVII, cuando Thomas Osborne Mann, octavo y último señor de Yalbourne, inició el negocio en el entonces floreciente ramo de los vinos de Jerez, que atrajo a franceses, ingleses y alemanes hacia la zona de Cádiz. Thomas Osborne llegó a España

29. Ynfante, Jesús; *Los muy ricos*, Grijalbo, Barcelona, 1998.

en 1781, procedente de Exeter, en el condado inglés de Devon, con el fin de trabajar para Lonergan y White, una firma de comerciantes y banqueros. Pero, muy rápidamente se hizo amigo del cónsul británico, James Duff y empezó a exportar el vino que éste almacenaba asociado con William Gordon y que se hizo muy popular en Estados Unidos gracias a los elogios del prestigioso escritor Washington Irving. Alrededor de cien años más tarde, los descendientes de Duff vendieron su participación en la empresa conjunta a la familia Osborne y los productos pasaron a comercializarse con el nombre Osborne en vez de Duff Gordon como se había hecho hasta ese momento.

Pero volvamos a los orígenes. A instancias de su suegro, el cónsul alemán, Juan Nicolas Böhl de Faber, Thomas Osborne trasladó la actividad a la localidad gaditana de El Puerto de Santa María y, al morir su padre político, se convirtió en el principal directivo del negocio y promovió la construcción de la famosa bodega de San José en 1837, un atrevido diseño sin columnas centrales que la soporten. Thomas Osborne Mann tuvo cinco hijos con Aurora Böhl de Faber y Ruiz Larrea: Tomás, Juan Nicolás, María Manuela, Cecilia y Francisca Xaviera. Fue Tomás el que siguió al frente del negocio. Su hermano Juan Nicolás siguió la carrera diplomática de su abuelo y fue nombrado primer conde de Osborne en 1869.

El nuevo responsable de la empresa, a pesar de que falleció a los 54 años, en 1890, tuvo tiempo para consolidar el negocio, hacerse con el control del mismo y tener ocho hijos con su esposa, la canaria Enriqueta Guezala Power: Tomás, Juan, Fernando, Roberto, Rafael, Antonio, Enriqueta y María Aurora. Los cinco primeros se implicaron en la empresa, pero destacaron Tomás y Roberto Osborne Guezala. Tomás, que fue nombrado segundo conde de Osborne en 1900, cambió de estrategia y centró las ventas de los vinos en el mercado español. Tuvo siete hijos con Elisa Vázquez y García de la Serna: Tomás, Ignacio, José Luis, Antonio, Elisa, Enriqueta y María Lourdes. Al fallecer prematuramente, le sustituyó su hijo Ignacio Osborne Vázquez, quien diversificó las actividades y logró competir con los brandys de la casa Domecq, en especial tras la introducción de la marca Veterano. Acrecentó la popularidad de este brandy la valla del toro encargada en 1957 al artista Manuel Prieto Benítez, así como la campaña publicitaria televisiva en los años 60 bajo el lema «Veterano tiene eso», protagonizada por la modelo Elena Valduque. Ignacio fue también el director de la expansión que rebasó el marco jerezano y se extendió por La Rioja (Bodegas Montecillo, en 1973) o La Mancha. También adquirió en 1975 la firma de Badalona (Barcelona) pionera de la elaboración de anís en España, Anís del Mono, fundada por los hermanos José y Vicente Bosch; y, asimismo, se implantó en Portugal y México.

Roberto Osborne, por su parte, fue el introductor de la cerveza Cruzcampo en Andalucía. En 1904 construyó una planta de producción en los terrenos aledaños a un templete en Sevilla conocido como La Cruz del Campo. Tras viajar por Europa con su hermano Tomás se empapó de las técnicas de producción de cerveza en Alemania y comprobó que el agua de Sevilla tenía características similares a la de Pilsen (República Checa), donde se concentra la fabricación cervecera de ese país. En seguida, la nueva marca de cerveza caló y contó con el apoyo financiero del antiguo Banco Hispano Americano. De esta manera surgió la especialización en la gestión del negocio: Tomás, y luego Ignacio, se volcaron en Osborne y Cía.; mientras que Roberto lo hizo en la actividad cervecera. En 1937, con la muerte de Roberto, sus herederos y los de Tomás convirtieron Cruzcampo en una sociedad anónima con la participación de su aliado financiero tradicional, el Banco Hispano Americano. La compañía cervecera fue adquirida en 1991 por la irlandesa Guinness por 98.000 millones de pesetas de entonces (589 millones de euros) y en 1999 pasó a ser propiedad de la neerlandesa Heineken —que ya controlaba El Águila en España—, por 108.000 millones de pesetas (650 millones de euros actuales).

Ignacio Osborne Vázquez, hijo de Tomás Osborne Guezala, llevó las riendas del grupo entre 1935 y 1972. Le relevó su hermano Antonio, que fue el máximo responsable de la compañía hasta 1980, año en el que Enrique Osborne McPherson, hijo de Rafael Osborne Guezala —uno de los ocho hijos de Tomás Osborne Böhl de Faber— y primo de Antonio, se ocupó de la máxima representación del grupo hasta 1988. Ese año, otro hijo de Ignacio Osborne Vázquez, Tomás Osborne Vázquez, tomó las riendas como presidente. Desde 1996, su hijo Tomás Osborne Gamero-Cívico y el primo de éste, Ignacio Osborne Cólogan, son los principales ejecutivos de la empresa que no sólo posee los vinos y Solán de Cabras sino el jamón Sánchez Romero Carvajal, con su popular marca 5J. Además, gestionan la cadena de mesones Cinco Jotas.

A pesar de las presiones del Banco Hispano Americano, el socio tradicional, que entendía que la solución para la compañía pasaba por la venta de la misma a capital extranjero, la familia logró resistir. En la actualidad, el negocio crece bajo el control familiar. Los Osborne se hicieron también con marcas de brandys y vinos de su eterna rival, Domecq, familia con la que algunos de sus miembros están emparentados y que está en manos de la multinacional francesa Pernod-Ricard desde 2005. Fruto de ese pacto, Osborne se convirtió en la titular de las marcas de brandy Carlos I, Carlos III y Felipe II, entre otras. Las marcas La Ina, Río Viejo, Viña 25 y Botaina, que también formaron parte del acuerdo fueron vendidas en julio al Grupo Caballero. En 2007, el grupo alcanzó unas ventas netas de 280 millones de euros, con un crecimiento del 6 % con respecto al ejercicio precedente. La línea de jamones y productos derivados del cerdo ibérico aportó a los resultados del Grupo Osborne el 32 %; las bebidas espirituosas, el 30 %; las aguas minerales y los zumos, el 27 %; y los vinos, el 11 %. La compañía cuenta también con acuerdos de distribución de marcas ajenas, como la que mantuvo con la firma de bebidas energéticas Red Bull, de la que vendían unos 100 millones de latas al año. Tras finalizar este pacto introdujo en el mercado una nueva marca propia de este tipo de refrescos, Toro XL.

ESTĒE LAUDER

ESTÉE LAUDER: A LA TERCERA...

En 2004, a los 97 años, falleció el auténtico motor de un imperio de la cosmética, el único grupo independiente de los que realmente existen en este sector con presencia en todo el mundo y que en la actualidad está gobernado, no sin dificultades, por sus nietos, que han comenzado a dar muestras de que no pueden estar a la altura de la herencia que recibieron. La compañía fue la primera en triunfar con perfumes atrevidos y en entrar en las tiendas de lujo. Estée Lauder (de nombre de soltera

Josephine Esther Mentzer) nació en el barrio obrero de Corona, en el distrito de Queen's, en Nueva York, y tomó el apellido de su marido, el empresario textil Joseph Lauder, con el que se casó en 1930 y del que se divorció en 1939. El nombre Estée Lauder lo empezaron a utilizar como marca en 1937, aunque la empresa como tal nació en 1946. Josephine era hija, junto con su hermana Grace, de dos inmigrantes húngaros, el judío de origen checoslovaco Max Mentzer, dueño de un almacén de semillas y heno, y la católica de ascendencia francesa Rose (Schotz Rosenthal) Mentzer.

Ya de pequeña, la futura Estée Lauder era conocida por su obsesión por tener el mejor aspecto, algo que aprendió de su madre, que siempre iba protegida por un parasol para no dañar su piel. De su padre aprendió las técnicas de comercio, que luego aplicó como alumna aventajada. Las raíces de su imperio se remontan a los años veinte, cuando empezó a fabricar artesanalmente cremas faciales y ungüentos en el horno de gas de su tío John, que era químico. Ella misma vendía esos productos en las puertas de los mercados de Nueva York durante la Depresión y más tarde en Miami Beach (Florida). Comercializaba sobre todo una crema para fortalecer las uñas, que era toda una novedad. Josephine iba a los salones de belleza, donde realizaba personalmente demostraciones gratuitas a las clientas que esperaban bajo los secadores. Muchas de ellas se convertían ya en fieles de sus productos. Tras separarse de Joseph Lauder, volvió a casarse en 1942. Del primer matrimonio tuvo un hijo: Leonard; y del segundo, Ronald. En 1946, los Lauder creaban formalmente la empresa que revolucionaría el mundo de la cosmética, Estée Lauder.

El gran salto se produjo en 1948, cuado consiguieron que la cadena Saks, de la Quinta Avenida de Nueva York, vendiera en dos días un pedido de sus productos, de cuyo proceso de elaboración y marketing se ocupaba ella misma. Hasta aquel momento, ningún proveedor de cosmética había podido entrar en los grandes almacenes. Ella, simplemente, fue mucho más insistente que el resto. Se ocupó de perseguir a los jefes de establecimientos y de hacer demostraciones de forma persistente. Cuando logró entrar en Saks contrató sólo a operarias que se comprometieran a utilizar siempre sus productos y fragancias, tanto en las fábricas como en las tiendas. Es cuando puso en marcha

Estée Lauder empezó fabricando
artesanalmente sus cremas y
ungüentos en el horno de su tío.

su exclusivo enfoque comercial, atendiendo personalmente y enseñando a las dependientas cómo tratar y cómo hablar con las clientas. Así comenzó una auténtica revolución en el segmento de la cosmética.

Poco después consiguió que sus productos fueran exclusivos en el salón de belleza de Florence Morris, en Nueva York, caracterizado por la elegancia y el poder adquisitivo de sus clientas. A principios de la década de los sesenta, contrató al prestigioso fotógrafo Victor Skrebneski, que empezó a publicar revistas con atractivas modelos, maquilladas con los nuevos productos de Estée Lauder, una práctica que ya no abandonaría a lo largo de los años. De hecho el gasto en publicidad y en promoción son auténticas marcas de la casa. Ya entonces la empresa había revolucionado el mercado con el lanzamiento de su primera fragancia, Youth Dew, creada en 1953. A ésta le seguirían con el tiempo otros emblemáticos perfumes: Esteé (1968), Azuree (1969), Aliage (1972), Private Collection (1973), Beautiful (1985) y Pleasures (1995). También lanzó una línea de productos para hombres, como Clinique, Origins, Prescriptive y, sobre todo, Aramis, creada en 1965 y relanzada en 1967. A partir del éxito de Youth Dew, la empresa inició su expansión y creó una nueva sede en Neiman Marcus, en Dallas (Texas). En 1960 abrió su primer punto de venta fuera de EE. UU., en los almacenes Harrods de Londres, y en 1964 empezó su aventura con los productos de cosmética, que fueron otro éxito, hasta el punto de que, en 1985, tras entrar en Francia (en las Galerías Lafayette de París), no sin dificultades, Estée Lauder tendría ya presencia en 75 países.

Ese estilo propio que impuso Estée Lauder quisieron perpetuarlo sus herederos, empezando por su hijo Leonard. Toda la familia se inmiscuyó en el negocio. Realmente era una empresa familiar. Cuando su hijo Leonard tomó las riendas mantuvo la filosofía de darle una imagen a la marca e inspirar y estimular a la plantilla y a los directivos ajenos a la familia. Al igual que hacía su madre, una de las ocupaciones de Leonard consistía en recorrerse todos los establecimientos personalmente. «Soy la única persona de la industria cosmética que los minoristas de todo el mundo conocen. A mi competencia no le importa, pero a mí sí que me importa», afirma.[30] Hasta 2008, William, hijo de Leonard, ocupaba un puesto ejecutivo. También formaban parte de la cúpula sus primas Aerin y Jane Lauder. Aerin se ha llegado incluso a convertir en un icono de la marca y aparece constantemente en las crónicas de sociedad y en revistas como *Vogue* o *Harper's Bazaar*, que la incluyó en la lista de las mujeres mejor vestidas.

Pero no todo ha sido un camino de rosas y, en la tercera generación, los conflictos han impedido mantener la armonía. El también nieto de Estée, William, anunció en 2008 que fichaba a un ejecutivo ajeno al clan, Fabrizio Freda, anteriormente responsable de la división de aperitivos de la multinacional Procter & Gambler, que gestiona marcas como las patatas Pringles, para sustituirle en el cargo de consejero delegado. De esta forma, él, en principio, se preparaba para relevar a su padre Leonard del cargo de presidente. ¿Quiere eso decir que se acabó el *glamour*?

Algo de eso hay. La llegada de Freda al feudo controlado desde los inicios por los Lauder es una operación en la que se entremezclan intrigas familiares al estilo de series de televisión como *Dinastía* o *Dallas* con las realidades del mercado. Por un lado, está un joven (William Lauder) que quiere, pero no logra, estar a la altura de sus míticos predecesores —su padre, Leonard, y su abuela, Estée—, y un familiar

---

30. Millar, Danny, e Isabelle Le Bretón-Miller; *Gestionar a largo plazo*, Ediciones Deusto, Barcelona, 2006.

Ronald, hermano de Leonard y tío de William, más preocupado en utilizar la fortuna familiar para hacer carrera política y adquirir obras de arte que por gestionar el patrimonio que ha heredado. De hecho, una buena parte de su carrera la ha destinado Ronald a embargar sus títulos de la compañía para embarcarse en aventuras políticas y en comprar obras de arte. En junio de 2006, compró la obra Adele Bloch-Bauer, de Gustav Klimt por 135 millones de dólares, el precio más elevado pagado hasta entonces por un cuadro.

Pero la crisis también tiene un lado de gestión, ya que gira alrededor de la consolidación de los centros comerciales estadounidenses, que están cada vez en manos de menos empresas, lo que reduce la capacidad de negociación de Estée Lauder para conseguir los mejores puntos de venta en las grandes superficies, que ha sido desde la fundación una de las claves del éxito de la marca. De ahí que haga falta la experiencia de una persona especializada en tratar con productos de gran consumo, como es el caso de Fabricio Freda. A la vez ha habido pugnas por adquirir compañías y entrar en una dinámica de crecimiento mediante compras, estrategia apoyada por Ronald, pero a la que se oponía Leonard. Y William en medio de todo ello, y en pleno choque de trenes.

Gracias a su estrategia originaria, la compañía ha logrado copar el 40 % de las ventas de sus productos en los centros comerciales de EE. UU. De esta forma, el grupo, que, según Leonard, era gestionado por su madre «como si fuera una bonita tiendecita», se ha convertido en un coloso con un valor en bolsa cercano a los 6.000 millones de dólares y casi 30.000 empleados. Marcas como la que da nombre al grupo, Clinique, Precriptives, Origins, Bobbi Brown o Aveda, entre otras muchas, son en la actualidad parte de un catálogo que se distribuye en más de 130 países. América es la principal fuente de ingresos del grupo, con algo más de la mitad de las ventas, que superaron en 2007 los 7.000 millones de dólares. Le sigue Europa, con más de un tercio. La división de cuidado de la piel superó en 2007 un tercio del negocio total, y la de maquillaje se acercó al 40 %. La parte dedicada a fragancias supuso en torno al 18 %, y la de cuidado del pelo, el 5 %. Otro tipo de productos supuso el 1 % de las ventas totales.

En este nuevo contexto, William no ha logrado tener el genio de sus ancestros. Aunque, para él, el problema ha sido, precisamente, la sombra y presión de esos antecesores y, en particular, de su padre, que sigue ejerciendo el cargo de presidente y tiene una influencia enorme en la compañía. Todo ello ha dejado un regusto amargo a William. «Dirigir una empresa cotizada es una condena. Pero dirigir una empresa familiar cotizada es una condena a cadena perpetua», llegó a declarar William a *The Wall Street Journal*.[31] William Lauder considera que ha sido acosado por miembros de la familia con diferentes puntos de vista y que tuvo que luchar contra la percepción de que su éxito sólo se debía a su legendario apellido. «Ésta es una compañía construida en su mayor parte sobre las ideas de un pequeño grupo de personas, todas de apellido Lauder», aseguró William, que es el hijo mayor de Leonard y Evelyn Lauder. «Me di cuenta de que necesitaba una persona externa para que fuera un agente de cambio.» Con esta afirmación, un William Lauder agotado de ver cómo su padre vigilaba y supervisaba su mando sobre la empresa desde que accedió al mismo, en 2004, justificó el fichaje de un alto ejecutivo externo.

El origen del enfrentamiento entre padre e hijo comenzó cuando, en 2005, Federated —una de las mayores cadenas de grandes superficies de EE. UU., propietaria de redes de establecimientos de toda la vida, como Macy's y de Bloomingdale's— compró la empresa de centros comerciales May. Con esa operación, logró una posición de dominio en el sector. Y su primera decisión fue apretar las clavijas a las tiendas a las que cede sus espacios en sus centros comerciales. Entre ellas está evidentemente Estée Lauder. William entendió que la solución debía consistir en desarrollar sus propias tiendas y potenciar su página web, es decir, reducir su exposición al poder de las grandes cadenas de almacenes. Su padre, en cambio, tenía una concepción distinta de la jugada y entendía que había que evitar a toda costa enfrentarse con Federated, lo que significaba, en el fondo, mantener las esencias del negocio que fundó su madre. En las batallas que se produjeron desde el primer enfrentamiento, el padre siempre se impuso al hijo. Y, entretanto, Ronald complicó las cosas con sus masivas ventas de acciones de la empresa para financiar actividades como la compra de obras de arte. Y todo eso a los apenas cuatro años de la muerte de la fundado-

31. «Tensions roil Estée Lauder Dinasty», *The Wall Street Journal*.

ra. A veces, como confirman los estudios, no hay que esperar muchas generaciones para que estallen las diferencias y los enfrentamientos que pueden desembocar en la venta de la compañía, su partición o la cesión a gestores ajenos a la familia para que traten de imponer la cordura en la dirección y la paz entre los propietarios. Ésa es la opción por la que, de momento, ha optado esta empresa.

La familia Lauder, que tiene sindicadas sus acciones, controla alrededor del 46 % del capital de la compañía, pero acumula más del 84 % de los derechos de voto. Además de Leonard, cuyo mandato expiró en el mismo 2008, William, su prima Aerin y el padre de ésta, Ronald, forman parte del consejo de administración. Gary, el otro hijo de Leonard, y Jane, la otra hija de Ronald, ocupan cargos de responsabilidad en el grupo, pero no en el órgano de gobierno. Según las normas bursátiles de EE. UU., esta firma está considerada una «compañía controlada», al tener una misma familia (directamente o a través de distintas sociedades) más del 50 % del poder de voto.

3. LA CONTINUIDAD

Hay una realidad obvia que muchas veces se olvida y es que una empresa familiar es, antes que nada, una empresa, y sólo seguirá siendo empresa familiar si cumple las funciones que debe realizar para ser rentable y competitiva en un mercado abierto.
MIGUEL ÁNGEL GALLO y JOAN M. AMAT, *Los secretos de las empresas familiares centenarias*, Ediciones Deusto, Barcelona, 2003.

Una de las aspiraciones de la empresa familiar es la continuidad. ¿Existen recetas para eso? Probablemente no hay fórmulas infalibles, pero sí que hay casos de supervivencia que demuestran que es posible perdurar mucho más allá de la tercera generación, contraviniendo los análisis estadísticos sobre la materia. Otras compañías pueden o deberían tener en cuenta esos casos, pero no para imitarlos sin más, sino para adaptar de ellos lo que consideren más apropiado para sus propias necesidades. Cada familia desarrolla la fórmula que cree más adecuada, que puede funcionar o no, pero que es una estrategia propia e identificada con la saga. En esto también influyen mucho distintos factores y variables, como el número de miembros que componen el clan.

Casi sería una perogrullada afirmar que una empresa nace con vocación de continuidad. Es evidente que es así. ¿Conoce alguien el caso de alguna compañía que haya sido fundada con el único y exclusivo objetivo de desaparecer? En el caso de las empresas que estudiamos, la eficiencia necesaria para conseguir perdurar debe plasmarse en al menos tres aspectos: como empresa propiamente dicha, como empresa familiar y como familia empresaria. Lo primero es casi de libro: la sociedad debe ser rentable a corto y a largo plazo y adecuarse a las necesidades de evolución y crecimiento. Ha de ser, por tanto, competitiva mediante una estrategia y un estilo de organización que le permitan avanzar. Es por todo eso que es esencial que sea innovadora en los productos, que esté a la altura de los rivales en posibilidades de competencia, que sea eficiente en la gestión y, en resumen, en lo que respecta a la motivación, la calidad del personal y el liderazgo de sus gestores. La compañía, como sucede en el conjunto de la actividad económica, tiene que estar preparada para afrontar las dificultades, la renovación permanente del negocio y la mejora continua de la eficacia y la profesionalización de su gestión.

Pero no es la única vertiente que tiene que vigilar. La segunda es la que está relacionada con su aspecto como empresa controlada por una familia. A diferencia de otro tipo de compañías, estas pueden verse afectadas por las tensiones y la superposición de problemas y roles entre la esfera privada (la familia) y la empresarial. Son elementos esenciales aquellos que afectan a la incorporación de los miembros de la familia a la compañía (tanto sea a la propiedad como a la gestión), la ejecución de los relevos generacionales, la sucesión en el liderazgo y las relaciones ente familiares y no familiares. Y es que la cesión del testigo a los descendientes es un factor básico que hay que tratar con sumo cuidado, como se verá en otros capítulos del libro. Todas las tensiones que se superponen entre las esferas familiar y empresarial tienen uno de sus puntos culminantes en el relevo generacional. Uno de los grandes inconvenientes de este tipo de empresas radica en la dificultad de separar el trabajo de la vida familiar o la ansiedad que se vive en las transiciones generacionales. Algunas de estas características las desconocen las compañías que no tienen el carácter de familiares.

El tercer aspecto importante es el de ser familia empresaria, que se suma al desafío que ya de por sí conlleva la dirección de una compañía. Es esencial gestionar bien el papel del gobierno familiar y el del clan con respecto a la sociedad de la que son propietarios. Son también puntos básicos las formas y sistemas de repartir la riqueza del legado, la formación de cada una de las generaciones, las relaciones entre parientes, así como la unidad y el compromiso. Según diversos estudios, la visión y perspectiva a largo plazo es uno de los secretos de este tipo de empresas o, al menos, de aquellas que han logrado superar las distintas generaciones. Y ese espíritu de continuidad, que debe estar claramente marcado en toda la organización, implica no sólo a la propia familia, sino a los empleados, los proveedores y los clientes.

Pueden surgir dudas sobre el camino que deben emprender este tipo de empresas. Muchas de las que han optado por la salida a bolsa para seguir creciendo se arrepintieron porque resulta muy complicado compatibilizar las necesidades del corto y del medio plazo que exigen los mercados con las del largo que reclama una compañía que se juega no sólo la continuidad como empresa sino su apellido. No olvidemos que este tipo de compañías se juegan el prestigio de un nombre, de unas personas, de una familia. A otras empresas, en cambio, la experiencia de la bolsa les fue bien.

Asegurar la continuidad requiere además profesionalizar la gestión. Es necesario, por tanto, promover el desarrollo profesional de familiares y de personal ajeno a la saga con el objetivo de asegurar el relevo con éxito en las sucesivas generaciones, huir del nepotismo y fomentar la meritocracia.

Otro de los pasos que se deben acometer es el de transformar empresas dominadas por familias (o lo que se podría denominar familias empresarias) en familias propietarias de un patrimonio diversificado. Es algo que con la multiplicación de las compañías de capital riesgo y las denominadas *family offices* se ha ido imponiendo. Las familias deben alejarse de la perspectiva tradicional del «mononegocio» o del conjunto de actividades relacionadas y aproximarse al modelo de distintas participaciones y diversificación para asegurar la continuidad y el crecimiento, así como la buena gestión del patrimonio que han conseguido gracias a su participación en la empresa familiar.

Las empresas familiares deben adaptarse a las nuevas situaciones, como de hecho deben hacer el resto de compañías. En el actual entorno, marcado por la globalización, la apuesta debe ir dirigida hacia la investigación y el desarrollo, las tecnologías de la información y la búsqueda constante del talento. El gurú de la estrategia empresarial Gary Hamel menciona la necesidad de que estas compañías desarrollen una cualidad que no es fácil, pero que es completamente necesaria, a la cual denomina *resilience*. Sería algo así como una combinación de fortaleza y de flexibilidad. Es una cualidad con la que cuentan compañías centenarias y que han superado las dos o tres generaciones. Todas ellas han sido capaces de superar las circunstancias más adversas.

La longevidad debe ser un rasgo distintivo de estas empresas. Es como una especie de fusión entre la familia propietaria y el negocio. Nadie aspira a desaparecer sino a permanecer. Algunos analistas ven en las organizaciones más longevas una serie de características que son comunes y que van desde la aptitud por aprender hasta el conservadurismo y la prudencia financiera para evolucionar y cambiar constantemente. En el fondo se están jugando el dinero de la familia. En cuanto se pierde ese sentimiento de pertenencia se pierde todo.

Salvatore Ferragamo

FERRAGAMO: TODOS A UNA

Inicialmente, Wanda, la esposa de Salvatore Ferragamo, no se había ni planteado llevar las riendas del negocio creado por su marido. Pero, en 1960, cuando su esposo, que le llevaba 22 años (tenía 62), falleció de cáncer, tuvo que enfrentarse a la realidad y ponerse al frente de una compañía que ya había logrado reconocimiento como fabricante de zapatos para las personalidades y estrellas de la talla de Eva Perón, Greta Garbo, Ingrid Bergman, Sofía Loren o Audrey Hepburn. Ferragamo fue prácticamente el zapatero de cabecera de las estrellas de Hollywood, especialmente durante los años cincuenta. De una u otra forma había que seguir con esa tradición. «Estábamos muy unidos como pareja y acostumbraba a contármelo todo sobre el negocio», recuerda Wanda Ferragamo.[32] Eso le fue de mucha utilidad para tomar la determinación de relevar a su esposo al frente de la compañía hasta que sus seis hijos, por aquel entonces entre los dos y los diecisiete años de edad, alcanzaran la madurez suficiente para incorporarse a la empresa. Su decisión sorprendió porque todo el mundo daba

32. «Q & A with Wanda Ferragamo», *Time*, 16 de septiembre de 2007.

por sentado que no sería capaz de gestionar la compañía y la acabaría vendiendo.

Desde el principio, Wanda se puso a trabajar para reconvertir la empresa de zapatos en una marca global de lujo, una auténtica Casa Ferragamo, como en su día hicieron los Gucci, pero, claro está, tratando de evitar algunos de sus errores. La firma fue fundada en Florencia en 1927 por Salvatore Ferragamo, después de trabajar durante trece años con un hermano suyo en EE. UU. La viuda tenía claro que quería que la empresa fuera familiar. Por eso, a medida que fueron creciendo los hijos, los fue poniendo al frente de distintas actividades. Uno como responsable de los zapatos, otro en la ropa confeccionada... y así hasta que todos tuvieran distintas funciones. La estrategia le salió redonda y creó un auténtico ejército que operaba con un objetivo común. Eso se tradujo en que de los 6.500 pares de zapatos que producía el grupo al año cuando falleció el fundador llegaran a los 10.000 al día que fabrican en la actualidad. Todo un cambio para la firma cuyo cuartel general se encuentra en Palazzo Spini Feroni, una imponente muestra de la arquitectura florentina del siglo XIII, que mandó construir un rico comerciante textil y que luego ocupó su familia, los Spini. Las instalaciones, adquiridas por Salvatore Ferragamo en los años veinte, albergan el museo en recuerdo del fundador de la dinastía, que fue inaugurado en el año 1995.

En la actualidad, madre e hijos controlan el 100 % del imperio. Fiamma, la mayor de las hijas, fue responsable del diseño de los famosos zapatos de señora con pequeño tacón y lazo cruzado por una placa dorada con el nombre de la familia —el famoso modelo Vara—, que trabajó con su padre el año anterior a su muerte. Fiamma falleció de cáncer en 1998, a los 57 años de edad. Estaba casada con Giuseppe di San Giuliano, con el que tuvo dos hijas, Giulia y Maria, y un hijo, Diego de San Giuliano, el único de esta rama que trabaja en la empresa familiar.

El modelo de los Ferragamo, una compañía en la que el imperio fue construido en realidad por los herederos, es utilizado como ejemplo de continuidad de una empresa familiar. «Tienen una familia increíblemente bien organizada alrededor de la empresa, cosa que no suele suceder en las empresas familiares. Cada miembro de la familia desempeña un papel distinto que encaja con sus particulares cualidades. Cada uno tiene su propio terreno, y todos lo hacen bien», destaca Andrall Pearson, profesor emérito de la Universidad de Harvard.[33] En la actualidad, los nietos de Salvatore Ferragamo ya trabajan en la compañía, además de los representantes de la segunda generación. Wanda, que es la presidenta del grupo, contó siempre con la ayuda de sus hijos, empezando por la fallecida Fiamma y el resto (Ferruccio, Massimo, Fulvia, Leonardo y Giovanna). De la tercera generación ya ocupan cargos de responsabilidad: Salvatore, hijo de Massimo; James Ferragamo, hijo de Ferruccio; Diego di San Giuliano, hijo de Fiamma, y Angelica Visconti Ferragamo, hija de Fulvia.

Vivia, que también es hija de Ferruccio, creó su propia marca de calzado femenino con su nombre, en 2002, son sede en Londres. En su día, la familia decidió que sólo tres representantes de la tercera generación se implicarían en la gestión del grupo de lujo. El objetivo no era otro que atraer a ejecutivos de prestigio ajenos al clan. Los nietos del fundador del grupo tuvieron que cumplir los requisitos preestablecidos para poder acceder a la compañía: hacer una carrera de grado alto, trabajar un mínimo de dos años en otra compañía y adquirir un elevado nivel de inglés y de capacidades en tecnologías de la información.

El proceso de crecimiento desde la actividad de calzado de gama alta hacia otros productos de lujo se consolidó a través de la adquisición, en 1996, de un paquete de control de la firma francesa de diseño Emanuel Ungaro. Al año siguiente crearon una sociedad con Bulgari para comercializar perfumes, que no duró mucho tiempo porque Ferragamo optó por lanzar su propia gama de productos de belleza y perfumería. También constituyó la sociedad ZeFer al 50 % con el grupo Ermenegildo Zegna para el desarrollo de calzado y productos de piel.

En 1993, Ferruccio Ferragamo compró la mansión Il Borro, en plena Toscana —la región de la que Florencia es la capital—, que había sido propiedad del duque Amadeo de Aosta. Dicha hacienda no sólo se había convertido ya en un retiro para sus dueños durante los años en los que la alquilaban, sino que tras su compra ha sido convertida en una instalación de lujo que recibe a un turista selecto que quiere disfru-

---

33. Neubauer, Fred, y Alden G. Lank; *La empresa familiar*, Deusto, Bilbao, 1998.

Salvatore Ferragamo fue
por excelencia el zapatero
de grandes estrellas de Hollywood
como: Greta Garbo, Ingrid Bergman,
Sofía Loren o Audrey Hepburn.

tar de tranquilidad al estilo toscano. Además cuenta con unos viñedos que circundan la mansión, con los que elabora vino de calidad y explota las instalaciones Salvatore Ferragamo, hermano gemelo de James —ambos hijos de Ferruccio—. Massimo, por su parte, adquirió otra propiedad de lujo, el Castiglio del Bosco, en Brunillo di Montalcino.

Y no son los únicos negocios diversificados. La familia, además de controlar las actividades de calzado y artículos de lujo, posee cuatro hoteles en Florencia, de la cadena Lungarno, constituida en 1995. Leonardo Ferragamo, por su parte, posee Nautor, compañía constructora de los prestigiosos veleros Swan de gama alta, con sede en Finlandia. La adquirió en 1998 junto con otros inversores, en un momento en el que estos astilleros, que eran propiedad de una compañía pública, perdían dinero. La empresa de veleros produce apenas 40 barcos al año, pero con un rango de precios que va de los 400.000 euros a varios millones. Bajo su batuta, Nautor pasó de las pérdidas a las ganancias después de impulsar una inversión de 12 millones de dólares y apostar por unas embarcaciones con diseños más modernos.

Tras fichar por primera vez a un primer ejecutivo ajeno a la familia en 2006, Michele Norsa, antiguo responsable de la compañía competidora Valentino, el clan anunció su intención de colocar una parte del capital en bolsa, manteniendo el control —entorno al 52 %

e incluso más—. Según las últimas versiones, estimaban colocar en el mercado apenas entre el 20 % y el 30 % del capital de la sociedad holding, Ferragamo Finanziaria.

Wanda, reacia a cualquier venta de títulos, acabó accediendo al admitir que la segunda y tercera generación podían ver las cosas de forma distinta, en especial al dividirse tanto la propiedad. En 2008, como consecuencia de las turbulencias en los mercados financieros tras el estallido de la crisis de las hipotecas de baja calificación (*subprime*) en el verano del año 2007 en EE. UU., la familia no había tomado todavía una decisión definitiva sobre la salida a bolsa. La compañía, que para el análisis de su salida al parqué contaba con el asesoramiento de Mediobanca y JP Morgan, cerró el ejercicio de 2007 con unas ventas superiores a los 680 millones de euros y un beneficio de 47 millones.

«Somos una gran familia (un total de 65 hijos y nietos). Sería muy difícil escoger un nuevo jefe», aseguraba Leonardo al explicar los planes de salida a bolsa. «Tenemos que modernizar la compañía y dejarla lista para la próxima generación», añadía.[34] En todo caso, el sello de la dinastía se mantendrá. «Una empresa propiedad de una familia transmite cierta seguridad e integridad. Otorga garantía de continuidad. No reposa en una determinada persona que viene o se va. La familia es la marca», afirmaba Leonardo en lo que podría considerarse una auténtica declaración de principios o un lema característico no sólo de esta empresa sino de otras pertenecientes a otros clanes.

HAAS: LEVI'S ENTRA Y SALE DE LA BOLSA

Levi's, la compañía de tejanos creados por el inmigrante bávaro Levi Strauss en 1853, a partir de un negocio de prendas de confección y comestibles no perecederos que constituyó en San Francisco (California), es desde hace más de cien años sinónimo de pantalones

---

34. «Leonardo Ferragamo: Angels want to wear his red shoes», *The Independent*, 4 de febrero de 2007.

vaqueros. Con sus altos y sus bajos a lo largo de los tiempos, como consecuencia de los cambios en la moda, los clásicos pantalones de la marca siguen de actualidad. El empuje definitivo de este negocio provino de la patente de los remaches en los pantalones que Strauss y el sastre de Nevada Jacob Davis recibieron en 1873.[35] De todas formas, la compañía ha llevado a cabo una transición que la ha llevado de ser meramente fabricante a convertirse en propietaria, diseñadora y comercializadora de una marca registrada en 1928 y que es su principal activo, como ha sucedido con otras grandes industrias textiles con sello de identidad propio.

Tras fallecer el fundador en 1902, a los 73 años de edad, heredaron la empresa los cuatro hijos de su hermana Fanny, casada con David Stern: Jacob, Louis, Abraham y Sigmund; eran, por tanto, los sobrinos. De ahí surgieron los actuales propietarios, los Haas, fruto del matrimonio entre Walter A. Haas y Elise Stern, una de las hijas de los herederos. Los Haas, Walter I el primero de ellos, son quienes desde los años veinte se han ocupado de perpetuar el legado del fundador y han seguido con la tradición filantrópica iniciada por el patriarca de apoyar la escuela de negocios de la Universidad de Berkeley en California que, por algo, fue bautizada como Haas Business School (luego, tras una gran contribución por parte del padre y sus hijos fue rebautizada como Walter A. Haas Business School).

Dentro de esta larga historia destaca la decisión de salir a bolsa, en 1971. Después de más de 100 años de existencia, optaban por sacar al mercado una parte del capital, aunque manteniendo una participación que garantizase el control de la familia. Antes de la operación bursátil cambiaron el nombre de la empresa por el de Levi Strauss Associates y emitieron acciones con un valor nominal de 10 centavos cada una. En este contexto, el grupo emprendió una estrategia de diversificación con la apertura de nuevas fábricas y la entrada en nuevos productos que abarcaron incluso la ropa para esquiar. El primero de los Haas en pilotar la nave, Walter I, fue quien imprimió una velocidad de crucero más alta al negocio que, en manos de los hermanos

---

35. «Improvement in fastening poket-openings», United States Patents Office, n.º 139.121, 20 de mayo de 1873.

Stern, se estaba quedando obsoleto. Le relevaron sus hijos Walter II y Peter. La ropa vaquera de la marca recibió entonces un auténtico espaldarazo con el uso de las prendas por parte de actores como Marlon Brando o James Dean, en películas como *Salvaje* o *Rebelde sin causa* en los años cincuenta. La compañía no paraba de crecer y de fabricar, e incluso creó cuatro divisiones para la gestión de un negocio que parecía no tener freno.

Pero en 1973, sólo dos años después de la salida a bolsa, la demanda se paró, lo que pilló a su filial europea a contrapié y con una cantidad enorme de existencias pasadas de moda. Fue la primera vez desde la Depresión de 1929 que la firma anunciaba pérdidas trimestrales. Y eso le sucedía con parte de su capital cotizando en los mercados de renta variable, lo que propició un fuerte desplome de los títulos. Ya se sabe que unos malos resultados provocan la venta masiva de acciones en el mercado y la consiguiente caída del valor de la compañía.

Era muy evidente que la experiencia bursátil no estaba resultando muy positiva para la empresa. A principios de los años ochenta, el espíritu de empresa familiar que había impregnado el negocio desde su creación prácticamente había desaparecido y había sido sustituido por el imperativo de crecer para rendir unos resultados trimestrales que animaran a los analistas y, especialmente, que elevara el valor de las acciones. La reacción de los descendientes del fundador, que controlaban en torno al 40 % del capital, no se hizo esperar y reemplazaron al ejecutivo al que habían encomendado la tarea de propulsar el crecimiento, Robert Grohman (que había sustituido en el cargo a Peter Haas), por Robert Haas, hijo de Walter II y sobrino bisnieto del fundador.

Una de sus primeras decisiones fue la de retirar la empresa de la bolsa. Para ello hizo una oferta en julio de 1985 a 50 dólares por título, el doble del valor al que se cotizaban por aquel entonces. Ese elevado precio, alrededor de unos 1.450 millones de dólares, la mayor recompra de títulos registrada en la industria textil hasta ese momento, era la única forma que tenía el grupo de lograr el objetivo que perseguía. A partir de ahí, la familia recuperó el control mayoritario del capital a través de la sociedad HHF Corporation, de su propiedad, y empezó a racionalizar la producción y a planificar a largo plazo, huyendo de los objetivos cortoplacistas que imponía el mercado de valores.

Entre otras medidas, se redujo el número de productos en dos tercios. Robert decidió cerrar en un año 23 fábricas y despedir a 7.000 trabajadores. En 1989, había logrado unos beneficios sin precedentes en la historia del grupo, y eso con el mercado de los vaqueros en franca decadencia. Otro de los grandes aciertos de esa etapa fue la creación, en 1986, de la marca de ropa *casual* Dockers que, en apenas cuatro años, se convirtió en un negocio floreciente.

En 1996, Levi's procedió a la segunda compra de títulos dirigida a la parte que poseían los empleados y algunos miembros de la familia propietaria, que alcanzó un coste de 4.300 millones de dólares, a razón de 265 dólares por título. Se trataba de un precio que cuadruplicaba el pagado en la operación de recompra de 1985, ya que la compañía había acelerado su crecimiento y completado su transformación desde fabricante de ropa vaquera a marca textil global. Según la prensa de la época, con la operación, Robert Haas acababa también con las disensiones de la rama familiar encabezada por su tía Rhonda Haas Goldman, que poseía en torno al 7 % del capital.[36]

Gracias a la operación, que permitió sacar a la empresa totalmente de la bolsa, la familia descendiente del fundador controla desde entonces el 100 % del capital. En aquella época Robert Haas dijo que el objetivo de la operación era asegurar «un accionariado coherente y estable», así como «mantener la responsabilidad social de la empresa». De los más de 150 años de historia de la compañía, sólo cotizó en bolsa unos 25; y, por lo que se ve, fueron más que suficientes.

PÉREZ COMPANC: LA EVOLUCIÓN PERMANENTE

En Argentina se le conoce como «el Fantasma» por su escasa profusión pública y por el halo de misterio que rodea su historia. Gregorio Pérez Companc y su familia, que centraron inicialmente sus negocios en el

---

36. «Levi Strauss Makes Buyback Bid Valuing Company at $14 Billion», *The New York Times*, 9 de febrero de 1996.

sector energético, son los únicos representantes de Argentina en la lista de la revista *Forbes* que relaciona a los más ricos del mundo. Profundamente religioso y vinculado al Opus Dei, Gregorio —Goyo, como se le conoce— Pérez Companc, construyó la mayor compañía energética de su país, que vendió a la brasileña Petrobrás en 2002. La compradora pagó unos 1.000 millones de dólares por el 58,6 % del capital que estaba en manos de la familia. En un comunicado, la compañía argentina definió la venta de su filial petrolera como «un nuevo paso en la estrategia de largo plazo de la familia para mantener todo su esfuerzo en Argentina y concentrarlo especialmente en el activo de los alimentos a través de Molinos Río de la Plata». Previamente se había desprendido de la participación de control del Banco Río de la Plata, que adquirió el español Banco Santander mediante una cesión de títulos que luego la familia vendió cuatro años después (en 2001).

Llegó un punto en el que Pérez Companc se dio cuenta de que no podrían competir con las petroleras internacionales y reconoció que había perdido la pugna con la española Repsol por hacerse con el control de Yacimientos Petrolíferos Fiscales (YPF). Fue entonces cuando la familia vendió la actividad que la había enriquecido, a través de la compañía Pecom, a Petrobrás, y centró su actividad en Molinos Río de la Plata, el mayor conglomerado agroalimentario argentino, y en el que dos de sus siete hijos colaboran en la gestión. Adquirieron el 60 % del grupo, que les daba el control, a través de su fondo de inversión familiar en 1999, por unos 400 millones de dólares. Su propuesta al grupo vendedor, Bunge & Born, le ganó la mano a Exxel Group, con una oferta un 30 % superior.

El sector energético era el origen de la fortuna familiar desde hacía cincuenta años. Ésta se vio reforzada con su participación activa en el proceso de privatizaciones llevado a cabo con especial incidencia durante el Gobierno de Carlos Menem en los años noventa. Tras ello, la familia decidió retirarse del sector y buscar nuevas oportunidades de negocio. Las ventas de activos, aconsejadas por un equipo de consultores cuando el hijo mayor de Gregorio Pérez Companc, Jorge, se incorporó a la dirección, proporcionaron a la familia casi 3.000 millones de dólares. Los asesores, concretamente McKinsey, le recomendaron que se desprendiera de las firmas de servicios públicos de las que no tuviera el control y de aquellas que le pudieran perjudicar en cuanto a imagen, como las eléctricas. Este tipo de empresas pueden verse envueltas en apagones y otras disfunciones que dañan la percepción que se tiene de un grupo empresarial que, en este caso, es el mayor de Argentina.

La historia del actual patriarca de la familia se mueve en los territorios del misterio y de una leyenda que él mismo, con su silencio, no ha hecho más que alimentar. Goyo fue adoptado por Margarita Companc de Pérez Acuña cuando tenía 11 años. Poco se sabe a ciencia cierta de su pasado. Lo que sí se conoce es que Gregorio se benefició del legado de Margarita Companc, quien, en el lecho de muerte, hizo saber a sus hijos carnales, Jorge Joaquín, Carlos y Alicia, que Goyo, por aquel entonces con 24 años de edad, se apellidaría también Pérez Companc —su denominación originaria era Jorge Gregorio Bazán, nacido en Buenos Aires en 1935, fruto del matrimonio de Benito Bazán y Juana Emiliana López —y compartiría todo con ellos.

Pero pasaron muchos años durante los cuales los cuatro hermanastros ignoraron por completo a un Goyo que no se destacaba precisamente por ser un estudiante brillante. De hecho, tuvo que esperar más de 30 años para dirigir de forma efectiva el mayor grupo empresarial de Argentina. Muchos se sorprendieron al ver a Goyo al frente del grupo, porque la mayoría le hacían más en tareas campestres que dirigiendo una nave de tales dimensiones. Él se esforzó por demostrar que podía hacerse cargo del negocio y lo pudo hacer con el empuje que logró durante el gobierno de Menem, cuando creció hasta límites inimaginables después de conseguir empresas de servicios públicos privatizadas. Tras este proceso pasó a tener diversas participaciones en Telefónica de Argentina, Telecom, Edesur, Central Costanera, Transener, Elenet, Distribuidora Metropolitana de Gas (Metrogás), Transportadora de Gas del Sur (TGS), Refinería del Norte Campo Durán, Ferroexpreso Pampeano, concesiones de peajes en las rutas 5 y 7, Área Central Puesto Hernández y Destilería San Lorenzo. Pérez Companc se había convertido en la mayor empresa del país, con más de 10.000 empleados.

Con el tiempo, fue cambiando de estrategia y, por tanto, vendiendo participaciones, pero siempre en busca de mantener una envergadura y una presencia considerables. Cambiar de rumbo no le fue difícil, porque el proceso de venta de participaciones hizo que entraran en sus arcas unos 2.000 millones de dólares en apenas 12 meses.

La empresa familiar nació en 1946, cuando los hermanos Carlos y Jorge Joaquín Pérez Companc cobraron una indemnización del Estado por la expropiación de unas tierras de su propiedad en la Patagonia. Con ese dinero crearon una pequeña empresa de transporte marítimo, pero no fue hasta 1959, en la etapa en la que Arturo Frondizi presidió Argentina, cuando la Naviera Pérez Companc hizo fortuna. Ésta vino de la mano de la primera concesión petrolera y, a partir de entonces, el grupo fue ganando peso en el sector energético gracias a concesiones públicas que fueron el auténtico motor de crecimiento del conglomerado.

Gregorio Pérez Companc se hizo cargo del imperio familiar en 1977, tras los fallecimientos de sus hermanastros Jorge Joaquín y Carlos y la trombosis sufrida por Alicia. Ninguno de ellos dejó descendientes, por lo que el legado estaba claro para quién iba a ser. Pérez Companc está casado con María del Carmen (Munchi) Sundblad, una representante de la alta sociedad argentina. Tan religiosa como su marido, Munchi es propietaria de la cadena de heladerías Munchi's, que abrió en los años noventa. Elaboran los productos a partir de la leche de vacas Jersey que cría en unos terrenos de su propiedad. El matrimonio tuvo siete hijos. Una de ellas, Margarita, la primogénita, murió en un accidente automovilístico en 1984, con sólo 19 años de edad. Pérez Companc decidió incorporar en los folletos de la empresa familiar, además de la bandera azul y amarilla que le distingue, el dibujo de una margarita en homenaje a su hija fallecida. Pero esa tragedia no hizo que la familia abandonase su pasión por los coches; el padre tiene una buena colección y dos de los hijos, Luis y Pablo, son pilotos. El primero, de *rallies*, aunque en 2008 anunció su retirada para dedicarse a los negocios; y el segundo, Pablo, piloto de carreras (padeció un grave accidente en 2006 durante su estreno en la Indy Pro Serie de EE. UU., a 360 kilómetros por hora, pero se recuperó un año después de haber estado en coma y de casi perder una pierna). El resto de los cinco descendientes vivos son Jorge, que es el heredero indiscutible, y Rosario, Pilar y Cecilia.

En Argentina a Gregorio Pérez Companc se le conoce como el «Fantasma» por su escasa proyección pública. Según la revista *Forbes* posee la mayor fortuna de Argentina y una de las principales del mundo.

Gregorio Pérez Companc es tremendamente austero, afirman quienes lo conocen bien, pero se sabe que tiene dos grandes aficiones que ha potenciado, tal vez espoleado por los ingresos obtenidos por la venta de distintas participaciones del grupo. Una de ella son, como dijimos antes, los automóviles. Lo suyo es una auténtica pasión. No es de extrañar que tenga dos hijos que se dediquen o hayan dedicado al deporte del motor. Será por ello que adquirió por unos 500.000 euros un Ferrari F50, una serie limitada de 150 unidades biplaza de color rojo vivo para celebrar el primer medio siglo de la marca. Luego sumó otros modelos, como los Ferrari que compró en 2007, cuyo coste conjunto ascendió a un total de 15 millones de euros. El más caro de todos fue el Ferrari 330 TRI/LM Testa Rossa. Sólo por este modelo desembolsó nada más y nada menos que un total de siete millones de euros. Con este vehículo de la marca italiana Phil Hill y Olivier Gendebien ganaron las 24 horas de Le Mans en 1962.

El empresario argentino es poco apreciado por los coleccionistas porque suele tener su colección de coches cerrada a cal y canto. Guarda con tanto celo su preciado tesoro como su propia intimidad y la de su familia. Sólo unos pocos privilegiados —familiares, amigos e invitados— han tenido acceso al tesoro que Pérez Companc guarda en sus instalaciones de Escobar, en la provincia de Buenos Aires. Fuera de ese núcleo reducido de personas, apenas han podido apreciar esas joyas del motor quienes concurren a las pocas competiciones de coches antiguos que se celebran en Argentina.

¿El otro capricho? Un Boeing 737 en su versión para ejecutivos que le costó alrededor de 30 millones de euros. El avión, del tamaño de una aeronave comercial de pasajeros, tiene dormitorio, sala de reuniones y entre 15 y 20 asientos para acompañantes (en la versión comercial caben de 100 a 130 pasajeros). Al margen de estas aficiones y caprichos, la familia realiza también acciones filantrópicas vinculadas con su activismo religioso a través de la Fundación Konex, que fue creada en 1959.

LEGO: LAS PIEZAS DE LOS CHRISTIANSEN ENCAJAN

¡Quién diría que la danesa Lego fue el resultado de una quiebra! La Gran Depresión de 1929 provocó la ruina económica de una empresa de carpintería que había creado en 1932 Ole Kirk Christiansen, con sede en la cuidad danesa de Billund. Consciente de que la gente no tenía dinero suficiente para construirse casas, este emprendedor reinventó el negocio y comenzó a producir escaleras plegables, tablas para planchar y juguetes de madera. Estos últimos fueron el producto que tuvo más éxito. Los bautizó como Lego —resultado de la combinación de las palabras danesas *leg-godt*, cuya traducción podría ser algo así como *jugar bien*—. El tirón de la demanda amplió el catálogo de productos. Al final, una de las actividades que tenía como objetivo diversificar los riesgos para salvar la empresa originaria se convirtió en el negocio en sí y, efectivamente, en su sello distintivo. El creador, inicialmente acuciado por las deudas, jamás se hubiera podido imaginar que su salvación provendría del mundo del juguete, un negocio como otros que añadió a su catálogo de actividades para superar el ahogo financiero.

Fue en 1949 cuando la compañía lanzó al mercado el juego de piezas de plástico más revolucionario de su época. Inmediatamente atrajo a los niños y a sus padres y se convirtió en un elemento esencial del crecimiento de la empresa. En 1955, Godtfred Kirk Christiansen, hijo del fundador, se las ingenió para crear el sistema de juego Lego porque constató que el mercado estaba formado esencialmente por juguetes de una única función. Su modelo, fundamentado en las famosas piezas de plástico, era revolucionario. Se partía de un conjunto inicial al que se podían ir sumando nuevas piezas y temas. Las oportunidades de hacer volar la imaginación eran prácticamente ilimitadas porque con sólo seis de las ocho piezas ranuradas iniciales se pueden realizar 915.103.765 formas diferentes, un caudal de imaginación por el que la revista *Fortune* lo catalogó como «el juguete del siglo» en 2000. Cada año se añaden más de 100 juegos a la gama y un volumen similar se retira del mercado. En total se producen unos 15.000 millones de componentes al año. La renovación, sin variar las esencias, es constante, así como los niveles de calidad. Según la propia compañía, «sólo 18 de cada millón de piezas producidas se desechan por defectuosas». El sistema de juego de ladrillos que se acoplan no fue patentado hasta 1958, nueve años después de salir los primeros modelos al mercado. Hasta el momento de celebrar los primeros 50 años del invento, en enero de 2008, la compañía había realizado 400.000 millones de piezas o, lo que es lo mismo, 62 pequeños ladrillos de colores para cada habitante de la Tierra.

El hijo del fundador, Godtfred, casado con Edith, con la que tuvo tres hijos (Kjeld, Gunhild y Hanne), empezó a trabajar en el negocio cuando tenía apenas 12 años. Con sólo 18 años ya diseñaba juegos y con 24 era la mano derecha de su padre. Lo mismo sucedió con su hijo, Kjeld Kirk Christiansen, que enseguida ganó prestigio como diseñador e inventor de productos Lego. Una de las ventajas de esta empresa es que los descendientes se incorporaron a la misma a temprana edad y, de inmediato, pudieron adquirir experiencia y tuvieron la oportunidad de formarse y de participar e incluso de diseñar proyectos estimulantes.

Con Kjeld al frente, ya en la tercera generación, Lego contrató a un ejecutivo ajeno a la familia, Vagn Holck Andersen. Se incorporó a la empresa como vicepresidente ejecutivo después de que Godtfred le consultara sobre la posible venta de Lego tras la trágica muerte de su hija Hanne en un accidente de tráfico. Holck, consciente del potencial del negocio y de que la decisión de su patrón no era más que fruto de una profunda depresión, recomendó no vender. Al final, su papel se centró en hacer de intermediario entre padre e hijo. Tras recibir el premio IMD Distinguished Family Business Award, Kjeld afirmó: «Disponer de un consejo fuerte y participativo no era ni siquiera una posibilidad remota en tiempos de mi abuelo. En cuanto a mi padre, sí quería contar con uno, aunque en el fondo no tenía muchas ganas de utilizarlo. En cambio, en mi caso, ha sido fundamental poder trabajar codo con codo con un consejo implicado y profesional, especialmente a la hora de discutir con sus miembros nuevos conceptos y estrategias».[37] Actualmente la empresa cuenta con el apoyo de dos ejecutivos procedentes de otras multinacionales. Cuando Godtfred murió en 1995, a los 75 años, la marca Lego era un de las más conocidas del mundo.

El grupo incorporó la electrónica y los juegos bajo licencia a su catálogo de productos para adaptarse a los nuevos hábitos de los niños. En 2000, la empresa registró las mayores pérdidas de su historia, por lo que Kjeld optó por contratar un ejecutivo externo para solventar la situación: Poul Plougmann, el responsable de la reorganización y resurrección de la firma de alta fidelidad y productos electrónicos de diseño Bang & Olufsen. Lego, después de una década de los noventa con un fuerte despegue e implantación en mercados como el de EE. UU., tuvo que adaptarse a las nuevas demandas de juegos más modernos y de otros vinculados a libros y películas de gran éxito como es el caso de las series de *La guerra de las galaxias* y *Harry Potter*.

Durante los años sesenta abrieron el primero de sus parques temáticos, el de Billund, en Dinamarca, donde se encuentra la sede de la compañía; y en los noventa, Kjeld convenció a su padre, que llevó las riendas de la empresa hasta su fallecimiento con 75 años en 1995, de crear otras instalaciones similares. En la actualidad poseen además: el parque de Windsor, en Reino Unido; el de Carlsbad, en California (EE. UU.); y otro cerca de la localidad alemana de Günzburg, en Baviera. Y todo ello se ha hecho siempre sin recurrir a la bolsa, con el objetivo de preservar las esencias y valores de la empresa.

La compañía de la familia Christiansen tuvo que competir a partir de la primera década de 2000 con los videojuegos y otros jugue-

---

37. Schwass, Joachim; *Crecimiento inteligente*, Ediciones Deusto, Barcelona, 2008.

tes y juegos que atraen actualmente la atención de los más jóvenes. Es por eso que decidieron iniciar una estrategia dominada «por la vuelta a las esencias», según explica el presidente de Lego Americas, Soren Torp Larsen.[38] Todo ello se tradujo en el despido de 1.200 trabajadores en todo el mundo y en replegarse hacia los juegos que le dieron la fama y, por tanto, escapar de la errónea estrategia que en los noventa les llevó a competir con monstruos de los videojuegos, como las japonesas Nintendo y Sony. En definitiva, pensaron: ¡zapatero a tus zapatos!

En la actualidad, el hólding Lego A/S está controlado en un 75 % por Kjeld Kirk Christiansen y los tres hijos que tuvo con su esposa Camilla (Sofie, Thomas y Agnetes). La hermana de Kjeld, Gunhild, que tiene dos hijos, es copropietaria de la filial suiza dueña de las patentes y la propiedad intelectual del grupo; y el esposo de ésta, Mogans Johansen, fue consejero de la compañía. La otra hermana, Hanne, es la que falleció en un trágico accidente de tráfico en 1969 y estuvo a punto de provocar la venta del negocio por parte del padre, Godtfred. El restante 25 % del grupo es propiedad de Lego Invest A/S que es, a su vez, propiedad de la Lego Foundation. De hecho, uno de los hijos de Kjled y representante de la cuarta generación, Thomas Kirk Kristiansen, forma parte del consejo de administración, así como del consejo de marca e innovación.

ZARA

ORTEGA: ZARA PIDE EL RELEVO

La continuidad de un imperio empresarial es un asunto que también atañe al fenómeno español Zara. Todavía en manos del fundador, Amancio Ortega Gaona, que en 2008 cumplió 72 años, la heredera en potencia, Marta Ortega Pérez —la hija que tuvo con su segunda esposa, Flora Pérez Marcote—, empieza a dar los primeros pasos en dis-

38. «Lego Picks Up the Pieces After Layoffs and Moves», *The New York Times*, 15 de abril de 2007.

tintos establecimientos de esta compañía dedicada a la llamada «moda democrática»; es decir, asequible a todo el mundo. ¿Cómo será la transición de una compañía creada por el que en la actualidad es el hombre más rico de España, Amancio Ortega, y uno de los más adinerados del mundo?

Con Rosalía Mera Goyenechea —hoy también una de las personas más ricas de España—, su primera esposa, de la que se divorció en 1986, y con la que fundó las originarias Confecciones Goa que en la actualidad constituyen el imperio formado por Inditex, Amancio Ortega tuvo dos hijos, Sandra y Marcos. El segundo padece una discapacidad que le impide trabajar y la primera ayuda a su madre en actividades filantrópicas y otras. Mera retuvo el 6,69 % de Inditex a través de la sociedad Rosp Corunna, y cuando la compañía salió a bolsa, obtuvo en torno a 600 millones de euros. Con todo ello se ha dedicado a comprar distintas participaciones en negocios y empresas diversas que se dedica a gestionar. Es, por ejemplo, una de las principales accionistas de la farmacéutica gallega Zeltia, de la que poseía el 5 % del capital a mediados de 2008. Rosalía Mera, que asegura no haber olvidado sus orígenes humildes a pesar de ser una de las mujeres más ricas de España, concentra la mayoría de sus esfuerzos actuales en la Fundación Paideia, que creó tras su separación de Amancio Ortega, con la que impulsa la integración de colectivos desfavorecidos y su entrada en el mercado laboral.

El imperio Inditex-Zara es realmente digno de estudio. Lo analizan las escuelas de negocios, los expertos, la competencia... El denominado *fenómeno Zara* —la principal de las marcas del grupo Inditex, y la que hizo famoso al empresario Amancio Ortega— genera auténticos ríos de tinta, teorías y tesis doctorales. Una combinación de ingenio e innovación y, a la vez, de leyenda, han catapultado a esta empresa hasta los niveles más altos de la industria textil a escala mundial, con toda una serie de actuaciones que han revolucionado el sector.

El grupo Inditex ha demostrado que es posible una plena integración vertical del negocio de la confección, desde la fabricación hasta la logística y la venta al cliente final, con precios ajustados, modas y tendencias actuales al alcance de todos y capacidad para adaptarse a los gustos de los clientes casi en tiempo real. Inditex ha dado hasta

Amancio Ortega Gaona de 72 años es el hombre más rico de España. Propietario del grupo Inditex ha catapultado este imperio multinacional al más alto nivel del mundo textil.

ahora con una fórmula en la que se mezcla la integración vertical del negocio con la elección de emplazamientos idóneos y sabios para sus establecimientos, lo cual ha resultado ser un éxito rotundo, según explicaba en 2001 el semanario *The Economist*.[39]

En sus inicios, Amancio Ortega se hizo la primera pregunta esencial: ¿por qué tenía que fabricar para que vendieran otros si uno mismo podía ocuparse de todo ello y sacar el máximo partido a toda la cadena de valor? El tiempo, y los miles de millones de euros que atesora, le han dado la razón. Y no sólo eso, sino que desbarató todo el modelo del sector textil existente hasta ese momento —es decir, la fragmentación y reparto de distintos papeles entre fabricante, mayorista, distribuidor y vendedor.

El actual imperio Inditex estuvo envuelto durante años en un halo de misterio. Hasta su decisión de salir a bolsa, muchos llegaron incluso a dudar de la existencia de Amancio Ortega Gaona, el promotor de esta compañía. Y es que este leonés, gallego de adopción e hijo de un ferroviario de Asturias, carecía de rostro para la mayoría del público. Sólo circulaba por algunas redacciones de periódicos una fotografía de carné de identidad de hacía años. Era la única identificación que existía de él hasta entonces.

39. «Spain's succesful Zara», *The Economist*, 17 de mayo de 2001.

La salida a bolsa, además de aportar recursos a la compañía y a sus fundadores, catapultó a Ortega hasta el Olimpo de los ricos del mundo y le puso rostro. Si quería pedir dinero a los accionistas tenía que mostrar al menos su rostro. Y así lo hizo, siguiendo los consejos de sus asesores, en la primera memoria pública del grupo. Se le atribuye una fortuna personal de unos 20.000 millones de dólares, que lo sitúa entre los más ricos de Europa y del mundo.[40]

La relación de Ortega con el mundo de la moda venía de su niñez. Su primera experiencia profesional la adquirió en la camisería Gala, de A Coruña, donde empezó a trabajar tras terminar sus estudios primarios, con apenas 14 años, y donde comenzó haciendo de chico de los recados. Posteriormente, pasó a trabajar como dependiente de la lencería La Maja, que llegó a tener tres tiendas en la ciudad gallega y donde, además, conoció a Rosalía Mera, que luego se convertiría en su primera esposa. En esta empresa trabajaban también sus hermanos, Antonio y Josefa. A lo largo de 14 años, llegó a ser encargado de establecimiento y adquirió gran parte del bagaje sobre el negocio textil que luego aplicó a sus propias empresas.

Con 27 años cumplió su sueño de independizarse y fundó con sus hermanos y su futura esposa, Rosalía, una pequeña empresa fabricante de lencería, Goa, que vendía sus prendas a través de La Maja. Inicialmente mantuvo su empleo por cuenta ajena, por mera seguridad. La primera prenda que produjo Goa de forma artesanal fue un cuco (ropa de cuna) para bebé, para luego pasar a producir batas de *boatiné*. Pero tenía una forma de trabajar distinta a la tradicional existente en el sector hasta entonces. El precio en las batas no se fijó en función de los costes de confección, sino que se ocupó de adaptar éstos a la cantidad por la que pretendía vender el producto, es decir, al precio de venta al público. Primero el precio de venta y luego la construcción de todos los costes para que todo cuadrara. Éste ha sido uno de sus rasgos distintivos.

Este primer contacto con las fases de diseño y fabricación le sirvió para iniciar en 1963 un negocio de ropa femenina de mucha mayor envergadura. La actividad creció hasta la construcción de una fábrica

40. «The 25 reachest europeans Forbes», *Forbes*, 30 de mayo de 2008.

y la creación de Confecciones Goa en 1971, con la que comenzó la expansión nacional e internacional. En 1975 abrió la primera tienda con la marca Zara. Con los años, se fueron abriendo más establecimientos bajo este nombre hasta la creación de Industria de Diseño Textil (Inditex) en 1985, con el fin de aglutinar las distintas actividades de distribución del grupo. En la actualidad, el grupo cuenta con más de 3.200 establecimientos en todo el mundo.

Pero ¿por qué se considera que esta compañía ha sido revolucionaria y todo un fenómeno? Primero, porque no es habitual que una empresa española alcance fama internacional ni que resulte tan innovadora como para que la estudien expertos y medios de comunicación; aunque no es ése, evidentemente, el elemento que ha hecho prosperar a Inditex. Segundo, la clave del éxito del grupo ha radicado en ser lo suficientemente avispados como para ofrecer la última moda a precios bajos y, por tanto, accesibles al gran público. La integración vertical de todas las actividades del negocio, que muchos otros han tratado de emular con posterioridad, es otro de sus sellos distintivos, y el que permite aplicar la flexibilidad y capacidad de adaptación constante que se persigue. Al controlar desde el diseño hasta la producción, la distribución y la venta, la compañía puede tener en las estanterías de sus tiendas los distintos modelos en menos de 48 horas.

Hay muchos más secretos, como explica el que fuera responsable del grupo para Europa, Luis Blanc:[41] «Intentamos que nuestros clientes entiendan que si ven algo que les gusta tienen que comprarlo en el momento porque horas, o como mucho días después, no estará ya allí. Con ello hemos creado un clima de escasez y de oportunidad, de compra inmediata». Para lograr esos objetivos, la compañía realiza un elevado porcentaje de producción propia en Europa, en torno a la mitad del total, con lo que puede responder rápidamente a los cambios de tendencia del mercado. El resto lo producen proveedores externos, también mayoritariamente europeos. El aprovisionamiento de tejidos, el diseño de los modelos, el corte y los acabados se realizan en las fábricas de Inditex, mientras que la confección se subcontrata a más

41. Blanco, Xabier R.; *Amancio Ortega, de cero a Zara*, La Esfera de los libros, Madrid, 2004.

de 1.600 proveedores, talleres o factorías, dispersos por todo el mundo. Un buen número de esos talleres que trabajan a pleno rendimiento, a tanto la pieza, se encuentran dispersos por Galicia.

La compañía ha aplicado, además, las últimas tecnologías a todos los procesos: diseño, gestión, confección, logística y venta. De esa forma, una prenda pasa con celeridad del cerebro del diseñador a las estanterías de las tiendas de la cadena. Zara se encarga de convertir los sueños de los jóvenes y los no tan jóvenes en realidad, y a precios que resultan muy asequibles para la mayor parte de los bolsillos. Los ciclos de producción del grupo son mucho más veloces que los de su competidor sueco Hennes & Mauritz (H&M), y no digamos que el resto del sector que, habitualmente, trabaja con colecciones de un año para otro. Una prenda de Zara no tarda más de cinco semanas desde el diseño hasta la entrega a la red de establecimientos y una nueva versión de un vestido ya existente, apenas dos semanas. El grupo posee una auténtica legión de ojeadores que se limitan a ver qué es lo que la gente lleva cuando va por la calle en las principales ciudades del mundo. La compañía no trata de crear demanda, sino que estudia lo que se pide en sus tiendas y luego lo convierte en un diseño lo más aproximado posible, y con llegada a los establecimientos de la cadena en un mínimo plazo de tiempo y en la cantidad más ajustada posible, para impedir un exceso de almacenamiento. El *stock* es una palabra en desuso en este imperio textil, que se basa en la comunicación en tiempo real entre las tiendas y la central, situada en Arteixo (A Coruña). Los responsables de los establecimientos realizan los pedidos en base a las prendas que han tenido más éxito o las peticiones recibidas de la clientela. Son un eslabón de la cadena de diseño del grupo, que se nutre de jóvenes profesionales que salen de las escuelas especializadas. Y, al final de toda la cadena, un éxito de compras y de público sin necesidad de recurrir a una publicidad masiva, tal y como se ven obligados a hacer otros. Apenas dedica a ese apartado el 0,3% de sus ventas. Basta con el «boca a oreja» de sus miles y miles de clientes y con la ubicación de sus tiendas en las zonas más transitadas de las ciudades.

Parece razonable pensar que es por todo ello que Ortega atesora una de las mayores fortunas del mundo. Posee el 59,29 % del imperio textil a través de las sociedades Partler y Gartler. Es su valor más preciado, pero cuenta también con importantes participaciones y negocios en distintos sectores, que van desde el 5% de Aguas de Barcelona —(Agbar) que vendió en la OPA realizada por Criteria-La Caixa y la francesa Suez por 205,71 millones de euros, con lo que duplicó la inversión realizada en 2004—, hasta el 5% de la cadena hotelera NH. Es titular del 97% de Pontegadea Inversiones, que ha ido asumiendo las participaciones significativas en las empresas mencionadas, además de tener en el Banco Pastor alrededor del 4,9% del capital, que le compró a Caixa Galicia. En NH Hoteles, su actuación fue clave para desbaratar la oferta hostil de Hesperia y conformar un núcleo estable de accionistas.

Ortega se vio tentado de entrar en el sector energético cuando el Banco Santander puso a la venta el 24% que poseía en la eléctrica Unión Fenosa. Pero ACS, presidida por Florentino Pérez y cuyos principales socios son la familia March, Alberto Cortina y Alberto Alcocer («los Albertos»), acabó ganando la partida. Aquella operación frustrada provocó las iras de Ortega, quien entendió que el presidente del Santander, Emilio Botín, se había saltado un pacto de caballeros y le hizo terminar de perder la confianza en José María Castellano, que durante años fue su colaborador más estrecho y uno de los pilares de la expansión internacional del grupo. Desde 2005, el hombre que lleva el día a día de la compañía como consejero delegado es Pablo Isla, que fue presidente y luego copresidente de Altadis. También tiene el cargo de vicepresidente de Inditex.

Además de las participaciones en NH Hoteles, Agbar y Banco Pastor, Pontegadea Inversiones posee también el 100% de Ponte Gadea, el hólding de la mayoría de inversiones de Amancio Ortega. Ponte Gadea controla dos sociedades de inversión de capital variable (Sicav), unos vehículos de inversiones fiscalmente privilegiados que suelen tener las personas más ricas en España, en los que el empresario coruñés depositó la mayor parte de los fondos recaudados con la salida a bolsa de Inditex. Uno de estos fondos lo gestiona el BBVA, y otro, el Santander. Ambas tienen nombres de caballo, que obedecen a la gran pasión hípica de su hija Marta. La cartera de Alazán y Keblar está básicamente compuesta por títulos de renta fija, pero ambas tienen también algunas participaciones en bolsa.

Además de las sociedades de inversión tiene participaciones en tres firmas de capital riesgo (con compromiso de aumentar su presencia) y en una biotecnológica. Ponte Gadea apostó fuerte por el sector del ladrillo, tanto en España como en otros países, a través de una docena de filiales. Está presente en Portugal, Francia, México, EE. UU. y Reino Unido. De las sociedades de Ortega en el sector, la más importante es Pontegadea Inmobiliaria, fundada en 2002.

A finales de 2006, Ortega inició la estrategia de relevo. Marta, hasta la fecha más conocida como amazona que como empresaria, inició los pasos para conocer los entresijos del negocio al incorporarse a tiendas de la compañía en otros países. El objetivo es que fuera haciéndose con la empresa desde la base, empapándose de todas las áreas. La presidencia de Marta sería no ejecutiva, explicaron fuentes de la empresa. Con esta estrategia se acababa con la imagen de típica niña de papá que la opinión pública se había ido forjando de ella. Su padre, de hecho, mandó construir un hipódromo en unos terrenos de su propiedad en la localidad de Larín, para satisfacer la afición de su hija por la hípica. Pero ya había llegado el momento de que se preparara para el relevo. Una vez terminados sus estudios de Económicas, había llegado la hora de iniciar la escalada dentro del grupo familiar. Es un trayecto estudiado en todos sus pasos; diseñado por expertos, probablemente a través de una consultora, y conocido en el mundo de los negocios como *fast track rail* (carrera rápida sobre raíles). El objetivo es que Marta Ortega conozca todos los aspectos de una maquinaria tan sofisticada como Inditex.[42] Su primer destino a finales de 2007 fue una tienda del grupo en Londres. A ésa le tenían que seguir un establecimiento en París y luego otro en Shanghai (China).

En todo caso, la cesión del testigo no seguirá el modelo de Ana Patricia Botín, hija de Emilio Botín, presidente del grupo Santander; ésta se convirtió en presidenta del banco filial Banesto —siempre y cuando resulte ella la elegida, porque su padre sigue al frente de la nave con todas las energías del mundo—. El sistema es más parecido al adoptado por Esther Koplowitz; lo que significa que el fundador mantiene el control accionarial y delega en ejecutivos que le son afi-

42. «El aprendizaje de Marta», *El País*, 20 de mayo de 2007.

nes, sean o no de la familia, y las hijas participan en distintas sociedades controladas por el clan. En los últimos años, Marta Ortega participó en la gestión de dos sociedades familiares (Menlle y Caroada), con unos recursos propios que superaban los 250 millones de euros. Fueron creadas precisamente para que aprendiera a gestionar inversiones de una cierta consideración. Por ello, su madre Flora Pérez se reservó la presidencia de ambas. En Inversiones Menlle, Marta es consejera y en su filial Caroada, participada al 100 %, es la cuarta vicepresidenta. Marta es vicepresidenta de Gartler y Partler, las dos sociedades a través de las que Amancio Ortega controla la mayoría del capital de la joya de la corona, Inditex.

También la actual esposa de Ortega y madre de Marta, Flora Pérez Marcote ha ganado peso en el grupo. No sólo entró en el consejo de la firma a través de la sociedad Gartler, en 2004, en sustitución de la primera esposa del fundador, Rosalía Mera, sino que, en 2001, también se hizo con el puesto de consejera de Ponte Gadea, y las vicepresidencias de Licidia y Pontegadea Inmobiliaria, entre otras. Flora Pérez vio incrementado su poder con el nombramiento de Pablo Isla como vicepresidente primero y consejero delegado. El nuevo alto ejecutivo realizó una profunda reestructuración de la empresa. En los dos órganos de gestión del grupo se incluyó a los dos hermanos de la actual esposa de Ortega, Jorge Pérez Marcote, director de Massimo Dutti; y Óscar Pérez Marcote, director de Bershka. Todo ello coincidió con la pérdida de ascendencia de la hermana del fundador, Josefa Ortega Gaona, que en el 2002 dejó de ser consejera por motivos de edad. Eso sucedió después de la salida de la empresa por parte del anterior vicepresidente, José María Castellano.

El primer indicio de los cambios se produjo con la dimisión como director general y consejero de Juan Carlos Rodríguez Cebrián, esposo de Dolores Ortega, hija de Josefa Ortega y, por tanto, sobrina de Amancio, en febrero de 2005. Rodríguez Cebrián había sido uno de los hombres de más confianza de Ortega, junto con José María Castellano, que fue durante años el brazo derecho del fundador del grupo, la cara más visible del imperio textil. En los últimos años, este alto ejecutivo incluso compartía con Josefa Ortega una sociedad, Artinver, a través de la que llegaron a ser uno de los principales accionistas de la inmobiliaria gallega Fadesa. Ése fue, precisamente, otro de los elementos de fricción con Ortega, al igual que cuando trascendió que los promotores de una oferta gallega para comprar el paquete de Unión Fenosa en manos del Banco Santander pretendían presentar a Castellano como nuevo presidente de la eléctrica.

Castellano había sido contactado por el constructor pontevedrés Jacinto Rey (Constructora San José) y por el entonces director de Caixanova, Julio Fernández Gayoso, para negociar la compra de la participación del banco en la eléctrica. En esa oferta intervenía también Ortega. El vicepresidente de Inditex era reacio a la operación porque consideraba que si Amancio Ortega quería entrar debía hacerlo capitaneando la operación y no como un actor de segunda con una participación minoritaria. Con estas premisas se iniciaron las negociaciones con el Santander y llegaron a un acuerdo con una oferta de 30 euros por acción. Llegados a este punto, el constructor Jacinto Rey propuso que José María Castellano fuese el presidente de Fenosa. Amancio Ortega se sintió traicionado, y discutió con su mano derecha. Mientras los promotores de la *solución gallega* para Unión Fenosa se discutían, Emilio Botín, presidente del Santander, negoció la venta con los March y Florentino Pérez a 32 euros por acción. Estos se llevaron el gato al agua. Mientras, Ortega y Castellano, que no eran sólo colaboradores sino también amigos, dejaban incluso de hablarse. El incidente provocó que el vicepresidente dejara todos los cargos en Inditex. A los pocos meses, aceptó una oferta del grupo textil también gallego Adolfo Domínguez para ayudarles a consolidar su proceso de internacionalización.

KAMPRAD: IKEA SE PERPETÚA

¿Hay alguna fórmula para construir una cadena de mueblerías que ha producido el 10 % de las camas en las que han sido concebidos los europeos?[43] Tal vez sea una exageración, pero lo cierto es que los mue-

---

43. «The miracle of Älmhult», *The Guardian*, 17 de junio de 2004.

bles de Ikea se han convertido en algo cotidiano dentro de los hogares e incluso de los platós de los programas y series de televisión de más de medio mundo. No hay decorado o serie que se precie que no incluyan algunos de los modelos de la cadena que, con anterioridad, han sido montados siguiendo las instrucciones que vienen en la caja. La fórmula de Ingvar Kamprad, fundador de Ikea, se ha impuesto y ha provocado la reestructuración del conjunto del sector del mueble.

¿Cúal es la clave de todo ello? Diseñar los muebles y accesorios pensando en que las familias son un ente vivo que evoluciona, y sus necesidades son distintas en cada etapa de la vida, y en que el mobiliario para siempre ha pasado a la historia. Los sofás, los sillones, los armarios y, claro, también las camas... ya no son útiles de la casa que se transmiten de padres a hijos, e incluso de abuelos a nietos. Han perdido esa pátina protocolaria que tenían antaño. Los muebles han pasado a ser un producto con período de caducidad, con un ciclo de vida que preestablece el propio usuario en función de sus necesidades. El diseño, de esta forma, gracias a unos modelos con precios asequibles, está al alcance de la mayoría. Es lo que algunos denominan el diseño democrático, algo así como lo que es en la actualidad la marca de ropa Zara, del grupo español Inditex, en la moda. En la actualidad, amplía su oferta hacia complementos como maletas, maletines para ordenador o paraguas.

De orígenes modestos, este auténtico imperio del mueble, está en la actualidad totalmente blindado y es poco transparente puesto que se basa en una compleja red de fundaciones y sociedades radicadas en paraísos fiscales o territorios de baja tributación para evitar posibles ofertas de compra, tomas de control e impuestos societarios y personales y bajo el control de la familia. Casado en segundas nupcias con Margaretha Stennert, Kamprad tiene tres hijos: Peter, Jonas y Mathias, que forman parte también del conglomerado y que, desde hace unos años, llevan las riendas, aunque bajo la atenta supervisión del padre, que vive en la ciudad suiza de Lausana, donde los impuestos son mucho más ligeros que en su Suecia natal. A pesar de su inmensa fortuna, que le sitúa entre los personajes más ricos del mundo, hace gala de ser extremadamente austero. Acostumbra a viajar en clase turista y tiene el mismo automóvil desde hace varios años.

El núcleo del grupo familiar es Ingka Holding, la sociedad matriz que pertenece a la fundación Stichting Ingka —exenta de impuestos y sin afán de lucro—, registrada en Holanda y a la que el fundador del grupo transfirió sus acciones en 1982. Kamprad, en condición de asesor, y su hijo Peter forman parte del consejo de administración de Ingka Holding. La fundación, que está controlada por la familia, también posee el 25% de la cadena Habitat y, de hecho, se puede decir, que gestiona la compañía. El resto de los títulos de Habitat, el 75%; pertenece a los hijos de Kamprad (Mathias, Jonas y Peter) a través del grupo IKANO, que dirige otros negocios familiares y que fue desgajado del resto del conglomerado en 1988. Habitat, de hecho, es una especie de laboratorio del que, en principio, debe salir el heredero que gestione el imperio Ikea.

Ingvar Kamprad figura como asesor senior del órgano de gobierno de IKANO, en el que, por cierto, figuran sus tres hijos. Pero el entramado diseñado por este emprendedor sueco no acaba ni mucho menos aquí. Otra sociedad, Inter Ikea Systems, radicada en Luxemburgo —también un territorio con ventajas fiscales para este tipo de firmas—, es la dueña del concepto, la marca y el diseño del grupo con acuerdos de franquicia con todos los establecimientos que llevan la marca en todo el mundo. El grupo Ikea es su principal franquiciado. Cada una de las tiendas aporta el 3% de sus ventas a esa sociedad dueña del concepto. Esta sociedad, a su vez, pertenece a una compañía con el mismo nombre, con sede en las Antillas holandesas. Aunque quienes la controlan no están identificados, e Ikea rechaza detallar quiénes son los gestores de la misma; es prácticamente seguro que existen miembros de la familia Kamprad entre sus miembros.[44]

Nadie duda de las capacidades emprendedoras de Kamprad, quien sólo se arrepiente de haber participado en algunos mítines del partido nazi cuando era joven. «Fue el error más grande de mi vida», se ha lamentado en alguna ocasión. En 1994 pidió disculpas a su plantilla por haber simpatizado con los nazis: «He pedido disculpas, he pedido disculpas a mi plantilla y a todo el mundo... Actué de forma terrible, pero ahora quiero dejarlo todo atrás». En un libro suyo de memorias

44. «Flat-pack accounting», *The Economist*, 11 de mayo de 2006.

Ingvar Kamprad,
de origen humilde,
es el propietario del imperio Ikea.
En 2007 consiguió ventas por valor
de 21.200 millones de euros.

incluso reconoció haber sucumbido al alcohol cuando estaba construyendo su imperio, pero, a renglón seguido, aseguró haberlo dejado.

Ikea tiene unos orígenes bastante modestos. La empresa fue fundada por Ingvar Kamprad cuando tenía 17 años, en 1943, con el dinero
que su padre le dio por los buenos resultados obtenidos en los estudios.
El nombre de la compañía proviene de las iniciales del propio fundador: Ingvar Kamprad y las correspondientes a la granja y al municipio
en los que creció él mismo: Eltaryd y Agunnaryd, en la provincia rural
de Smäland.

Kamprad completó sus estudios en la Escuela de Comercio de
Goteborg. Es ahí donde aprendió la importancia de la distribución y
de hallar los sistemas más baratos y simples de transportar los productos desde las fábricas hasta los clientes.

Empezó en una pequeña nave en la localidad de Älmhult con un
pequeño negocio inicial de venta de pequeños artículos como las cajas de
cerillas. La entrega y el reparto los realizaba él mismo con su bicicleta
hasta el domicilio del cliente. Con el tiempo, se dio cuenta de que si com-
praba grandes cantidades de cerillas podía obtener precios inferiores y,
por tanto, las podía vender luego más baratas obteniendo un interesante
margen como empresario. Poco a poco fue ampliando su pequeño negocio mediante la venta de bolígrafos, carteras, encendedores, relojes y cualquier objeto que se viera capacitado para vender a precios reducidos.

A los dos años de comenzar, en 1945, Kamprad se las ingenió para
vender por catálogo y comenzó a hacer publicidad en la prensa local.

Y tres años después comenzó a anunciar muebles pequeños que elaboraban productores cercanos a donde él vivía. Comenzó con una silla denominada Ruth y una mesa para el café.[45] Fue sumando artículos hasta comenzar con un catálogo denominado Ikea Noticias. El éxito fue tal que parientes y amigos tuvieron que ayudarle a empaquetar los pedidos que no paraban de llegar y que tenía que servir con total celeridad. La evolución del negocio le llevó a tomar una decisión en 1951 que fue crucial para el futuro: volcarse en los muebles de bajo precio a gran escala y abandonar el resto de productos, de los que se deshizo mediante precios de liquidación.

Pero su progreso no fue un camino de rosas. Su principal competidor por aquel entonces, Gunnars, le forzó a entrar en una guerra de precios que acabó afectando a la calidad de los artículos. Por eso, con el objetivo de romper el círculo vicioso entre precios bajos y mala calidad en el que se había metido, decidió abrir una sala de muestras de muebles en Älmhult. De esta forma los clientes podían tocar y probar los artículos antes de decidirse a comprarlos. Ya no tenían que conformarse con verlos fotografiados en un catálogo y pedirlos, sin haberlos visto ni tocado. Ese establecimiento se abrió en 1953 en un local por el que pagó 13.000 coronas suecas.[46] Tenía dos niveles; y en el piso superior había café y pastelitos gratis para los potenciales clientes y curiosos que se acercaban al local.

La iniciativa resultó un éxito de tal magnitud, tanto en ventas como en publicación de catálogos, que movilizó al resto de mueblerías suecas. La competencia comenzó a boicotear a los proveedores de Ikea. La Asociación Nacional de Vendedores de Muebles llegó a amenazar a aquellos que trabajaban para Ikea con dejar de hacer negocios con ellos si no rompían con ese cliente. Prohibieron incluso a Ikea, y a Kamprad como persona individual, participar en ferias del sector. La guerra había estallado. El clima de hostilidad avivó el ingenio de Kamprad, al que no se le ocurrió otra cosa más que crear sociedades vendedoras de muebles, que pudieran participar de incógnito en las ferias comerciales. En este ambiente fue en el que Ikea se vio estimu-

45. Lewis, Ellen; *Great Ikea*, Cyan Books, Londres, 2005.
46. Lewis, Ellen; *op. cit.*

lada a crear sus propios diseños para que los fabricantes trabajasen para el grupo. Lejos de asustarle, estimularon a este emprendedor y avivaron su ingenio.

Por aquel entonces, Kamprad contrató a un joven diseñador que trabajaba en una agencia publicitaria de Malmö. Se trataba de Gillis Lundgren, el cuarto empleado de la empresa. Ayudó a mejorar el catálogo y los diseños de modo que los fabricantes hacían productos distintos de los que producían para otros vendedores. Con esta estrategia, forzada de algún modo por una competencia que quería acabar con él, la compañía se diferenciaba del conjunto. Pero la mayor contribución de Lundgren fue la del empaquetado plano. Lo descubrió por casualidad, cuando quería introducir una mesa en su coche y vio que no cabía y que se desperdiciaba muchísimo espacio al cargarla montada. ¡Eureka! La idea era simple: quitar las patas de la mesa y ponerlas debajo. En el catálogo de 1953 ya se incluyó una mesa llamada Max, la primera que podía montar el propio cliente. Tres años más tarde, en 1956, los paquetes planos ya pasaron a formar parte integral del sistema de Ikea. La idea no sólo aumentaba la eficiencia del espacio. Tenía otras derivadas: un recorte significativo de los costes, tanto en materia de transporte —desaparecían los espacios muertos y se podían introducir más mercancías en cada camión y, además, el cliente se hacía su propio transporte— y de almacenamiento —caben muchos más productos en un mismo espacio—. El automontaje por parte de los clientes también libera a la compañía de costes laborales.

Ikea ejerce, de hecho, una «coerción amable» para retener al cliente tal y como lo describe un estudio realizado por la Harvard Business School.[47] Ese análisis lo describe perfectamente: justo en la entrada de cada uno de los establecimientos se encuentra una guardería para que los niños se entretengan y para los que padres puedan comprar con total libertad. Entonces, los potenciales compradores discurren por carriles en los que se encuentran dispuestos los muebles y accesorios por áreas. Todo se puede ver, tocar y probar. Incluso los caprichosos accesorios de precio muy bajo que se encuentra uno situados estratégicamente en el

---

47. «Ikea. How the swedish retailer became a global cult brand», *Business Week*, 14 de noviembre de 2005.

camino (vasitos para los cepillos de dientes, perchas de colores o revisteros). Las estanterías siempre guardan sorpresas porque Ikea renueva un tercio de sus líneas de productos cada año. En el centro del periplo, además, se encuentra el restaurante para reponer fuerzas. Se pueden tomar medidas con unas cintas métricas de papel que están por todos los rincones de los establecimientos de la cadena y uno puede anotar todo lo que desea para pedirlo finalmente en el almacén. Todo está perfectamente empaquetado en plano. El cliente se lo lleva y se lo monta. Son costes que Ikea ha sabido trasladar gentilmente al usuario y que este aprecia. ¿Quién no ha montado un mueble de nombre casi imposible de pronunciar con las instrucciones que vienen en la caja?

El crecimiento de la cadena ha sido imparable. Uno de los hitos se produjo en 1992, cuando la fundación desde la que se gestiona el grupo y otra compañía propietaria de la familia Kamprad adquirieron al grupo Storehouse la cadena británica Habitat, fundada en 1964 por Terence Conran. Esta firma, que mantiene una actividad separada de Ikea, con su propia imagen, y que tiene presencia esencialmente en el Reino Unido, Francia, Alemania y España, superó los 325 millones de euros en ventas en 2005. Las cifras son una prueba del éxito de Ikea. La compañía alcanzó en el ejercicio fiscal de 2007 (cerrado el 31 de agosto de 2008) unas ventas de 21.200 millones de euros, con una red de 253 tiendas, más de 565 millones de visitantes y más de 127.000 trabajadores. Otro dato: el popular catálogo que en 1954 tenía una tirada de 500.000 ejemplares superó en 2006 los 174 millones de unidades; más que la propia Biblia, según se encarga de recordar la compañía. China, Polonia, Italia, Suecia y Alemania, por este orden, concentran el mayor número de sus proveedores.

SANTO DOMINGO: EL PODER DE COLOMBIA

Un auténtico magnate colombiano: Julio Mario Santo Domingo, pese a vender en 2005 su cervecera Bavaria a SABMiller, aún mantiene una importante participación en este gigante de entono al 15%, lo que le convierte en el segundo principal accionista, por detrás de Altria Group —la antigua Philip Morris—. Santo Domingo logró recuperar la rentabilidad del brazo inversor familiar, Valórem, gracias a la reducción de sus compañías de 120 a sólo 20. En la actualidad controla participaciones en el grupo de comunicación Caracol y en la petroquímica Propilco, entre otras.

Es propietario de residencias en Nueva York, París y Baru, la isla privada que tiene en la zona de Caribe. Su hijo Andrés, el menor de sus tres descendientes, acostumbra a participar en actos sociales y fiestas y a estar presente en las crónicas de sociedad de EE. UU., gracias a su relación con la periodista de la revista Vogue, Lauren Davis, con la que se casó en 2008. Está alejado del día a día de los negocios familiares, ya que optó por dedicarse a la música y las artes. Los otros hijos de Julio Mario Santo Domingo son Julio Mario, Jr., que es el único vástago que tuvo con su primera esposa, la brasileña Edyala Braga y que, a su vez, es padre de Tatiana Santo Domingo, muy popular por ser la novia de Andrea Casiraghi, hijo de la princesa Carolina de Mónaco; así como Alejandro, quien cada vez ocupa más cargos en representación de los intereses de la familia. Entre ellos está, por ejemplo, el de consejero de SABMiller y el de gestor de Valórem. Julio Mario Santo Domingo; está casado en segundas nupcias con Beatrice Dávila.

El rico empresario patriarca de esta saga encarna la imagen del poder en Colombia. Forma parte de los 500 más ricos del mundo que elabora la revista *Forbes*, con un patrimonio estimado de 3.500 millones de dólares. La alargada mano de este magnate, responsable de colocar y descabalgar a políticos a lo largo de los últimos años, llega hasta diversas industrias y medios de comunicación. Se ha llegado a afirmar que no hay producto que se consuma en Colombia que no esté controlado por el imperio de este magnate. A través de Valores Bavaria —hoy Valórem—, el grupo Santo Domingo posee el primer canal de televisión de Colombia, Caracol TV, junto con el grupo venezolano Cisneros, otro de los colosos latinoamericanos. También tiene una participación relevante en una de las primeras cadenas de televisión por cable y posee el diario *El Espectador* y la revista *Cromos*. A su vez, cuenta con inversiones en el ámbito televisivo de Perú y de Portugal. En 2004, vendió al grupo español Prisa el paquete que poseía en el Grupo Latino de Radio a través de Radio Caracol.

La jugada maestra de Julio Mario Santo Domingo se produjo en 2005 con la venta de la cervecera Bavaria, la segunda más importante de Latinoamérica, a la multinacional anglosurafricana SABMiller por más de 6.400 millones de euros. La cervecera heredada de su padre, El Águila, pasó de casi desaparecer del mapa por su situación financiera y de tener presencia únicamente en la zona del Caribe a acabar controlando a su principal rival, Bavaria. Ése es sólo un ejemplo de las artes y habilidades que han caracterizado a este magnate a lo largo de su dilatada historia en el mundo de los negocios.

La estrategia comenzó en 1999, con la venta de participaciones que no tenían que ver con la cerveza. De esta forma, pasó a controlar las principales compañías de este sector en países como Ecuador, Perú o Panamá. Con el reforzamiento de esta cervecera, la compañía Bavaria se convertía en una verdadera joya para ser adquirida por una multinacional y en la puerta de entrada en Latinoamérica, tras la compra de la brasileña Inbev en 2004 por la belga Interbrew. Con la operación de venta a la firma anglosurafricana, la familia Santo Domingo pasó a ser el segundo accionista de un gran conglomerado con presencia en todo el mundo.

Aunque nacido en Panamá en 1924, el empresario, que cada vez delega más en su hijo Alejandro, pasó su infancia en la ciudad colombiana de Barranquilla, en la que su padre, Mario Santo Domingo, pionero de la aviación comercial, era un importante industrial que se casó con Beatriz Pumarejo, con quien tuvo a Julio Mario. Tras varios intentos de estudiar en Colombia y en EE. UU., y ya de vuelta a Barranquilla, Santo Domingo se dedicó a la empresa familiar de cerveza El Águila y, en ésas, logró convencer al presidente de Bavaria, la principal cervecera del país para que adquiriera El Águila, que atravesaba por una crisis. De un plumazo, la familia Santo Domingo se convirtió a mediados de los sesenta en la principal accionista de Bavaria y, una vez dentro, fue ganando el control hasta alcanzar una participación del 70 %.

Sus tentáculos se extienden a todos los sectores de la economía, desde las cadenas de hamburgueserías hasta los principales medios de comunicación colombianos, sin obviar, evidentemente, las principales marcas de cerveza del país. La familia fue propietaria de la aerolínea Avianca y de su filial SAM; en 2004 vendió la mayoría del capital a un grupo brasileño.

Una de las últimas operaciones del grupo, liderado por el hijo, Alejandro, fue la entrada en el sector de la logística, tras la compra de la compañía Almacenar, a través de su filial Almagrán. Con esta adquisición, la compañía se convirtió en el principal operador logístico de Colombia, con planes de expansión en otros países de Latinoamérica. Esta operación forma parte de la reestructuración acometida por el grupo familiar tras la venta de Bavaria. Algunos ejemplos fueron la venta de Propilco (a ECOPETROL) y América Televisión, en Perú, o de TVCable (a Telmex).

CISNEROS: VENEZUELA CON MANDO A DISTANCIA

Gustavo Cisneros fue uno de los mayores adversarios del presidente venezolano Hugo Chávez a través de sus medios de comunicación, como Venevisión. La venta de su participación en la cadena de televisión hispana Univisión a un consorcio encabezado por el multimillonario de Estados Unidos Haim Saban le proporcionó 700 millones de dólares en 2007. Es dueño también de la cervecera Regional y del club de béisbol Leones. A su vez posee una importante colección de arte latinoamericano. Gustavo Cisneros Rendiles encabeza la familia más rica de Venezuela y la mayor fortuna de Suramérica; así lo acredita la lista de los más ricos del mundo que elabora la revista *Forbes*. Se le atribuye un patrimonio de unos 5.000 millones de dólares. El magnate pasa muchos de sus días en una mansión en la zona exclusiva de Campo de la Romana, en Santo Domingo (República Dominicana), desde donde planifica y controla la mayor parte de sus negocios.

Azote de Chávez a través de las decenas de cadenas de televisión que posee o en las que participa, Cisneros es conocido en España porque en 1984 compró los grandes almacenes Galerías Preciados. La cadena era propiedad del Estado desde la expropiación de Rumasa, de la familia Ruiz-Mateos, un año antes. Para la adquisición de los grandes almacenes, Cisneros contó con el apoyo de su amigo y entonces presidente del Gobierno español, Felipe González. Pagó 750 millones de pesetas (actualmente serían unos 4,5 millones de euros), aunque asumiendo una deuda muy voluminosa que redujo del equivalente a 120 millones de euros a 18 millones de euros. Llegados a este punto, tres años después de la compra, vendió la cadena a la británica Mountleigh por 30.000 millones de pesetas (unos 180 millones de euros). Cisneros gusta de citar esta operación como ejemplo de las oportunidades que aparecen en el camino y que no se deben dejar escapar. El destino de esta cadena de grandes almacenes no podía ser más curioso: después de suspender pagos por una crisis que arrastraba desde hacía una década, acabó en manos de su eterno competidor, El Corte Inglés, cadena que, por aquellas casualidades de la vida, había sido fundada por Ramón Areces, primo del creador de Galerías Preciados, José (Pepín) Fernández. Ambos habían hecho fortuna en Cuba junto con el tío de ambos, César Rodríguez. El Corte Inglés adquirió los activos de la cadena rival por unos 180 millones de euros, así como una buena parte de la plantilla. La marca Galerías Preciados no existe desde entonces.

Fundada en 1929 por Diego Cisneros, un inmigrante procedente de Cuba que es el padre del actual responsable, como una pequeña empresa de transportes, la Organización Cisneros es hoy uno de los conglomerados privados de medios, entretenimiento, tecnología y productos de consumo masivo con mayor presencia en el mundo. Posee o tiene inversiones en compañías que se extienden desde redes para la difusión de cadenas de televisión y servicios de televisión pagada hasta negocios en el mercado de bebidas y supermercados. A los 14 años, el padre ya eligió a Gustavo de entre sus ocho hijos como su futuro sucesor al frente del emporio empresarial de la familia.

A través de sus diversas empresas, la Organización Cisneros distribuye algunas de las marcas globales más reconocidas y servicios a 550 millones de consumidores de habla hispana y portuguesa en América y Europa. Una de las primeras fue Pepsi, de la que el grupo adquirió los

Gustavo Cisneros, magnate de los
medios de comunicación, encabeza
la lista de las fortunas
más grandes de Venezuela.

derechos exclusivos de embotellado y distribución en Venezuela, pero que se rompió en 1996 al aliarse con Coca-Cola. Este cambio de estrategia, conocida como la *guerra de las* colas, también es motivo de estudio en muchas escuelas de negocios. Con otras grandes marcas, como Burger King, tiene acuerdos similares. Además, es propietario de Spalding, una de las grandes compañías de producción de material deportivo, empresa que compró a mediados de los ochenta, en pleno proceso de internacionalización, durante el que se produjo también la adquisición de Galerías Preciados en España. Recientemente, la organización ha expandido sus actividades a otros continentes. Las participaciones de la Organización Cisneros incluyen intereses mayoritarios y minoritarios en diversos negocios que se manejan directa o indirectamente, a través de sociedades, empresas a riesgo compartido o alianzas.

Algunas de las propiedades de esta organización incluyen participaciones en Venevisión, el canal de televisión líder en Venezuela; Venevisión Internacional, compañía de entretenimiento en idioma español especializada en la programación de televisión; Univisión; Claxson Interactive Group Inc., una compañía de medios y entretenimiento integrada; DIRECTV Latin America, distribuidor de televisión vía satélite por suscripción con operaciones en toda la región; Cervecería Regional, la segunda cervecería y distribuidora de cerveza en Venezuela; y Pueblo, una de las principales cadenas de supermercados en Puerto Rico y las Islas Vírgenes de Estados Unidos. Tiene productoras de televisión, música y teatro, museos, tres canales en internet, cerveceras, supermercados, pizzerías, minas, videoclubes, agencia de viajes, concursos de *misses* y productos de belleza. Destaca asimismo como propietario de un equipo de béisbol venezolano de primer nivel, los Leones de Caracas, un verdadero icono deportivo del país caribeño. En total, cuenta con unos 15.000 empleados en 80 países. En conjunto, el conglomerado de empresas que posee el grupo factura al año más de 2.600 millones de dólares.

Casado con Patricia Phelps, Gustavo Cisneros accedió a la presidencia del grupo familiar en 1968, cuando contaba con 25 años de edad. Desde entonces, la expansión no ha cesado. Junto con su esposa colecciona arte latinoamericano y tiene varias residencias por el mundo, desde Nueva York hasta Madrid o Aspen (Colorado).

4. LA HORA DEL RELEVO

Los tres problemas más importantes a los que se enfrenta la empresa familiar son la sucesión, la sucesión y... la sucesión.

JOHN L. WARD Y CRAIG E. ARONOFF

La cesión del testigo es uno de los momentos más críticos en la vida de una empresa familiar. A los padres y fundadores les suele costar dejar el mando, y muchos de sus herederos o algunos de ellos desean hacerse cuanto antes con el control. Es una especie de juego de deseos contradictorios y opuestos. Los procesos para llevar a cabo estos cambios suelen ser muy distintos. Casi podría decirse que cada empresa y cada familia es un auténtico mundo. La sucesión supone la transferencia de la autoridad sobre las decisiones de una empresa desde el líder hasta el sucesor o sucesores, pero, en las empresas familiares, también la cesión de la propiedad entre dos generaciones.

No es nada fácil, ni siquiera al pasarse de padres a hijos y, no digamos si es de estos segundos a nietos y, así sucesivamente. Es un proceso delicado tanto para quien va a ser sustituido como para quienes deben decidir quién o quiénes serán los sustitutos, para los posibles sucesores, tanto para los que serán elegidos para ejercer ese papel como para aquellos que serán descartados; para la propia familia y para los trabajadores de la compañía. En definitiva es un período, que puede durar mucho tiempo, que afecta a muchas personas y sensibilidades, incluidas las empresas que son competidoras, que pueden beneficiarse de los esfuerzos y del tiempo que la compañía en proceso de relevo tiene que dedicar a gestionar la cesión del testigo.

Los datos procedentes de diferentes estudios revelan la importancia de esta etapa en este tipo de compañías. Un análisis realizado en 1998 sobre 3.200 sucesiones empresariales ocurridas en Francia entre 1986 y 1997 reveló que casi el 30% de las empresas fracasó en los siete años posteriores a la sucesión.[48] En muchos casos, la clave para entender el proceso radica en que la sucesión de liderazgo no es sólo directiva, sino de propiedad y de ascendiente sobre el conjunto de la familia. Son esos rasgos con los que cuenta el fundador y que, difícilmente, podrá tener un único sucesor, aunque puede haber casos que rompan esa tendencia. Los cambios de responsables que suelen ser habituales en las multinacionales y otro tipo de empresas, suceden en las empresas familiares con menor frecuencia y, por tanto, éstas están menos preparadas para afrontarlos. Evidentemente no es lo mismo cesar a un directivo ajeno a la familia y fichar a otro que lo releve que hacer lo propio con alguien que es de la familia.

Parece ser que existen una serie de rasgos que suelen destacar en las empresas que han sabido llevar a cabo un relevo generacional de forma exitosa. En estos casos, la planificación de la sucesión ha sido considerada una actividad estratégica y el relevo se ha realizado tanto a través de miembros de la propia familia como con la incorporación de profesionales externos, promoviendo la renovación del liderazgo y la visión estratégica de la compañía. Eso lo hacen permitiendo que los nuevos líderes traigan sus propias ideas y puedan cuestionar los supuestos existentes hasta el momento de la cesión del testigo.[49] No hay nada peor que un padre contradiciendo las órdenes dadas por el hijo frente a los subordinados. Eso hay que evitarlo a toda costa. O tampoco es muy atractivo para el sucesor que quien le cede el testigo le esté vigilando y riñendo continuamente. Una cosa es que le dé consejo cuando se lo pida y la otra que lo supervise como si fuera un

---

48. Kenyon-Rouvinez, Denise H.; Adler, Gordon; Corbetta, Guido, y Gianfilippo Cuneo; *Construyendo el legado de las familias empresarias*, Deusto, Barcelona, 2005.
49. Amat i Salas, Joan M. (coordinador), y VV. AA.; *La sucesión en la empresa familiar*, Deusto, Barcelona, 2004.

organismo regulador o como si pretendiera que hiciese lo mismo que él hizo en su día como fundador. Los tiempos cambian y, por tanto, también las necesidades y las capacidades que hacen falta para liderar un negocio.

ENTRECANALES: LOS NIETOS DIVERSIFICAN

El presidente del grupo Acciona, José Manuel Entrecanales Domecq, es un buen ejemplo de éxito en la tercera generación, ese umbral que acaba con muchos imperios de los negocios. Su primo hermano Juan Ignacio Entrecanales Franco es el vicepresidente de esta compañía controlada por la saga. En teoría, los dos directivos actúan como un tándem, con reparto de responsabilidades como hicieron sus respectivos padres —José María, el progenitor de José Manuel, y Juan Entrecanales Azcárate, de Juan Ignacio—. José Manuel se ocupa sobre todo de la diversificación del grupo y es por el momento el auténtico mandamás y el que tiene mayor relevancia pública, mientras que Juan Ignacio dirige el negocio tradicional de la construcción desde Necso.

Desde que relevó a su padre en la presidencia en 2004, José Manuel ha pilotado una imparable expansión que ha situado a la compañía como líder en el sector de las energías renovables y en socio de la energética italiana Enel como copropietarios de la eléctrica Endesa. Acciona es, además, titular de más del 60 % de la antigua naviera pública Trasmediterránea, una compra que se produjo en la etapa en la que el padre de José María Entrecanales era todavía presidente. José Manuel dio una auténtica satisfacción a la familia con la venta a Vodafone del 6,7 % del capital que poseían en la antigua operadora de telefonía móvil Airtel, al frente de la cual estuvo desde 1999. Vendió ese paquete accionarial en 2003 y a principios de 2004 por más de 2.700 millones de euros, lo que supuso una plusvalía de unos 2.300 millones de euros. Luego siguió un tiempo como presidente de la nueva Vodafone España.

La carrera expansiva de los últimos años no ha sido una balsa de aceite, y ha provocado fricciones familiares entre las dos ramas que controlan la gestión y que son los herederos de los dos hermanos Entrecanales, José María y Juan. La propiedad de este coloso empresarial recae en Grupo Entrecanales, que es la sociedad titular de casi el 60 % de Acciona. Las ramas de Juan y José María poseen el 24% de esta matriz cada una, mientras que las otras tres hermanas, María Delfina, Teresa y Cruz Entrecanales Azcárate y sus respectivas familias cuentan con el resto. Pero siempre fueron los dos hermanos los que se repartieron el poder, siguiendo el esquema tradicional de muchas empresas familiares. Y eso se trasladó a sus hijos. No obstante, la rama Entrecanales Domecq (descendientes de José María) ha ganado peso por el momento al acceder a la presidencia de Grupo Entrecanales Nieves, hermana de José Manuel (el actual presidente de Acciona). Esa circunstancia ha roto los equilibrios y provocado ya ciertas tensiones que, en cualquier momento, pueden salir a la luz. En este contexto, en 2008, se estudió la posibilidad de realizar cambios en la estructura societaria con el objetivo de simplificarla y facilitar la salida a los accionistas de la familia que quisieran hacer líquidas sus participaciones. No obstante, la vinculación contractual con la energética italiana Enel para el control de Endesa frenó dicho proceso, al entender ésta que los cambios modificaban la composición de la personalidad jurídica de su socio español. Es muy posible que en un futuro, una vez superadas estas dificultades, se acometan estas modificaciones en aras al buen funcionamiento de los negocios familiares de cara, no ya a la tercera generación, sino a la cuarta.

Los actuales herederos del negocio están acostumbrados a la riqueza y el poder. Además de un padre que heredó Entrecanales y Távora, que ya era una gran constructora, la madre de José Manuel, Blanca Domecq Zurita, pertenece a la familia bodeguera jerezana Domecq. José Manuel Entrecanales, que es economista, comenzó su actividad profesional en el banco de inversión estadounidense Merrill Lynch. Por su parte, el hijo de Juan Entrecanales Azcárate, Juan Ignacio, es ingeniero industrial y exauditor de la desaparecida Arthur Andersen —firma que sucumbió con el escándalo contable de la compañía energética estadounidense Enron—. La rama de Juan Entrecanales Azcárate está emparentada con los Franco, descendientes del dictador Francisco Franco. Además de Juan Ignacio, tiene otros tres hijos: Inés, que está casada con Pelayo Primo de Rivera Oriol, conde del Castillo de la Mota; María de las Mercedes y Javier Arturo Entrecanales Franco. Todos ellos, al igual que sus primos, se sientan en el consejo de administración de la sociedad Grupo Entrecanales, la matriz que posee los títulos de Acciona, la joya de la corona. En cambio, sólo José Manuel y Juan Ignacio, uno por cada rama, intervienen de forma directa en el negocio.

El origen del poderío de este apellido que curiosamente parece haber sido predestinado al sector del ladrillo, o como mínimo de la construcción de canales, puentes y puertos, surgió en la empresa fundada por el abuelo de los actuales gestores, José Entrecanales Ibarra, catedrático de la Escuela Superior de Ingenieros de Madrid, fallecido con 90 años en 1990. Entrecanales y Távora nació en 1931, con el ingeniero de caminos bilbaíno Entrecanales y el constructor sevillano Manuel Távora Bueno como socios. Tres años antes habían iniciado su relación. El volumen de obra que consiguieron contratar les llevó a crear la sociedad conjunta para consolidar una vinculación que no podía más que ser provechosa para ambas partes. La compañía se especializó desde sus inicios en obras especialmente difíciles bajo el agua —cimentaciones de puentes, diques portuarios, etcétera—. De esta forma aprovechó las oportunidades que daba la España de la posguerra, en plena reconstrucción, y gracias a todo ello logró convertirse en una de las principales constructoras del país.

Con el fallecimiento de Távora en 1940, la dirección quedó en manos exclusivas de José Entrecanales y su familia. En 1969, entró a trabajar en la compañía su hijo José María Entrecanales Azcárate, que también era ingeniero de caminos y una persona acostumbrada a lidiar con un padre estricto y partidario de la disciplina con los hijos. Con sólo 37 años, una vez probadas sus capacidades, José María se hizo con las riendas de la compañía. El hermano de éste, Juan se incorporó también al grupo. Desde el comienzo hubo un reparto bien claro de papeles: José María, con un mayor olfato para los negocios, era el ejecutivo y gestor, mientras que Juan ejercía más de ingeniero, una especialidad que dominaba a la perfección.

El reinado de los hermanos Entrecanales Azcárate alcanzó su punto culminante con la fusión llevada a cabo con Cubiertas y MZOV en 1997, una constructora con sede social en Barcelona. Era una compañía de la que poseían una participación desde los años ochenta y que, en 1990, intentó asaltar su gran rival, Ferrovial, propiedad de la familia Del Pino. Los Entrecanales, con la alianza de la familia Messa Boxareu y el Banco Pastor —los dos socios tradicionales de Cubiertas y MZOV—, lograron neutralizar el intento que, finalmente culminó con la fusión y la posterior creación del grupo Necso Entrecanales y Cubiertas, bautizado posteriormente como Grupo Acciona. Con esta operación nacía un grupo empresarial, el tercero de la construcción, sólo superado por Fomento de Construcciones y Contratas (FCC), de las hermanas Koplowitz, y la antigua Dragados —hoy integrada en el grupo ACS—, con unas ventas anuales superiores a los 335.000 millones de pesetas de entonces (2.000 millones de euros). Al igual que hicieron al entrar en el negocio, los hermanos José María y Juan salieron a la vez del mismo en 2004, después de consolidarlo en los primeros puestos en construcción e ingeniería, y cedieron el testigo a sus respectivos hijos.

José María, un hombre afable, tejió una tupida red de amistades, entre las que destaca incluso el rey Juan Carlos. Era un emprendedor con enormes influencias y conexiones en el mundo de la *beautiful people* con los primeros gobiernos socialistas en los años ochenta. En los años noventa, se decidió a vivir una segunda etapa de juventud al casarse con María Marsans, una representante de la alta sociedad madrileña con quien tuvo dos hijos, Alejandro y Mariana, que todavía son adolescentes. Antes se separó de Blanca Domecq, con la que tuvo seis descendientes: María de las Nieves, Blanca, José Manuel, Daniel, Bruno y Álvaro. Poco dado a los alardes de riqueza, en una de las pocas entrevistas que se recuerda que haya concedido, a la revista *Actualidad Económica*, José María Entrecanales incluso se jactaba de ello: «Mi principal activo es que siempre he sido un pesetero». Aparte de José Manuel, los otros hijos de José María tienen dedicaciones distintas a aquellas con que se vincula al apellido, pero siempre dentro del mundo de los negocios. Bruno, por ejemplo, que es uno de los más conocidos, es amigo del príncipe Felipe y estuvo casado con Victoria Carvajal —hija de Jaime Carvajal y Urquijo, marqués de Isasi—. Se dedica al mundo de las inversiones. Es promotor de la sociedad de

José Manuel Entrecanales Domecq
preside el grupo Acciona
fundado por su abuelo.

capital riesgo Bullnet y de la asesoría en compra y alquiler de arte
Esfera del Arte, entre otras iniciativas.

El destino hizo que José María Entrecanales, unos meses después
de ceder el testigo al segundo de los seis hijos que tuvo en su primer
matrimonio (José Manuel), sufriera un accidente al caerse del pescan-
te del coche de caballos que conducía por su finca. El siniestro le con-
denó a moverse con una silla de ruedas para el resto de sus días. Él
mismo describió lo sucedido: «Soy aficionado a los coches de caballos
y, llevando uno, noté de repente que los caballos se desbocaban. En
vez de esperar que hiciesen lo que quisieran, busqué un sitio blando
donde tirarme, con la mala consecuencia de que, al estar bajo trata-
miento de Sintrom, un anticoagulante, me produjo el derrame en la
cabeza».[50] Desde entonces, hasta su fallecimiento el 21 de julio de
2008, se dedicó a la rehabilitación con el objetivo de recuperar la posibilidad de andar, así como a promover las campañas y mensajes de
ayuda a las personas con ictus cerebral. Los médicos le recetaron que
dejara el ajetreado y estresante mundo de los negocios, pero él acudía
regularmente a la sede central de la compañía, de la que fue presidente de honor hasta su muerte. En todo caso, hasta el final de sus días y

50. «Para ser más humano hay que tener tiempo o una experiencia como ésta», *XL
Semanal*, número 1.050, del 9 al 15 de diciembre de 2007.

con el vitalismo que le caracterizaba, se lo tomó con calma, y solía refugiarse para descansar en su finca de La Verdosa, en Toledo, un espacio con más de 600 hectáreas que antes se dedicaban a la caza. En estos terrenos, José María Entrecanales desarrolló su proyecto más personal, su preciado Arrayán, un nombre heredado del barco familiar. Se trata de un vino de gama alta con denominación de origen (D. O.) Méntrida.

En la tercera generación, el grupo Acciona no puede considerarse ya sólo una constructora o inmobiliaria, como lo fue en sus orígenes. Aunque casi la mitad de las ventas corresponden a las infraestructuras, las energías renovables y Endesa ganan cada vez más peso en las cuentas de la compañía. En el segmento de las energías renovables se hicieron fuertes tras adquirir el 100% de la antigua compañía del Gobierno navarro Energía Hidroeléctrica de Navarra (EHN), en 2004. Un año antes se habían hecho con el 50%. Es en esa línea de negocio, especialmente en el ámbito de la energía eólica (pero también en la solar y en el ámbito de la biomasa y los biocombustibles), en el que la firma ha echado el resto con importantes inversiones dentro y fuera de España. En el exterior destacan desde instalaciones industriales en China hasta plantas termosolares en EE. UU., —la más reciente, en una zona semidesértica cerca de la ciudad de Las Vegas, con el nombre de Nevada Solar One.

Uno de los momentos culminantes en el crecimiento de esta nueva etapa del imperio de los Entrecanales se alcanzó con la adquisición del 25% del capital de Endesa de la mano de la eléctrica pública italiana Enel, que posee el otro 69%. Tras este desembarco en la compañía, José Manuel Entrecanales hace compatible la presidencia de Acciona con la de Endesa. Esta irrupción en la primera eléctrica española desbarató por aquel entonces los planes del gigante energético alemán E.ON que, a su vez, había desbancado de la puja a la firma que abrió la veda por Endesa en 2005, Gas Natural, controlada por La Caixa y por la también participada por la entidad de ahorros catalana, la petrolera Repsol. La alianza de Entrecanales y Enel, que tras conseguir hacerse con Endesa se vio envuelta en numerosas tensiones y conflictos, forzó a E.ON a sellar un armisticio a cambio de quedarse con activos de Endesa en España y en otros países europeos, y con Viesgo, la filial española de Enel. Viendo las cosas en términos positivos, este pacto permitía a la alemana entrar en un mercado importante en el que no estaba, el español, y en otros como el francés o el italiano, entre otros. El asalto a Endesa fue precisamente un motivo de fricción entre la rama de Juan Entrecanales y la de José María que, hasta su muerte, defendió la estrategia desarrollada por su hijo.

Llegados a este punto, los nietos del fundador han consolidado una gran compañía, un coloso que, en 2007, rozó los 8.000 millones de euros en volumen de ventas. De la mano de José Manuel Entrecanales, el grupo ha cambiado de imagen. Apasionado tanto por el desarrollo sostenible como por las nuevas tecnologías —de ahí su participación en la creación de Airtel—, este ejecutivo y custodio del botín familiar apadrinó en España el documental promovido por Al Gore, ex vicepresidente de EE. UU., sobre el cambio climático, y gastó una inmensa fortuna en 2007 en variar la imagen de marca de Acciona a través de una campaña que la identifica con una hoja de encina y el mensaje «pioneros en desarrollo y sostenibilidad». De viejo grupo constructor, Acciona ha pasado a ser un emporio global de infraestructuras y energías renovables. Una auténtica transformación y adaptación a los nuevos tiempos.

benetton

BENETTON: EL HIJO SE PONE EL JERSEY

Los colores de Benetton han perdido intensidad en los últimos años. Grupos como el sueco Hennes & Mauritz (H&M) o la marca española Zara les hicieron perder terreno. La compañía había cedido frente a estos competidores su capacidad de responder con velocidad a las demandas de la moda y había sufrido algunos patinazos considerables como su fallido desembarco en EE. UU. En esta coyuntura, en 2007, surgió de entre un nutrido grupo de 14 primos de una misma generación, Alessandro, de 43 años, hijo de Luciano Benetton —uno de los cuatro hermanos fundadores de la compañía en los 60—. Fue considerado como el relevo más capacitado para cargar con la responsabilidad de enderezar el rumbo. Se trataba de una tarea casi titánica para este directivo que había sido nombrado con anterioridad vicepresidente. Su tarea debía consistir, ni más ni menos, en volver a hacer que la actividad textil fuera de nuevo el corazón del negocio familiar. «Alessandro tiene un punto de vista moderno y su trabajo consistirá en crear un proyecto para el futuro de la compañía. Debemos ir hacia delante al mismo paso que el resto del mundo», afirmó en 2006 su padre, Luciano, para justificar la decisión de que su hijo fuera el delfín.

Alessandro se forjó como emprendedor al constituir en 1993 una compañía de capital riesgo, 21 Investimenti, que también es propiedad de la familia. Previamente trabajó como analista de la banca de inversión de EE. UU. Goldman Sachs. Aunque este tipo de negocios, el del capital riesgo, se mueve esencialmente por las magnitudes financieras, Alessandro estaba convencido de que el suyo era distinto, al tener un enfoque más industrial, sin las presiones cortoplacistas de las firmas tradicionales de este segmento del sector financiero. Ese podía ser un activo de gran valor para ponerse al mando de Benetton. Distinto de su padre, al que le gusta vestir informalmente, Alessandro es una persona más clásica. Usuario de traje y corbata, se graduó por la Universidad de Harvard, en EE. UU. Tenía las ideas muy claras acerca de lo que tenía que hacer en el momento de acceder al puesto de mando: «Yo tenía claros los activos de la compañía (la cual disfrutó de 40 años de éxito), pero necesitábamos un enfoque distinto del negocio, uno que se basara en construir más que en erosionar lo que se había creado».[51] El planteamiento del nuevo alto ejecutivo era el siguiente: analizar los puntos fuertes del pasado con el objetivo de reutilizarlos combinados con nuevos elementos para construir un futuro potente. «El libro es el mismo, pero empezamos un nuevo capítulo», resumió el nuevo responsable del destino del grupo familiar.[52]

El nuevo responsable, que se hizo con el poder de la dirección a finales de 2007, optó por poner en marcha cambios profundos en la gestión. Además de profundizar en el acortamiento de los plazos entre el diseño y la puesta a la venta de los modelos, comenzó a impregnar

51. «New colors at Benetton», *The Economist*, 1 de noviembre de 2007.
52. *The Economist*, op. cit.

Alessandro Benetton que se hizo
con el poder de la empresa familiar
a finales de 2007, optó por poner
en marcha cambios profundos en la
gestion de la compañía.

a la organización de un nuevo estilo. En esta línea, los responsables de las divisiones de la compañía tuvieron que dar más y mejor cuenta sobre sus logros y objetivos, así como adoptar una mayor disciplina en la dirección y un mayor rigor financiero, los toques más evidentes de un directivo procedente del negocio del capital riesgo. Afloraba, de este modo, su formación de carácter financiero.

Alessandro reservó cargos de responsabilidad para el resto de familiares, pero antes debían pasar por otras empresas para prepararse bien. La suerte es que el grupo había crecido mucho en todos sus años de existencia y tenía muchas opciones que ofrecer. Él mismo fue el responsable del equipo de Fórmula 1 y demostró que los Benetton podían hacer otras cosas además de camisetas y jerseys. Alessandro está casado con una antigua campeona de esquí, Deborah Compagnoni, con la que tiene tres hijos, alguno de los cuales, con los años, quién sabe, puede acabar llevando el timón de la empresa.

El heredero era el responsable de perpetuar el invento que en 1965 llevaron a cabo los hermanos Luciano, Giulina, Gilberto y Carlo, y que en la actualidad está presente en más de 120 países de todo el mundo. La firma, cuyos orígenes son la confección, cuenta con una capacidad de producción anual de 160 millones de prendas desde su planta en Castrette, en Treviso; y una red comercial de 5.500 tiendas. La historia comenzó en 1955, cuando Luciano Benetton, el mayor de los cuatro hermanos, con sólo 20 años de edad trabajaba como vendedor en Treviso. Por aquel entonces, se dio cuenta de que la gente, harta de que siempre le ofrecieran las mismas opciones, quería colores en su ropa. Vendió la bicicleta de un hermano menor para poder comprar la primera tejedora de segunda mano y comenzó a comercializar una pequeña colección de suéteres en las tiendas locales del área del Véneto. La reacción positiva a sus diseños fue sólo el principio de un sólido comienzo. Poco después, les pidió a su hermana, Giuliana y a sus otros dos hermanos menores, Gilberto y Carlo, que se unieran al negocio. Así lo hicieron y crearon el imperio que se conoce en la actualidad, cuyo centro se encuentran hoy en día (y desde mediados de los años 80) en la localidad italiana de Ponzano, a unos 30 kilómetros de Venecia, en unas instalaciones originarias del siglo XVI que fueron reformadas, Villa Minelli.

En 1965, los Benetton abrieron su primera tienda en Belluno y, al año siguiente, en París (Francia), lo cual suponía su primera incursión fuera del país de origen, con Luciano como presidente, su hermano Gilberto a cargo de la administración, Carlo al frente de la producción y Giuliana como diseñadora jefe. Actualmente, han estructurado el negocio textil en distintos tipos de líneas. La ropa con la línea *casual* (informal) es United Colors of Benetton; Sisley está más orientada a la alta costura; Playlife, a la ropa para toda ocasión, y Killer Loop es una marca que crearon para moda callejera. Sus productos incluyen ropa para mujeres, hombres, niños y ropa interior. En tiempos más recientes se expandieron al negocio de los perfumes y artículos de aseo personal, relojes exclusivos y artículos para el hogar como accesorios de cocina y productos para bebés.

En los años ochenta, Benetton se caracterizó por su capacidad de impactar. Iniciadas en 1984, las campañas publicitarias que diseñó Oliviero Toscani crearon la marca United Colors of Benetton. Estos reclamos comerciales suscitaron airadas controversias, al incluir imágenes en las que un sacerdote besaba a una monja, a un bebé de raza blanca que era amamantado por una mujer negra, personas muriendo de sida, multitudes saltando de un barco que se estaba hundiendo y otras muchas. Unos por estar a favor y otros en contra, nadie fue inmune a los efectos de estos anuncios. Pero esta estrategia perdió atractivo cuando los consumidores de la ropa de esta empresa italiana se encontraron con una creciente competencia por parte firmas como H&M o Zara, que acabaron por superar a Benetton en volumen de ventas. De esa presión competitiva vino la diversificación de los negocios de la familia.

El imperio fundado por los cuatro hermanos cuenta en la actualidad con numerosas actividades que cuelgan de la sociedad matriz, Edizione Holding. Ésta es la principal accionista del resto de empresas, desde Benetton Group, de la que posee casi el 67% (el resto cotiza en bolsa), hasta la cadena de restaurantes Autogrill que, a su vez, posee el 50% de la española Aldeasa; además de participaciones relevantes en Pirelli, la aseguradora Generali y también en medios de comunicación como RSC Mediagroup (editora de *Il Corriere della Sera*, *La Gazetta dello Sport* y el diario español *El Mundo*) o *Il Sole 24 Ore*, entre otros. La otra gran sociedad matriz controlada por la familia es Sintonia, que cuenta con diversos intereses en los sectores de las telecomunicaciones o las infraestructuras, a través de la concesionaria de autopistas Atlantia, la antigua Autostrade. El intento de fusión con la española Abertis, participada por La Caixa y el grupo de construcciones y servicios ACS, acabó fracasando por las presiones del Gobierno italiano, reacio a dejar en manos extranjeras un negocio tan estratégico, pese a que los Benetton se hubieran quedado entre los principales accionistas.

El modelo empleado para realizar el tránsito de una generación a la otra se decidió en 2003. A raíz de este acuerdo, un hijo por cada hermano fundador del grupo, como representante de cada una de las ramas familiares, es consejero de la sociedad matriz Edizione Holding. Además de Alessandro, hijo de Luciano, están en el consejo de administración: Franca, hija de Giuliana; Christian, hijo de Carlo; y Sabrina, hija de Gilberto. Además del negocio tradicional y la diversificación, el grupo familiar también creó, en 1994, el centro de investigación de la comunicación, Fabrica. Esta organización está ubicada en un complejo arquitectónico cercano a Treviso, la Villa Pastera Manega, que fue restaurado y ampliado por el arquitecto Tadeo Ando. En este centro, jóvenes procedentes de cualquier parte del mundo tienen la posibilidad de trabajar juntos en proyectos concretos, explorando todos los aspectos del lenguaje artístico: cine, diseño gráfico, música, industria editorial (con la publicación de la revista *Colors*), fotografía y lenguaje virtual. La idea es jugar con los conceptos de internacionalidad e innovación.

AZCÁRRAGA: CAMBIO DE PROGRAMACIÓN

En 1997, Emilio Azcárraga Jean se hizo con los mandos del imperio Televisa de México, poco antes de que su padre, Emilio Azcárraga Milmo, falleciera de un cáncer de páncreas a los 66 años de edad. El heredero es ya la tercera generación de una gran compañía fundada por Emilio Azcárraga Vidaurreta, fallecido en 1972. Azcárrraga Jean es hijo de la tercera esposa de su padre, Nadine Jean. Tiene tres hermanas: Alexandra, Ariana y Carla. Con apenas 29 años, y apoyado por Guillermo Cañedo White como presidente del consejo de administración y hombre de la máxima confianza de su padre, el representante de la tercera generación heredó, como presidente y director general, un gigante mediático que es el principal grupo de medios de habla hispana del mundo, con la cadena Televisa al frente.

Pero, por aquellos tiempos, ese coloso tenía los pies de barro. A las disputas familiares por la herencia se sumaba una deuda de 1.800 millones de dólares, un exceso de plantilla —20.000 empleados frente a los 15.000 actuales— y una caída de las calificaciones crediticias que estaba erosionando a marchas forzadas la confianza del mercado. Además, el nuevo responsable del grupo carecía del fuerte liderazgo de su padre, conocido como «el Tigre» y al que caracterizada un mechón blanco en la parte anterior de su cabeza. Azcárraga Milmo, un hombre con una fuerte personalidad, había implantado un estilo de dirección vertical que dejaba poco espacio a la flexibilidad en la toma de decisiones. El imperio era él.

Una vez superado el primer susto por tener que hacerse con el control, lejos de aspirar a imitar a su predecesor, el heredero quiso marcar distancias con respecto a su progenitor, quien se caracterizaba por ser estricto y exigente. Su objetivo no era ser una réplica de su padre. «Yo soy un empresario y no entiendo de política», llegó a decir Azcárraga Jean en una declaración que contrastaba claramente con aquella frase que popularizó su padre: «Aquí todos somos soldados del PRI, y el que no esté de acuerdo que lo diga ahora y se

Emilio Azcárraga Jean se hizó con
los mandos del imperio Televisa de
México en el año 1997.

salga, porque no trabajará nunca para Televisa».[53] El viejo «tigre»
se refería evidentemente al Partido Revolucionario Institucional,
que tuvo el monopolio del poder en México desde 1929 hasta el
año 2000.

Azcárraga Jean, con una visión más moderna de la empresa y un
estilo distinto de gestión, decidió romper con el pasado e introdujo
más autonomía en los diferentes negocios del grupo. No sólo logró
aplicar sus principios de trabajo en equipo sino que, después de más
de una década del fallecimiento de su padre, consiguió que la compañía y los intereses familiares recobraran la salud financiera. Llevar las
riendas del imperio no era el objetivo prioritario en la vida del joven
Emilio. Sin embargo las circunstancias, es decir, la enfermedad grave
de su padre, le marcaron un camino diferente. Sabía que con su desaparición debía asumir la responsabilidad del negocio familiar, y conocía las consecuencias que todo ello conllevaría. Fue un desafío muy
importante que, como demuestran los hechos, supo llevar adelante.
Incluso se le ha rebautizado como «Tigre júnior». Entre los principales accionistas del negocio, además del propio Azcárraga —que posee
el 15% de las acciones—, figura el otro gran magnate mexicano,
Carlos Slim, uno de los hombres más ricos del mundo.

El imperio familiar, el consorcio de medios de comunicación en
habla hispana más importante del mundo, nació en 1951, con la pri-

53. «La muerte de Azcárraga cierra un capítulo en la historia de la TV hispana», *El
Mundo*, 18 de abril de 1997.

mera emisión del XEWTV, Canal 2, el segundo en operar en el país norteamericano. Era una televisión que había creado Emilio Azcárraga Vidaurreta. En 1955, comenzó su aventura empresarial con Telesistema Mexicano, fruto de la fusión de los canales 2, 4 y 5. En 1973 se fusionó con Televisión Independiente de México, nacida en 1968, y se constituyó Televisa (Televisión Vía Satélite). De esta forma se consolidó el crecimiento que llegó a otro de sus hitos en 2001, ya con Azcárraga Jean como presidente, con la conversión del Canal 9 en Galavisión. En la actualidad, el Grupo Televisa posee cadenas en abierto (los canales 2, 4, 5 y 9), de pago (26 canales, entre ellos uno en asociación con Univisión en EE. UU.), edita 156 revistas, exporta programas de televisión y distribuye publicaciones, entre otros muchos negocios de cable, telecomunicaciones y el operador de televisión por satélite Sky México. Es, a su vez, accionista del cuarto canal televisivo privado de España, La Sexta, con el 40 % del capital, en la que tiene como socio a Imagina, fruto de la fusión entre las productoras Mediapro y el Grupo Árbol (Globomedia).

Emilio Azcárraga Jean estuvo casado con Alejandra de la Cima, quien de joven desarrolló un cáncer de mama que logró superar. Actualmente es presidenta de la Fundación Cima, un espacio donde puede compartir su experiencia personal como superviviente de esta enfermedad, además de acompañar y apoyar a las mujeres que han vivido o están viviendo este proceso. La actual pareja de Emilio Azcárraga se llama Sharon Fastlicht Kurian con quien tiene un hijo llamado Emilio. Su actual esposa, con la que se casó en 2004, proviene de una familia reconocida por sus negocios en la industria del cine. Su hermano Adolfo fue uno de los tres socios fundadores de la cadena Cinemex, mientras que sus hermanas Michaelle y Leslie dirigen la revista especializada Cinemanía, donde la misma Sharon colaboró durante un tiempo como corresponsal desde Nueva York. Tras la boda, la nueva familia estableció su residencia en Miami, EE. UU., desde donde Azcárraga gobierna su imperio.

 ANTOFAGASTA PLC

LUKSIC: HERENCIA A LA CHILENA

En 2005, a los 78 años de edad, Andrónico Luksic Abaroa falleció de un cáncer de pulmón, pero dejó un legado suficiente como para que su familia fuera la más rica de Chile y una de las pocas de ese país que tiene el honor de estar incluida en la clasificación de la revista *Forbes* en la que se recogen las 500 mayores fortunas del mundo. El patrimonio familiar se estima en unos 4.200 millones de dólares. El poder de este imperio, cuyas riendas empezó a ceder hace unos años, se reparte actualmente entre los tres hijos del fallecido: Andrónico, Guillermo y Jean Paul. Los dos primeros fueron fruto de su primer matrimonio con Ena Craig, que falleció a edad temprana. En 2004, cuando comenzaron las primeras complicaciones derivadas de su enfermedad, Luksic cedió el último testigo que estaba en sus manos, el del negocio minero, su favorito. La viuda, Iris Fontbona, con la que se casó un tiempo después de quedar viudo, ejerce en la actualidad de matriarca de la saga. Con ella tuvo a Jean Paul, a María Paola, que preside la Fundación Luksic, y a María Gabriela, que también trabaja en la entidad sin ánimo de lucro creada por su padre.

El grupo Luksic está organizado en dos *holdings*. Por una parte se encuentra Quiñenco, que integra todos los negocios financieros e industriales, entre ellos, Cervecerías Unidas, Telefónica del Sur o el Banco de Chile. Andrónico, el primogénito, se ocupa de los negocios financieros de la familia —entre ellos el Banco de Chile, fusionado en 2008 con los activos de Citigroup en Chile—, y Guillermo, de los industriales —con las participadas como Telefónicas de Sur y otras—. Por la otra, está Antofagasta Minerals, que agrupa los negocios mineros. Este es el negocio más conocido de esta familia y el que dirige el menor de los tres hijos del fundador, Jean Paul. Adquirido en los años ochenta, cuando todavía era la Antofagasta and Bolivia Railway Company, el grupo, rebautizado como Antofagasta PLC, es en la actualidad un auténtico gigante del sector del cobre, cotizado en el índice FTSE de la bolsa de Londres. En 2008, su valor en el mercado alcanzaba los 5.000 millones de dólares. En los últimos tiempos se benefició de la sustancial subida registrada por la cotización del cobre. A través de Antofagasta, los Luksic controlan Minera El Tesoro (100%), Minera Michilla (74,2%), Minera Los Pelambres (60%) y Tetuán Copper Company (50%). A estos activos se suman la sanitaria Aguas Antofagasta (100%) y Ferrocarril Antofagasta-Bolivia (100%). La sociedad tiene oficinas en Chile, Reino Unido y Perú. El grupo familiar también cuenta con inversiones en el sector turístico en Croacia, el país de origen del padre del fallecido fundador del grupo.

Hijo de un inmigrante croata, Policarpo Luksic, y de madre chileno-boliviana, Elena Abaroa, Andrónico Luksic nació en noviembre de 1926 en la norteña ciudad de Antofagasta. El matrimonio tuvo otro hijo, Vladimir. En los años de la segunda posguerra, el joven Luksic, que había estudiado derecho en la capital chilena, Santiago, se fue a estudiar economía a Europa. Regresó a Chile con 30.000 dólares en el bolsillo ganados con la práctica de las diferencias cambiarias y decidió abrir con un tío materno, Luis Abaroa, una concesionaria Ford en Antofagasta, y luego una pequeña casa de cambios. Ése fue el punto de partida del negocio que comenzó a incrementarse en los años cincuenta dentro del sector minero del cobre en la ciudad norteña de Antofagasta.

La primera de las minas, Portezuela, la vendió en 1954 a una empresa japonesa, que le ofreció una suma que, para aquel entonces, le pareció muy atractiva. Nippon Mining le habló de 500.000. Él, inicialmente, pensó que le hablaban de pesos chilenos, pero su sorpresa (agradable) fue mayúscula cuando vio que se referían a 500.000 dólares. Fue el despegue. No dejó de concentrarse en la actividad minera y a explotar la riqueza minera del desierto de Atacama que conocía gracias a que su familia materna tenía un negocio de suministros mineros en la zona fronteriza con Bolivia.

A lo largo de la década siguiente, este emprendedor expandió su radio de acción a otras actividades como el procesamiento de metales o la distribución eléctrica, entre otras. En los setenta, coincidiendo con la restricción de las actividades privadas en Chile, se expandió hacia países vecinos, como Argentina, Colombia o Brasil. Con la llegada del final de las limitaciones, el grupo familiar retomó el interés por su país de origen y reforzó su presencia en el sector minero e incluso diversificó sus actividades hacia ramos como las telecomunicaciones, la banca o los negocios en el ámbito agroalimentario, así como los ferrocarriles.

MICHELIN: CAMBIO SÚBITO DE NEUMÁTICOS

La vida tiene episodios que son imprevisibles. En cualquier momento puede producirse un vacío de poder por el fallecimiento de quien lleva el timón de la empresa. No sólo los habitantes de Clérmont-Ferrand, la ciudad a la que ha estado ligada desde su fundación hace 120 años quedaron conmocionados por la noticia que se produjo el 26 de mayo de 2006: Édouard Michelin, el patrón del coloso de los neumáticos perecía ahogado tras naufragar en las costas bretonas a bordo del *Liberté*, un barco de pesca de menos de 9 metros. El principal ejecutivo y accionista de la compañía, de apenas 42 años, dejaba vacante la plaza de jefe de este grupo que en la actualidad cuenta con más de unas setenta fábricas en numerosos países y más de 121.000 empleados repartidos por todo el mundo, manteniendo el liderazgo de este negocio, por delante de la japonesa Bridgestone y la estadounidense Goodyear; en 2007, sus ventas anuales se acercaron a los 17.000 millones de euros. Además de la marca clásica Michelin cuenta con enseñas como BFGoodrich, Kleber, Uniroyal y Taurus.

Es lógico que la noticia significara un verdadero mazazo para Clermont-Ferrand, la capital de la Auvernia. Alrededor de 10 de cada 100 habitantes de la localidad situada en el macizo central francés trabajan en la empresa de neumáticos. La familia Michelin ha construido numerosos edificios públicos en el municipio, que también es capital del departamento de Puy-de-Dôme, desde escuelas hasta guarderías o estadios. La empresa fue de las primeras que edificaron casas para sus empleados. A éstas se les denominaba *bibs* (procedente del nombre Bibendum, la popular mascota de la sociedad, formada por un orondo personaje con michelines o neumáticos). En 1970, Michelin tenía 30.000 trabajadores clermonteses. Hoy, el peso de la manufactura Michelin en el seno de Clermont-Ferrand ha disminuido por la robotización y el traslado de producción a otras zonas, pero sigue indiscutiblemente asociada a la ciudad.

El accidente en el que pereció Édouard Michelin generó una serie de investigaciones debido a las circunstancias en las que se produjo. Tuvo lugar mientras el millonario pescaba en aguas próximas al cabo de Finisterre, un área de aguas turbulentas y peligrosas, llena de rocas y corrientes y sólo aconsejables para personas muy experimentadas. Todo ello no hizo más que añadir misterio al siniestro. Su cadáver se encontró flotando. Un barco de la marina halló el barco hundido a unos siete metros de profundidad. No hallaron, en cambio, el cuerpo de Guillaume Normant, el amigo que lo acompañaba y que era un experimentado pescador, lo que incrementó los ingredientes de suspense del caso.

Édouard Michelin descendía de otro Édouard, su bisabuelo, quien fundó en 1889, junto con su hermano André, la sociedad que iba a llevar su apellido, la cual inventó el neumático desmontable. El padre del fallecido, François, fue el patrón de la compañía entre 1955 y 1999. Con anterioridad, durante los años treinta y cuarenta, a la espera de que François se hiciera adulto, la empresa estuvo dirigida por unos primos. En aquellas fechas, el imperio del neumático vivió su primer terremoto sucesorio, ya que la línea lógica se vio quebrada al fallecer en 1932 Etienne Michelin, el abuelo de Édouard, en un accidente de avión. Además, cuatro años más tarde, el hermano del accidentado, Pierre, estrelló el coche que conducía y también perdió la vida. Ambos gestionaban el grupo y los dos tenían 34 años cuando perecieron. Sus sucesores naturales eran aún muy jóvenes. Fue una situación de vacío de poder muy parecida a la que sucedió con el fallecimiento de Édouard en 2006.

Durante los años cincuenta y sesenta, tras incorporarse como principal directivo François Michelin, el padre de Édouard, la compañía Michelin creció en el mercado europeo gracias a la patente del neumático radial, aunque con métodos y sistemas anticuados que hicieron que finalmente la japonesa Bridgestone les arrebatara el primer puesto a escala mundial. Con la llegada de Édouard en 1999 las cosas cambiaron. Apostó por los productos con un importante valor añadido: neumáticos especialmente resistentes al pinchazo o para vehículos 4 x 4.

La investigación y el desarrollo de productos más seguros y ecológicos se convirtieron en su obsesión. «Nuestro objetivo es fabricar neumáticos que duren tanto como el vehículo que los lleva y que cada vez sean más seguros», aseguró en una ocasión, superando su casi enfermiza timidez. La estrategia dio sus frutos y recuperó el liderazgo mundial en el sector de los neumáticos. El grupo francés produce uno de cada cinco neumáticos que se venden en el mundo.

Édouard Michelin, una persona de costumbres más bien sencillas, seguía una política basada en la transparencia e introdujo apertura y métodos modernos —por ejemplo dividió las fábricas y la compañía por áreas de negocio, no por zonas geográficas, como se hacía antaño y estos cambios se tradujeron en bueno réditos en la cuenta de resultados—. Todo ello tiene mucho mérito en un grupo propenso al secretismo, como sucede en muchas compañías dominadas o controladas por familias. No se conoce con exactitud el porcentaje de acciones que tiene la familia Michelin, ni cuántos miembros de la misma poseen títulos. Se habla de varios cientos, porque la saga se encuentra ya en la cuarta generación y cada una de ellas ha tenido un número considerable de hijos. La familia podría tener en torno al 15% del capital y acumular algo más del 21% de los derechos de voto, aunque la revista *Forbes* le atribuye en torno al 25%, en manos de más de 300 familiares. Los trabajadores, a través de un plan de ahorro complementario a la jubilación, poseen alrededor del 2% del capital y entre distintos bancos se reparten más de un tercio de los títulos. El grupo es inatacable en Bolsa porque está estructurado como una sociedad en comandita y todo el poder queda en manos de unos gerentes que, a su vez, dependen de un grupo de socios comanditarios al que se accede por cooptación.

Édouard Michelin logró la complicidad de los sindicatos, aunque en 1999, cuando su padre le cedió el testigo, experimentó un aterrizaje duro: anunció el recorte del 10% de la plantilla en Europa, que se vio frenado por la legislación del Gobierno socialista de entonces. Con la lección aprendida, luego se convirtió en uno de los pioneros en aplicar la semana laboral de 35 horas decretada también por el Ejecutivo socialista. A su vez, fue el encargado de recuperar las inversiones en publicidad e imagen, una serie de gastos que su padre detestaba y que dejó de llevar a cabo durante su mandato. Fruto de esta estrategia, la marca Michelin vuelve a formar parte de los circuitos de Fórmula 1, motociclismo o rallies. Antes de ponerse al frente del grupo tuvo un buen ciclo formativo al estilo de la vieja escuela, al pasar por todo los sectores de la fábrica de Clermont Ferrand, la sede histórica del grupo Michelin, desde obrero montador de cubiertas a todas las fases del proceso productivo. Llegó incluso a hacer de mensajero durante su etapa como estudiante. Discreto, amante del canto gregoriano y el rugby, Édouard Michelin vestía con modestia, seguía viviendo en el centro de Clermont Ferrand, comiendo en restaurantes sencillos y yendo a misa todos los domingos. Para Clermont y Francia su imagen, tranquilizadora, era la de un hombre que conciliaba la internacionalización sin complejos con unas raíces profundas en el territorio de origen. Encarnaba una extraña y casi inédita combinación: Francés y globalizado. De ahí que reemplazarlo se convirtiera en una tarea compleja.

Casado desde 1992 y padre de seis hijos, Édouard tenía cinco hermanos, uno de ellos sacerdote y otra monja. Etienne, el sacerdote, casó a Édouard y fue también el encargado de celebrar su misa de difuntos. Otro de los hermanos, Benoît, era investigador en la propia Michelin (pero en un cargo que poco facilitaba que fuera el sucesor), y el resto eran mujeres, lo que, para en el mundo decimonónico de Michelin, se traduce en no ser candidata a ningún cargo. Ninguno de los hermanos, por tanto, podía sucederle, ni tampoco ninguno de sus hijos de forma inminente, pues eran demasiado pequeños en el momento de producirse el fallecimiento. Es por ello que la familia recurrió de nuevo a un primo, Michel Rollier, que durante 25 años trabajó en la papelera Aussedat-Rey y que, por las fechas en la que falleció Édouard, era copresidente de esa compañía.

La empresa se apresuró a garantizar a su plantilla que el futuro estaba asegurado y que no había dudas sobre su continuidad. Pese a todo, las incertidumbres sobre la sucesión se mantuvieron. Las circunstancias —hijos demasiado jóvenes y sólo uno de los hermanos trabajando en la compañía, pero en un cargo intermedio— impedían mantener la tradición de que un Michelin fuera el encargado de llevar las riendas del negocio. Nadie esperaba, por otra parte, que los hermanos sacerdotes colgaran los hábitos para dedicarse a gestionar el coloso de los neumáticos, conocido también por sus mapas y sus famosas guías de viajes. Tampoco nadie se esperaba que el padre, François, que en 2006 ya tenía 79 años, volviera a asumir la gestión del grupo, pese a que contaba con una oficina en la compañía a la que acudía con frecuencia.

En 2007, la empresa decidió incorporar a Didier Miraton y Jean-Dominique Senard como miembros de una terna que iba a gobernar el grupo junto con Michel Rollier. El primero era un experimentado ingeniero que trabaja en Michelin desde 1982. Desde 2001, era el responsable de investigación y tecnología de la compañía a escala mundial. Senard, por su parte, ocupó cargos de responsabilidad en multinacionales francesas de distintos sectores, desde Total a Saint Gobain. Fue fichado por Michelin en 2005 como máximo responsable de las finanzas del grupo. El triunvirato, con el blindaje de la sociedad en comandita, gobierna la sociedad bajo la estrecha supervisión de un consejo de vigilancia dominado por los Michelin, claro está.

SLIM: LA SAGA MEXICANA CONTINÚA

Ya ha ido cediendo las riendas a sus descendientes, pero la presencia de Carlos Slim Helú, uno de los hombres más ricos no sólo de América sino del mundo, no se ha desvanecido todavía. Ni mucho menos. Su filosofía se sustenta en la historia: «En la actualidad, a todos nos conviene que los demás estén mejor y que sean parte de la economía moderna, a diferencia de lo que ocurría en las antiguas sociedades agrícolas, donde eran importantes las clases y también la inmovilidad social». Es en este sentido que «combatir la pobreza no es sólo una cuestión ética o de justicia, sino que es una necesidad económica».[54] Hoy por hoy, según la opinión del magnate mexicano, que cada vez dedica más tiempo a reflexionar y deja la pura gestión a sus descendientes, la tecnología y la globalización constituyen una mezcla que ha

54. Discurso que realizó durante las Jornadas del Centenario del Círculo de Economía en Barcelona el 30 de mayo de 2008.

hecho cambiar los cimientos de las sociedades y del funcionamiento de la economía. Esos son algunos de los pensamientos fundamentales de un magnate con amistades poderosas en todos los ámbitos, desde la economía hasta la política, que no rehuye la popularidad. No rehuye los focos ni la popularidad (cuenta, por ejemplo con su propia web: www.carlosslim.com).

La revista estadounidense *Forbes* lo situó como el segundo hombre más rico del mundo en 2007 con una fortuna de unos 60.000 millones de dólares, por encima incluso del fundador de Microsoft, Bill Gates, del que es amigo. Pero ¿de dónde sale todo ese dinero? De uno de los emporios industriales, financieros y comerciales del planeta, nacido como Grupo Carso, marca que agrupa las primeras letras de su nombre (Carlos) y del de su esposa Soumaya Domit Gemayel, con la que estuvo casado más de 30 años, que falleció en 1999 y con la que tuvo seis hijos: Carlos, Marco Antonio, Patricio, Soumaya, Vanessa y Johanna. Sus hijos varones se ocupan en la actualidad de sentarse en los consejos de administración de las distintas compañías que controlan, mientras él se dedica más a la filantropía y a la reflexión, aunque su criterio todavía es esencial.

El padre de Carlos Slim, Yusef Salim Haddad —rebautizado posteriormente como Julián Slim— llegó a México en 1902. Se casó con Linda Helú, hija de un profesor libanés. El progenitor de Carlos Slim hizo fortuna en el segmento inmobiliario durante los años de la Revolución mexicana, entre 1910 y los años veinte del siglo XX, período en el que el valor de los inmuebles se desplomó y él pudo aprovechar para adquirir un buen conjunto de ellos. Pudo dedicarse a esa actividad en el sector del ladrillo gracias a las ganancias obtenidas en su primer negocio: la mercería La Estrella de Oriente.

La educación de Carlos, que tuvo otros cuatro hermanos, fue muy sólida. A la temprana edad de 10 años se embarcó en su primer negocio: una pequeña tienda en la que vendía golosinas y comidas preparadas por su madre. De esta manera ganó su primer dinero y abrió su primera cuenta bancaria. Las horas en el mostrador de La Estrella de Oriente fueron una buena clase para el futuro magnate. A muy temprana edad recibió sus primeras enseñanzas empresariales de su padre, que daba a cada uno de sus hijos una libreta de ahorros junto con sus

Carlos Slim uno de los hombres
más ricos no sólo de América sino
del mundo, junto a Bill Gates.

pagas con el objetivo de que administraran sus ingresos y gastos. Lo revisaban todo con él, veían sus gastos, compras y los distintos movimientos. Siguiendo estas reglas, los hijos llevaban sus propios balances personales e iban viendo cómo se desarrollaba su propio patrimonio. Carlos retuvo esas lecciones y la inversión y el ahorro se volvieron parte de su vida. Con apenas 12 años abrió su primera cuenta propia y compró acciones del Banco Nacional de México.

Tras fallecer su progenitor, cuando él tenía apenas 13 años, estos principios de trabajo y ahorro le quedaron grabados a sangre y fuego. Tras estudiar ingeniería en la Universidad Nacional Autónoma de México, con 25 años, ya había creado Inmobiliaria Carso y la casa de bolsa Inversora Bursátil. En la actualidad, posee Carso Global Telecom, América Telecom, el Grupo Carso (que controla Carso Industrial y Carso Comercial), el grupo financiero Inbursa, Finanzas la Guardiana y Afore Inbursa, entre otras empresas. En 2008, la española La Caixa, a través de su compañía de participaciones industriales y financieras, Criteria CaixaCorp, se ha aliado con Inbursa para su expansión en Latinoamérica.

Con apenas 36 años, Slim se hizo con el 60% de la cigarrera Galas de México, y cuando tenía 41, ya era propietario del 51% de Cigatam, la mayor tabacalera del país. Pero el mayor empuje en los negocios lo vivió Slim durante la crisis de la deuda mexicana a principios de los años ochenta, cuando el Gobierno, impulsado por la deuda externa y un peso devaluado, empezó a nacionalizar la banca y a asustar a los inversores extranjeros. A diferencia de otros empresarios, que optaron por llevarse el dinero lejos de México, Slim prefirió quedarse en el país, compró a precios de ganga todas las empresas que le interesaron y se implantó en una diversidad de sectores. Por aquel entonces, se hizo con Seguros de México, la cadena de tiendas Sanborns, las mineras Frisco y Nacobre, la de recambios para automóviles Condumex, entre otras muchas, hasta llegar a un total de 34. Todas pasaron a formar parte del Grupo Carso. En la carrera de crecimiento, adquirió compañías de telecomunicaciones en toda América Latina. En su opinión: «Todas las crisis son oportunidades».[55]

Uno de sus mayores saltos, un auténtico trampolín hacia la fortuna, se produjo en 1990, cuando el presidente mexicano Carlos Salinas de Gortari puso a la venta el monopolio telefónico Telmex. Un consorcio liderado por Slim, en el que participaban France Télécom y la estadounidense SBC, se hizo con la propiedad por el bajo precio de 1.760 millones de dólares. Con posterioridad, Slim se hizo con el control absoluto, pero mantuvo las relaciones con SBC y logró extender sus participaciones hasta compañías de tecnologías de las telecomunicaciones de EE. UU., como Prodigy o SBC Communications. Slim se ocupó de que la operadora mantuviera el monopolio hasta 1997 y así aseguró que amortizaba su inversión. Telmex es la empresa privada más grande de México y la joya de la corona de un imperio empresarial que da empleo a más de 250.000 personas y que supone más del 40 % de la capitalización de la bolsa del país norteamericano. Todas las operadoras extranjeras que han tratado de acabar con el dominio de esta compañía han fracasado. Además, a partir de América Móvil, el operador de telefonía celular que creó, realizó adquisiciones que le han permitido convertirse en el operador de telefonía móvil mayor de Latinoamérica. Desde el principio, Slim se percató de la importancia de tener amigos en los Gobiernos.

La familia Slim posee también inversiones en EE. UU. El grupo familiar es accionista de la antigua Philip Morris, hoy Altria; o de Saks Incorporated, entre otras compañías. Una de sus últimas adquisicio-

---

55. «Carlos Slim: "Todas las crisis son oportunidades"», *Negocios*, *El País*, 8 de junio de 2008.

nes, en 2008, fue una participación del 6,4% en la sociedad editora de *The New York Times*. Hace unos años, Slim comenzó a ceder poder de gestión a sus hijos, como Carlos y Patricio. A través de la sociedad principal, los Slim controlan desde negocios de fibra óptica hasta chocolates y una cadena de 40 tiendas Sears. Desde hace unos años, la familia Slim, a través de Carso Grupo Telecom (CGT), apunta hacia los consumidores hispanos de bajos ingresos en EE. UU. En este contexto, el grupo se alió con Bill Gates para crear un portal de internet destinado a los hispanos, denominado T1MSN. Carlos Slim, gran amigo del ex presidente del Gobierno español Felipe González, cultiva las amistades con políticos y empresarios. Entre estos está el propio Bill Gates, fundador de Microsoft.

Tras la muerte de su esposa, Slim reserva las noches de los lunes para celebrar una cena familiar en la que participan sus hijos, sus cónyuges y los descendientes de estos. Al ir cediendo paulatinamente las riendas a sus herederos, se concentra últimamente en el panorama general y político y en cuestiones como combatir la pobreza y la filantropía. Carlos, Marco Antonio y Patrick Slim Domit, sus tres hijos varones, han tomado las riendas de sus negocios. Es conocido como destacado coleccionista y filántropo. Hace 20 años comenzó con su actividad filantrópica y creó su primera fundación, Carso. En la actualidad despliega todas sus iniciativas sociales a través de Impulsora del Desarrollo y el Empleo en América Latina (IDEAL), la Fundación Telmex y la Fundación Carso, entre otras. Fue prominente su papel como revitalizador del centro histórico de Ciudad de México. Creó la Fundación para el Centro Histórico de Ciudad de México en 2000.

Poilâne.

POILÂNE: EL PAN GLOBAL

Los avatares de las empresas familiares son imprevisibles. El traspaso de una generación a la siguiente puede resultar de lo más abrupto. Poco se esperaba Apollonia Poilâne que, prácticamente recién salida de la

Lionel Poilane continuó al frente del negocio familiar a pesar de que su gran pasión era la aeronáutica.

pubertad, tendría que hacerse cargo del negocio de pan fundado por su abuelo Pierre en 1932 e impulsado por su padre. Todo sucedió en octubre de 2002, cuando el helicóptero en el que viajaban Lionel, el padre, y su esposa Iréna, se precipitó en la bahía de Cancale, en la costa de Bretaña. Apollonia, que entonces tenía 19 años, se quedó huérfana de padre y de madre de golpe y supo inmediatamente lo que tenía que hacer: seguir produciendo pan artesanal, el sello de identidad de la compañía y que le ha proporcionado clientes como los astros del cine Robert de Niro o Steven Spielberg, entre otras muchas personalidades de todo el mundo, pese a carecer de una gran red de distribución.

La tragedia familiar no intimidó en exceso a la joven, que tenía una hermana más pequeña, Athina, y decidió seguir con sus estudios en Harvard, a la vez que dirigía el negocio desde la distancia y con visitas periódicas. En lugar de optar por hacer una sola cosa, escogió llevar a cabo las dos a la vez. En la actualidad, ya con el graduado por Harvard en el bolsillo, dirige una compañía con ventas anuales cercanas a los 15 millones de euros y ha introducido nuevos productos y rediseñado la web de la empresa (www.poilane.fr). El objetivo que tiene en la actualidad es aumentar su red de tiendas, que hoy sólo son dos en París, una de ellas en el glamouroso sexto distrito, y otra en Londres. «Nuestro objetivo es crear panes hechos de la mejor manera posible. No se trata de hacer 36 productos distintos. Se trata de desarrollar productos que tengan un uso», aseguraba la joven presidenta de la compañía en una entrevista.[56]

56. «Apollonia Poilâne builds on her family's legacy», *International Herald Tribune*, 21 de junio de 2008.

Está convencida de que carece de competencia, pero la hay. Y se centra mucho en uno de sus estandartes, el pan Poilâne. Una cadena que ha tenido mucho éxito con este tipo de productos es precisamente Paul, que cuenta con establecimientos repartidos no sólo por toda Francia, sino por todo el planeta, lo que contrasta con las tres tiendas de Poilâne, aunque tiene unas instalaciones en las afueras de París en las que se produce pan las 24 horas del día. Estas piezas se distribuyen luego a unas 2.000 tiendas, hoteles y restaurantes de Francia y de muchos otros países y se mandan a todo el planeta a través de FedEx, con especial atención a los clientes individuales, a los que se envía el pan allí donde se encuentren. La elaboración artesanal local es el sello distintivo de esta marca con aspiraciones globales.

La compañía tiene una plantilla de unas 160 personas. El producto estrella es el pan redondo de 1,9 kilos que se vende a 8,10 euros en París, a 33,40 euros (gastos de envío incluidos) en el resto de Europa y a 35 euros en EE. UU. La producción diaria oscila entre las 5.000 y las 7.000 barras de pan, según las épocas del año. Alrededor de la quinta parte de los ingresos provienen de la actividad exterior. La joven gerente ha introducido la innovación en la compañía con el lanzamiento de algunos sándwiches para restaurantes, entre otros productos.

5. CLAVES DE LA SUPERVIVENCIA

Gobernar una familia es casi tan difícil como gobernar un reino.
MICHEL DE MONTAIGNE

Si ya es un éxito poder pasar de la primera a la segunda generación y de ésta a la tercera, no digamos cuando el proceso se prolonga durante generaciones y generaciones. Hay ejemplos extremos que han superado los siglos. No sé si hay que ser tan exigente, pero, en cualquier caso, sí que es bueno aspirar a perdurar. Ese espíritu impregna las empresas que han superado los obstáculos a lo largo de los años y que han tenido claro que transitar de una generación a otra no tiene por qué ser un problema. Es ese sentimiento de clan y de pertenencia el que hay que tener muy arraigado, y disponer de la capacidad suficiente para transmitirlo de padres a hijos. En el fondo, la gestión de este tipo de compañías tiene que estar totalmente imbuida de un sentimiento de gestión a largo plazo. No digo que en el resto de compañías no, pero en éstas eso ha de ser una característica esencial.

No siempre es fácil. Una vez que se ha superado la tercera generación, las trabas son innumerables porque la base accionarial cada vez está más repartida y, por lo tanto, es más compleja de gestionar. Lo saben perfectamente las compañías en las que gobiernan quienes han superado el difícil listón de ser nietos del fundador y han tenido que entenderse y gestionar una empresa dominada por personas que son primos entre sí. A ese elemento hay que sumar el resto de familiares, los políticos —maridos y mujeres de quienes son de la familia fundadora—, y que, a su vez, deben superar los recelos del resto del clan.

En el fondo, con las empresas debe suceder una buena parte de lo que acontece en el mundo animal: deben tener, ante todo, afán no sólo de continuidad, sino de supervivencia, de dejar huella para las generaciones futuras. Los protagonistas de estas historias tienen que aprovechar algunos rasgos de los que carecen otro tipo de empresas y que se basan en una historia compartida, al igual que una identidad y un lenguaje común. Estamos hablando de personas que están vinculadas por lazos de sangre, aunque sean en grados lejanos. Si esa unión genética va viento en popa, a veces funciona no sólo el lenguaje verbal si no el no verbal, el de los gestos. Y eso da mucha mayor fluidez al funcionamiento de la organización. Pero igual que estos elementos suponen fortalezas pueden significar también frenos a la profesionalización. Las historias y dinámicas familiares pueden entorpecer o distorsionar la buena marcha del negocio. A nadie se le escapa que el principio de autoridad puede ser más difícil de aplicar entre parientes que entre personas que no se conocen de nada o que tienen sólo relación en el lugar de trabajo, y no fuera del mismo.

A partir de todo ello hay que volver al modelo de las tres esferas que se superponen. La primera es la familia; la segunda, la propiedad y la tercera, la gestión. Unos familiares forman parte de la primera y de la segunda, pero no de la tercera, otros de las tres. Las combinaciones son muchas y variadas. No podemos sentenciar que perduran más las empresas que han optado por un único sucesor-propietario-gestor, ni tampoco aquellas que han preferido distribuir papeles entre las distintas ramas familiares. No hay una única forma de conseguir el éxito y la longevidad. Cada familia tiene unos rasgos que la distinguen —esto es algo que ya se ha mencionado antes en este libro—. Y también hay que explotar dichos rasgos, a fin de que no se vayan difuminando con el paso de las distintas generaciones.

Cuando uno se pregunta qué distingue a las grandes empresas familiares del resto, la primera respuesta que viene a la cabeza es la de los enredos, las batallas por el poder y el control del capital y de la gestión. Pero nada más lejos de la realidad. Si bien es cierto que existen casos así, la mayoría de las compañías o no los han sufrido o los han superado con buena nota. Bajo ese caparazón de tópicos surgen una serie de ventajas que estas compañías tienen y las otras no. Los expertos destacan una serie de elementos que las distinguen y que les proporcionan ventaja:

1. El control familiar ha proporcionado a las empresas que perduran o que han perdurado unas filosofías de propiedad, de negocios y sociales muy diferentes. Por ejemplo, la ganancia rápida no suele ser un objetivo. Normalmente suelen perseguir el aumento de valor de la empresa, a la que, a diferencia de aquellos que buscan el enriquecimiento a toda velocidad mediante ofertas de compra y otras grandes operaciones, están íntimamente vinculados, sea por la vía de la propiedad o por ésta y la de la gestión. Como resultado de todo ello, la política financiera suele ser más conservadora que en otras empresas, y en ésta predominan los recursos propios. Es por ello que los rasgos principales son: bajos endeudamientos (normalmente) y reinversión de los beneficios obtenidos. A la vez, los propietarios acostumbran a ser más pacientes con el éxito y las ganancias. De hecho, en los casos en los que no lo son, se producen los problemas y las batallas entre representantes de la familia por el control y por dominar el puente de mando.

En general, estas compañías son reacias a la bolsa, a la que recurren sólo cuando no ven más opción. Mantenerse al margen de los mercados de valores les permite evitar las presiones de los resultados a corto y medio plazo y, por qué no decirlo, les mantiene al margen de las excesivas explicaciones a terceros sobre sus cuentas o su forma de dirigir los negocios. Además, en las compañías más duraderas suele arraigar un sentimiento de complicidad incluso por parte de los empleados. No es extraño que en empresas centenarias (e incluso menos antiguas) los hijos *hereden* el puesto de trabajo de sus padres. Eso sucede en lo referente a los puestos directivos, pero también respecto a otros cargos intermedios o incluso de base. La motivación y los incentivos a la fidelidad se convierten, en este contexto, en columnas esenciales sobre las que se sustenta una buena plantilla para este tipo de compañías. Al menos en las que han perdurado.

2. Los rasgos distintivos que, para muchos, son el lastre que frena el crecimiento y la competitividad de la empresa familiar, son, precisa-

mente, para otros analistas, los pilares de sus ventajas competitivas. Lo que unos ven como un inconveniente, otros lo ven como una ventaja o, como mínimo, como una gran oportunidad.

KONGO GUMI: Y A LOS 1.428 AÑOS DESAPARECIÓ

¿Es un fracaso subsistir *sólo* durante 1.428 años, es decir, durante más de 14 siglos o casi un milenio y medio? Ése es el caso de la compañía japonesa constructora de templos Kongo Gumi, un ejemplo de longevidad. Considerada la empresa y negocio en actividad continuada más antigua del mundo, fue fundada en el año 578. Pero ni siquiera un negocio tan milenario, con una enorme capacidad de supervivencia, pudo evitar el desastre y en 2006 pereció ¿La causa? La deuda que la acuciaba y el bajista ciclo de negocios en Japón, que deprecio drásticamente el valor de sus activos. Aunque su especialidad era la construcción de templos budistas, una actividad que se reveló estable durante centurias, la empresa fue diversificándose y entrando también en el negocio de la obra pública. Eso fue quizás lo que acabó con ella.

Sus excepcionales cimientos, que permitieron su supervivencia durante 1.428 años, hicieron que pudiera sortear todo tipo de adversidades, en especial en el siglo XIX, con la restauración Meiji, una etapa en la que perdió el privilegio de los subsidios públicos y se introdujo por primera vez en la construcción de edificios comerciales. Era un balance que no estaba nada mal después de unos primeros 1.300 años de existencia dominados por una especialización casi inamovible. A pesar de todos estos cambios, un siglo después, en el momento de su cese de actividades, los templos constituían todavía alrededor del 80% del negocio.

Un ejemplo de su longevidad es que su último presidente, Masakazu Kongo era el familiar número 40 (de los conocidos) en ocupar ese cargo. La empresa no se limitaba a ceder las riendas del negocio al primogénito, sino que se las traspasaba al descendiente mejor preparado y con mayor talento, fuera hijo o no. Por ejemplo, el presidente número 38 de la compañía fue la abuela de Masakazu. A falta de hijos bien preparados, la empresa siempre supo dar respuesta a las necesidades de gestión. Otro de los factores distintivos es que los yernos adquirían el apellido de la familia —una práctica habitual en empresas japonesas—. Eso permitió que el nombre se perpetuara aunque la saga fundadora careciera de herederos masculinos en una alguna de sus generaciones.

La familia ha tenido a lo largo de los siglos una gran capacidad de supervivencia. Cuando falleció el abuelo del Masakazu, no tenía hijos que pudieran hacerse cargo del negocio. Fue así como su viuda, Toshie se ocupó de dirigirlo a la vez que educaba a tres hijas, que todavía eran muy jovencitas para casarse. No era algo común en el Japón de esa época que una mujer llevara las riendas de una empresa, y menos de la construcción. Pero lo hizo y logró sacarla adelante. Incluso le acompañó la suerte, porque el tifón Muroto destruyó en septiembre de 1934 parte del templo de Shitennoji, con el que habían iniciado cientos de años atrás su actividad, y encargaron a la empresa que lo reconstruyera. Con los bombardeos de la segunda guerra mundial, las instalaciones quedaron dañadas de nuevo y volvieron a contratar los servicios de Kongo Gumi para reconstruirlas.

En 1948, la más joven de las hijas de Toshie, Okayoko, se casó con un hombre llamado Toshitaka, el padre del último presidente de la firma. La familia lo adoptó y él tomó su apellido. Pese a ello la abuela Toshie permaneció en la presidencia hasta los años sesenta. Se había convertido en el auténtico motor de la empresa y en un reclamo de prestigio y laboriosidad. Le relevó Toshitaka, ya con el apellido Kongo, en el puesto de principal directivo. Luego llegó el turno de su hijo Masakazu que, si la compañía hubiera continuado, seguramente hubiera tenido que adoptar algún yerno para la generación siguiente porque tiene dos hijas que aún son muy jóvenes.

Los orígenes de la empresa más antigua del mundo se remontan al año 578, cuando el príncipe japonés Shotoku, segundo hijo del emperador, contrató a la familia coreana Kongo para la construcción del templo budista Shitennoji, en Osaka, uno de los complejos de este tipo más antiguos del Japón. Por aquel entonces, el carpintero Shigemitsu

Kongo se desplazó a la ciudad para acometer el proyecto, que tardaron quince años en construir, según los archivos de la propia empresa. En ese momento, el príncipe que encargó el templo ya gobernaba el país. Ese fue el primer contrato de la constructora, cuyos componentes echaron raíces en la ciudad donde iniciaron sus actividades en lo que significó el inicio de una historia milenaria. A lo largo de los siguientes 14 siglos, la empresa familiar participó en la edificación de muchos monumentos históricos japoneses como el castillo de Osaka, del siglo XVI. Desde el principio, la historia de la familia Kongo y la de Japón han ido unidas. Un pergamino de unos tres metros de longitud del siglo XVII, guardado como oro en paño, rastrea las 40 generaciones de esta familia empresaria.

Y ¿tiene secretos una firma tan antigua? Ésa es la cuestión que uno se plantea de inmediato. «Mantener un equilibrio entre la técnica y el corazón», destacaba Masakazu Kongo como una de las claves de la longevidad de la compañía.[57] Uno de los representantes de la familia, cuyo nombre se ha perdido, recopiló en la generación número 32, en el siglo XVIII una serie de reglas a seguir y, entre ellas destaca el recurso al sentido común, prestar la máxima atención en todas las tareas o respetar el *status*. Era una especie de guía basada esencialmente en el sentido común. Cabe destacar que otro de los principios en los que se basaban era en la necesidad de adaptarse a los tiempos, pero sin diversificar demasiado el negocio. Igual que su longevidad aporta muchas claves sobre cómo sobrevivir en el mundo empresarial, también su desaparición proporciona lecciones que otros empresarios pueden tomar en consideración, y más teniendo en cuenta que es una actividad del sector de la construcción.

A pesar de su capacidad de resistencia casi mítica, dos factores muy terrenales propiciaron su caída. El primero de estos fue la deuda. La compañía se endeudó de forma espectacular para invertir y especular en el negocio inmobiliario durante la etapa de auge del sector y de la economía japonesa en los años ochenta del siglo XX. Tras estallar la burbuja inmobiliaria durante la recesión de los años 1992 y 1993, los

57. O'Hara, William T.; *Centuries of Success*; Adams Media, Avan, Massachusetts (EE. UU.), 2004.

activos en los que había volcado millones y millones de yenes se depreciaron de forma drástica y quedó prácticamente ahogada por unas deudas que no podía pagar.

El segundo de los factores lo constituyeron las cargas sociales, que eran enormes, mientras que la actividad de construcción de templos era más bien menguante. Ya en 2004 sus ingresos cayeron el 35 %, y Masakazu Kongo tuvo que recortar plantilla y ajustar sus cuentas. Aun así, en 2006 llegó el final. El volumen de deuda alcanzó los 343 millones de dólares y la firma no pudo pagarla. No generaba los fondos suficientes, no ya para pagar intereses sino para amortizar ni que fuera una pequeña parte del capital pendiente. Ese mismo año, los activos de Kongo Gumi fueron adquiridos por Takamatsu Corporation, una gran constructora japonesa. Así, disuelta dentro de otra empresa como filial, acabó la historia no centenaria sino milenaria de Kongo Gumi.

BERETTA: LA MEJOR BALA EN LA RECÁMARA

Los Beretta llevan casi 500 años fabricando armas. Un único representante de la familia propietaria ha sido siempre el responsable de ponerse al frente del negocio. Ni dúos, ni tríos, ni tándems. La filosofía sucesoria de este clan es muy simple: un único jefe. Los orígenes de la compañía italiana se remontan a 1526 y siempre lo han hecho así. Es por eso que si la pareja que debe traspasar el testigo no tiene hijos, los adopta. Así lo hizo el padre del actual principal directivo del grupo, Ugo Gussalli Beretta. Carlo Beretta, que no tenía hijos, acabó por adoptar al hijo de su hermana Giusseppina Gussalli, ya que su otro hermano, Giuseppe tampoco tenía descendencia. Con esta operación, la familia aseguró que la empresa se mantenía bajo el control del clan que la fundó. En la actualidad Ugo se mantiene como el accionista mayoritario y cuenta con el apoyo de sus hijos Pietro y Franco que trabajan en la tradicional sede de la empresa en Gardone val Trompia. «Mi padre fue muy estricto en dos cuestiones: mi hermano y yo debíamos graduarnos en la Universidad y hacer el servicio militar, pero no nos forzó a trabajar aquí», explica Franco, el más joven de los dos hermanos.[58]

Como otras empresas familiares, Beretta lleva a la práctica una mezcla de prácticas conservadoras en la gestión del negocio con innovación en el diseño y en los procesos productivos. No es ni gigantesca ni infinitamente rentable, pero sobrevive y crece asegurándose de que algunas de sus armas son las mejores del mercado. «Hemos aprendido algunas lecciones a lo largo de todos estos años», sentenciaba Ugo en un reportaje. «Hemos desarrollado una forma de entender la calidad y aprendido a progresar suavemente, siempre con pasos firmes, pero no grandes ni rápidos.»[59] En esa misma entrevista se vanagloriaba de las ventajas de no cotizar en los mercados de valores. «La bolsa sería un poco impaciente con nosotros. Cuando los accionistas son esencialmente parientes puedes mantener una cierta estabilidad porque están dispuestos a hacer ciertos sacrificios.»

Los orígenes de este productor de armas se remontan a 1526, cuando el maestro armero Bartolomeo Beretta estableció el negocio en la localidad en la que aún tiene su sede, cerca de Brescia, en Lombardía. Fabbrica d'Armi Pietro Beretta, que forma parte de Beretta Holding S. p. A. El grupo, controlado por la familia Beretta, cuenta con importantes fábricas de armas deportivas y de ópticas, entre las sociedades comerciales y de distribución bien sean italianas o extranjeras suman un total de 2.535 empleados y alcanzan una facturación de en torno a 400 millones de euros. La más antigua de ellas, la Fabbrica d'Armi Pietro Beretta S. p. A., transmitida durante quince generaciones, aseguran que lleva activa desde el 1.400 (según pruebas documentales, desde el 1526).

Pietro Beretta fue el que, a principios del siglo XIX, se centró en la expansión de la compañía. Le siguió su hijo Giuseppe, que abrió nuevos horizontes internacionales y Pietro, que supo transformar una empresa que era artesanal en industrial, ampliándola e introduciendo

58. «The Beretta family's spoting life», *Fortune*, 30 de enero de 2008.
59. «Italy: Host for the economic summit – A land of family business; The Careful Aim of the Beretta Clan», *The New York Times*, 7 de junio de 1987.

Ugo Beretta, heredero del negocio
familiar que se remonta al año 1526.

los más modernos sistemas de elaboración. Sus hijos Giuseppe y Carlo fueron quienes transformaron Beretta en una multinacional. La producción de Beretta (1.500 armas al día aproximadamente) cubre casi toda la gama de las armas portátiles. La producción deportiva cubre el 90%. La exportación de las armas deportivas supera el 75% y se realiza a un centenar de países.

A comienzos de los años 90, Beretta sumó a su tradicional producción de armas deportivas una línea completa de accesorios y de artículos textiles para la caza, el tiro y el tiempo libre. En 1995 se inauguró, en Nueva York, la primera Beretta Gallery. Más tarde le seguirían las Gallery de Dallas, Buenos Aires, París y Milán. Ya hace muchos años que las armas Beretta forman parte de la dotación de las Fuerzas Armadas y Fuerzas de Policías Italianas y de innumerables países. El logro más significativo en el sector de las pistolas fue la adquisición por parte de las Fuerzas Armadas y por las policías de EE. UU. de la Beretta serie 92. Posteriormente también la Gendarmerie Nationale y L'Armée de l'Air (Francia) optaron por una solución similar. En 2002 se acordó el suministro de 45.000 pistolas 92 FS a la Guardia Civil (España). A lo largo del mismo año se puso también en marcha el suministro de 40.000 pistolas de la serie 92 a la Policía Nacional turca, entre otros muchos contratos.

RAVENTÓS: CAVA Y VINO DESDE LA CUNA

Xavier Pagès, el actual director general del grupo Codorníu, no tiene muy claro si le dieron a probar cava con una cucharita de plata cuando todavía estaba en la cuna como dicen que prescribe la tradición del clan, pero lo que sí sabe es que los Raventós, dueños absolutos del grupo, marcan el camino desde que uno tiene uso de razón. Algunos de los miembros de la saga aseguran que, cuando nace un nuevo Raventós, tras comunicarlo a la empresa, sus progenitores reciben una caja de pequeñas botellas de cava de la casa edulcorado para que, si lo desean, puedan cumplir con la tradición. Unos lo hacen y otros no.

Bodegueros casi eternos, los Raventós configuran una empresa familiar con unos 200 accionistas, todos parientes en distintos grados, con cinco ramas familiares que tienen un total de más de 400 miembros. Las ramificaciones que dibuja el actual reparto accionarial surgieron de la sociedad que constituyó Manuel Raventós Domènech, a principios del siglo XX. En ese momento se produjo la distribución entre los seis hijos que tuvo con su esposa Montserrat Fatjó. Las ramas parten de los matrimonios: Ricard Pagès-Montserrat Raventós; Manuel Raventós-Montserrat Blanc; Magí Raventós-Teresa Espona; Lluís Raventós-Engràcia Artés; Miquel Farré-Dolors Raventós; y Jesús Raventós-Teresa Chalbaud.

A raíz de la marcha de la empresa por parte de Josep Maria Raventós i Blanc, primogénito de Manuel Raventós y Montserrat Blanc, la empresa compró esa participación. Desde entonces, la distribución se limita a cinco ramas con el 20% cada una. Tradicionalmente, los padres distribuyen esas cuotas, esencialmente los derechos económicos, entre sus herederos a partes iguales. Lo hacen como donación, porque la factura fiscal es menor que si se produce a través de una herencia. Este sistema hace que cuantos más hijos tiene un matrimonio, menos porcentaje de participación le corresponde a cada uno de ellos. Es por eso que apenas ningún accionista supera en la actualidad el 4% a título individual. Un ejemplo de lo prolija que es la saga es el encuentro que celebran unos años en octubre y otros en noviembre, coincidiendo con la junta de accionistas. Allí, en las cavas modernistas de la compañía en el término de Sant Sadurní d'Anoia, primos, tíos y demás parientes de más de 18 años de edad llevan a cabo una reunión que el resto del año sería imposible. «Es la única forma de poderse ver unos y otros», admite uno de los parientes de esta extensa dinastía gobernada hoy por representantes de las generaciones 15 y 16 y que ya ha llegado a la número 18.

La familia ha dado muestras de una amplia capacidad de supervivencia, a pesar de los problemas que van surgiendo por el camino. Pero al final, los propietarios no han dudado en remar en una misma dirección desde sus lejanos orígenes en 1551. Un Raventós sabe, casi desde que nace, que para poder trabajar en la empresa familiar tiene que saber inglés, tener una carrera universitaria y haber trabajado al menos durante cinco años en compañías ajenas a las del clan. Finalmente, el consejo familiar decide quiénes son los candidatos idóneos para ocupar los puestos de responsabilidad. Algunos miembros de la familia aseguran que las cosas no han sido siempre así y que, en algunas ocasiones, ha primado la sangre sobre la valía que, en el fondo, es algo que suele suceder en muchas compañías familiares.

En todo caso, la experiencia de un máximo directivo ajeno a la familia no resultó muy exitosa en el caso de Codorníu. Josep Forroll, un ejecutivo de la casa que se convirtió en 2003 en el primer director general ajeno a la familia, fue cesado a los 16 meses de su nombramiento con el voto de incluso aquellos que lo apoyaron en su día. Su relevo se produjo esencialmente como consecuencia de pugnas internas en cuanto a la estrategia que se debía seguir. En el ejercicio 2005-2006, la compañía registró las primeras pérdidas de su historia reciente, lo que podría también estar en el origen del cambio de director general por otro procedente del clan.

Xavier Pagès, representante de la generación 16 de la familia fundadora y que ocupaba la responsabilidad del negocio internacional, fue nombrado director general en 2005, contra el criterio de algunos representantes de la familia que hubieran preferido un ejecutivo externo. Pagès es el octavo de los nueve hijos que tuvieron Manuel Pagès y Mercedes Font. Es, por tanto, nieto de Montserrat Raventós y Ricard Pagès, quienes configuran una de las cinco ramas accionariales. La prima segunda del director general, María del Mar Raventós Chalbaud, que junto con su hermana Ana Teresa controlan alrededor del 20 % del capital, ocupa la presidencia desde 1998. Es hija de Jesús Raventós y Teresa Chalbaud, otra de las cinco ramas accionariales. Sustituyó en el cargo a su primo Manuel Raventós Artés (uno de los 11 hijos de Lluís Raventós y Engràcia Artés, otra de las cinco ramas accionariales y una de las más numerosas), quien superó la edad que fijan los estatutos de la empresa. A lo largo de la historia de Codorníu, sólo dos mujeres ocuparon antes cargos de relevancia. Una fue Anna de Codorníu, quien unió a su familia con los Raventós en 1659. La segunda mujer fue la abuela de la actual presidenta, Montserrat Fatjó, quien ocupó el mismo cargo que su nieta a lo largo de 26 años.

El actual director general, Xavier Pagès, asegura que la empresa no prima sólo el parentesco sino la profesionalidad. «Es un error asociar el concepto de profesionalizar la empresa simplemente al hecho de que sus gestores sean o no miembros de la familia propietaria. Es posible una gestión muy profesional por miembros de la familia. En Codorníu hay un estatuto que regula el acceso de la familia a los cargos de responsabilidad. En mi caso, fue preciso pasar una serie de pruebas entre otros candidatos, con una selección externa», explicó Pagès. No todos los parientes piensan de igual modo y opinan que la familia debería limitarse a estar en el consejo de administración y dejar a otros que lleven la gestión del día a día. «¿Cómo le dirás a un hermano, a un primo o a un sobrino que lo despides por incompetencia sin que se produzcan problemas de emotividad?», se pregunta un representante familiar. En todo caso, la presencia de familiares como asalariados se ha reducido a menos de la mitad. Es uno de los trabajos de Pagès, que ha puesto en práctica los consejos de mejora de eficiencia que le dio hace unos años una consultora que contrató la compañía. A su vez su estrategia consiste en apostar por las marcas de calidad, los precios ajustados frente a los precios bajos y un buen servicio a los consumidores. Uno de sus trabajos consiste en consolidar la presencia internacional. Gran conocedor de los mercados exteriores, ha potenciado la presencia de la marca madre y del resto de filiales en otros países.

Antes que Forroll —el primer y único directivo ajeno a la familia—, el director general fue Jordi Raventós Artés —hermano del anterior presidente Manuel Raventós Artés—, a quien le tocó ser sustituto de su primo Josep Maria Raventós i Blanc como gerente de las bodegas Codorníu, cuando éste optó en los ochenta por establecer su propio negocio cavista. Manuel Raventós, que era el mandamás absoluto de las cavas por aquel entonces y fue con quien más fricciones mantuvo Josep Maria Raventós i Blanc, decidió que su hermano pequeño, Jordi, que contaba a principios de los años ochenta con 32 años, debía ser quien ocupara la gerencia.

Pese a los recelos y desconfianza que generó en el sector, Jordi Raventós, ingeniero de profesión, consiguió que Codorníu sobreviviera a la marcha de su primo de la gerencia de la compañía. Durante los diez años que ocupó el cargo, Codorníu se consolidó como la primera marca en ventas en el mercado español mientras su principal competidor, Freixenet, se situaba a mucha distancia a escala internacional. Estaba claro que en 1992, cuando el hermano de éste, Manuel Raventós se convirtió en presidente de Codorníu, iba a nombrar a su hermano pequeño, Jordi, director general. Aceptó el encargo. Pero Jordi lo pasó mal tanto por perder con Freixenet la batalla por el mercado exterior como por los experimentos de Codorníu en California o en Rusia, que fracasaron estrepitosamente. En el último caso, la compañía fue víctima del gangsterismo del poscomunismo ruso.

Después de estas malas experiencias, Jordi Raventós se metió en otro complejo territorio al denunciar durante una reunión del Consejo Regulador del Cava en 1996 a su eterno rival, Freixenet, por incumplir los nueve meses mínimos de maduración de los cavas. Ésta respondió achacando a su competidora el uso de variedades de uva no autorizadas para elaborar cava, como la *pinot noir*. Esa pelea iniciada en aquel encuentro del consejo se amplificó a través de una entrevista que Jordi Raventós concedió a *El Periódico de Catalunya*, que desató la conocida como «guerra del cava», durante la que ambas empresas se cruzaron demandas y reproches. Freixenet también es un negocio 100 % familiar en el que Josep Ferrer y sus tres hermanas (Pilar, Carmen y Dolors) controlan el capital y la gestión se la reparten entre las tres ramas (Pere Ferrer, hijo de Josep, como consejero delegado; Josep Lluís Bonet, hijo de Pilar, como presidente y Enrique Hevia, hijo de Carmen, como responsable financiero). Dolors, a la que toda la familia llama la tía Lola, es soltera. Josep Ferrer tuvo que hacerse cargo de la compañía, a la que aupó al liderazgo, tras quedarse viuda su madre Dolors Sala de su padre Pere Ferrer i Bosch y fallecer también su hermano mayor, Joan. Ambos fueron asesinados durante la guerra civil. La competencia con los Raventós forma parte del ADN de este clan desde que crearon las cavas a principios del siglo XX. Se puede decir que Ferrer logró ganar la batalla del exterior.

No es de extrañar que la guerra del cava llegara a cotas de tensión muy elevadas. Diez años después de iniciada esta singular pugna que superó las fronteras y fue motivo de análisis incluso por publicaciones internacionales, la batalla culminó con un acuerdo mediante el que Codorníu se comprometió a compensar económicamente a su competidora por el empleo de botellas blancas esmeriladas, similares a las populares Carta Nevada, Freixenet, que había ganado los pleitos sobre esta cuestión. El pacto extrajudicial recogía el compromiso de ambas partes de retirar todos los pleitos que se habían interpuesto. Este acuerdo satisfizo al conjunto del sector que, desde el principio, reprocharon a las dos marcas que representan más del 80 % de la actividad que no hubieran lavado los trapos sucios en casa, es decir, sin que trascendiera.

Algunos familiares cuestionaron el mandato de Jordi Raventós que, finalmente cedió el testigo a Josep Forroll, el primer director general ajeno a la familia, aunque influenciado por la rama Raventós-Artés que, a pesar de no controlar la mayoría del capital, contaba con el apoyo de otras de las ramas accionariales, lo que les permitía gobernar la compañía con comodidad. Eso fue así hasta que representantes de una nueva generación de la familia empezaron a cuestionar el funcionamiento de la organización, los resultados y el hecho de que, por ejemplo el director general, que no era consejero, fuera quien en realidad mandaba sobre el consejo de administración, según explican algunos familiares.

Pero, aun con diferencias y fricciones, Codorníu estaba preparado para sobrevivir. Sus casi 500 años de existencia así lo acreditan. Según un documento que poseen algunos familiares, la relación de los primeros representantes de la saga, con la fecha de su fallecimiento, fue la siguiente: Jaume Codorníu (1567), cuya familia ya poseía prensas, barricas y cubas; Joan Codorníu (1576), Joan Codorníu (1621) y Joan Felip Codorníu (1681). En 1659, se casaron Anna, hija de los Codorníu, y Miquel Raventós. A partir de este punto, los herederos pasaron a apellidarse Raventós. A Miquel Raventós (1709) le siguió otro Miquel (1744), así como Sadurní Raventós (1789), Josep Maria Raventós (1809), Jaume Raventós (1857) y Josep Raventós (1885). Este último, Josep Raventós i Fatjó, un inquieto payés ilustrado heredero de Can Codorníu, donde producían preferentemente aguardientes y una mistela con marca propia para elaborar vinos de imitación, fue quien creó, en 1872, el primer cava a imagen y semejanza del champaña francés. Lo hizo con uvas blancas del Penedès, la comarca que concentra la mayor parte de la producción de espumoso en España. Era todavía una etapa que podía considerarse como experimental.

Al fallecer en 1885 Josep Raventós, se hizo con el mando su primogénito, Manuel Raventós Doménech. Fueron unos inicios difíciles hasta 1892, durante los que apenas se comercializaban unas 3.000 botellas. Unos diez años después de iniciar la elaboración de espumoso, tras participar en la Exposición Universal de Barcelona en 1888, las cosas mejoraron, y el cava producido por este emprendedor ya tenía prestigio. Manuel Raventós Domènech consolidó el invento de su padre y le dio forma comercial. A pesar de la filoxera, plaga que azotó los cultivos de vid del Penedès, y una situación de estancamiento de los mercados, el empresario logró impulsar el negocio y superar el nivel de las 117.000 botellas producidas en 1900.[60]

Para superar los daños que podía provocar la filoxera en las plantas, Raventós se anticipó arrancándolas, plantando pies americanos, que eran inmunes al insecto que provocaba la plaga, e injertándolos con variedades autóctonas. A él se le atribuye la fórmula definitiva de los espumosos del Penedès, basados en tres variedades autóctonas: Macabeo, Xarel.lo y Parellada. A principios del siglo XX contactó con el arquitecto Josep Puig i Cadafalch, quien construyó los locales industriales del grupo en Sant Sadurní d'Anoia (hoy catalogados como

---

60. Giralt i Raventós, Emili; *Empresaris, nobles i vinyaters*, Col.lecció Honoris Causa, Universitat de València, 2002.

monumento histórico-artístico nacional). Luego, se hizo construir la mansión modernista que, años más tarde fue piedra de toque en una escisión que se produjo en el seno de la familia al abandonar el negocio Josep Maria Raventós i Blanc y crear sus propias cavas.

En 1914, Manuel Raventós Doménech adquirió Raimat, unas bodegas cerca de Lleida, que habían sido un estéril coto de caza propiedad de un aristócrata aragonés. Con el cava ya consolidado, se concentró en este nuevo proyecto. Fue entonces, en 1926, cuando convirtió la compañía en una sociedad anónima, con un capital de 30 millones de pesetas (unos 180.000 euros). Sus hijos se convirtieron en accionistas. El actual reparto del capital de Codorníu nace de ese reparto. Una sociedad denominada Unideco, que actúa a modo de sociedad *holding* tenedora de acciones, posee alrededor del 77% de Codorníu y el 100% de Raimat. Anualmente, Unideco adquiere los títulos directos que los familiares tienen de Codorníu como fórmula de retribuir su participación. Es por eso que, con el tiempo y si no se realiza ninguna reforma, Unideco acabará poseyendo el 100% del capital de Codorníu, explica un representante de la saga.

Con los años, el negocio se ha agigantado y, en la actualidad, la facturación supera los 200 millones de euros anuales. Además de la marca Codorníu posee las marcas de vinos Raimat que suman un catálogo de unos 120 productos, con 18 marcas en un total de 13 denominaciones de origen (D. O.), después de una agresiva política de compra de otras bodegas. El listado de marcas abarca desde Bodegas Bilbaínas (La Rioja) hasta Legaris (Ribera de Duero), así como Artesa, en Napa (California) o Bodega Séptima, en Mendoza (Argentina).

🔴 Santander

BOTÍN: LA BANCA EN LOS GENES

Son la saga española de banqueros por excelencia. Los Botín, con la cuarta generación en pleno auge, llevan un apellido que suena a finanzas, a dinero, algo a lo que se han dedicado desde finales del siglo XIX y cuya continuidad está bien asegurada a través de un acuerdo median-

Emilio Botín ha sido el responsable
de convertir el Banco Santander
en una entidad financiera
de dimensión internacional.

te el que mantienen el control del Banco Santander, situado en la actualidad entre las primeras entidades financieras a escala mundial. Según los datos del informe de gobierno corporativo de la entidad, Emilio Botín-Sanz de Sautuola y García de los Ríos, el todopoderoso presidente del banco y cabeza más visible de la familia, Emilio III, representa en el consejo de administración el 2,5% de derechos de voto. La mayor parte de la participación, el 1,45%, corresponde a la Fundación Marcelino Botín, controlada por la familia. Además, son consejeros del banco dos de sus seis hijos, Ana Patricia y Javier, que también poseen participaciones, al igual que su esposa, Paloma O'Shea y el hermano del presidente, Jaime Botín Sanz de Sautuola y García de los Ríos. Varios paquetes de acciones están en manos de sociedades controladas por el propio Emilio Botín o sus hijos.

El control familiar se lleva en este banco con mano de hierro. En 2006, el banquero selló con sus dos hijos consejeros, Ana Patricia y Javier, y con Emilio IV —que optó por seguir su propio camino profesional en el sector financiero—, así como con sociedades que están controladas por unos u otros, un pacto de sindicación de acciones que afecta al 0,748% del capital y que tiene una duración de 50 años, hasta el 2056, prorrogable por períodos sucesivos de 10 años. El acuerdo establece, con el objetivo de unificar el sentido del voto, la cesión en comodato[61] de las acciones afectadas a la persona que osten-

61. Contrato jurídico que permite la cesión gratuita de bienes o derechos por un período de tiempo sin que quien lo cede pierda la propiedad.

te en cada momento el cargo de presidente de la Fundación Marcelino Botín. Al sellar el pacto, este cargo recaía en Emilio Botín-Sanz de Sautuola y García de los Ríos, el mandamás de la saga.

El acuerdo establece que la toma de decisiones sobre las acciones afectadas será concertada y permitirá desarrollar una «política común duradera y estable». Con el documento firmado por las partes «se persigue que la representación y actuación de los miembros del sindicato como accionistas del banco se lleve a cabo en todo momento de forma concertada, con la finalidad de desarrollar una política común duradera y estable y una presencia y representación efectiva y unitaria en los órganos sociales del banco». Las acciones sujetas al pacto de sindicación son 44.396.513, equivalentes al 0,710 % del capital social del Santander. A ellas se suman otras 2.389.890 de acciones del banco (0,038 % del capital social) sobre las que los firmantes del pacto tienen derechos de voto. Quedan al margen del pacto los títulos que están bajo la titularidad de la fundación, que está representada por Emilio Botín-Sanz de Sautuola y García de los Ríos, así como los de la rama de Jaime Botín, el hermano del presidente.

Nacido en 1934, Emilio Botín-Sanz de Sautuola y García de los Ríos, Emilio Botín III, ha sido el responsable de convertir el banco en una entidad financiera de dimensión internacional. En 1986, tras ser consejero desde 1960, heredó de su padre, Emilio Botín-Sanz de Sautuola, Emilio Botín II, la presidencia del Banco Santander, que este ocupaba desde 1950. Fue Emilio Botín II, el progenitor del actual presidente del Santander, fallecido a los 90 años de edad, quien con mano de hierro logró una identificación plena entre el banco y la familia. Al viejo león banquero se le atribuye la famosa frase: «Ricos, lo que se dice ricos, en España, somos muy pocos».

Pero es que los tentáculos de esta saga, que por el lado de Emilio Botín III controla el Santander y Banesto, se extienden a otros bancos. Jaime, el otro hijo que Emilio Botín II tuvo con su esposa Ana García de los Ríos, es accionista de referencia de Bankinter, del que dejó de ser presidente en 2002. Jaime Botín, que sustituyó en el máximo cargo ejecutivo de este banco a su padre Emilio en 1986, está vinculado a Bankinter desde su fundación en 1965 por parte del propio Banco Santander y el Bank of America. Esa entidad bancaria, que nada tiene que ver accionarialmente con el Santander, ha estado ligada tradicionalmente a esta saga de banqueros. El propio Emilio Botín-Sanz de Sautuola y García de los Ríos fue consejero del mismo durante 40 años, hasta 2004, y llegó a ser vicepresidente del mismo, al igual que su hermano lo fue del Santander. El hijo de Jaime, Alfonso Botín-Sanz de Sautuola Naveda, sustituyó en 2004 la vacante que su padre, Jaime, dejó en el órgano de gobierno, en el que también está otro de sus hijos, Marcelino Botín-Sanz de Sautuola Naveda.

La relación de los Botín con Santander comenzó cuando José María Botín, cirujano de profesión nacido en 1795 en Cádiz, se estableció en la capital cántabra hacia 1828. Se casó con María Petra Aguirre Laurencin, viuda del empresario local José López-Dóriga y Vial, cuyo hijo (Antonio) fue uno de los fundadores del originario Banco de Santander. El antiguo cirujano entró en negocios comerciales internacionales que continuó su primogénito, Rafael Botín Aguirre, quien llegó a ser director general del Banco Santander, al que se le concedió la licencia para operar el 15 de mayo de 1857. Fue el primer contacto de la familia con esta entidad financiera. Un pariente de Botín Aguirre, José María Gómez de la Torre y Botín le relevó y permaneció en el cargo en el banco hasta su jubilación en 1923. El otro hijo de José María Botín, Emilio Botín Aguirre, se dedicó al negocio de la electricidad, una actividad que entonces estaba en pleno auge.

Pero la estrecha relación familiar con el banco se forjó en especial con el hijo de Emilio Botín Aguirre, Emilio Botín López, conocido hoy como Emilio I, que no sería presidente de turno de esta entidad hasta 1909. La presidencia era rotatoria, razón por la que su trayectoria bancaria fue mucho más fugaz que la de su hijo y la de su nieto. Por aquel entonces, los Botín ya poseían el 1 % del banco. Emilio Botín López volvió a ser presidente en varias ocasiones, pero también lo fue tras cambiarse las normas y convertirse el cargo en fijo. Fue también consejero del antiguo Banco Central que, en 1999 (cosas del mundo de los negocios) su nieto absorbió.

Los Botín se emparentaron pronto con otro apellido ilustre de Cantabria: Emilio Botín López se casó con María Sanz de Sautuola, que junto con su padre Marcelino Sanz de Sautuola descubrieron las Cuevas de Altamira en 1879. Los Sanz de Sautuola heredaron la fastuosa finca de Puente San Miguel. Tras el enlace Sanz de Sautuola-Botín López, el matrimonio fijó su residencia en Puente San Miguel, la que ha sido la cuna de todos los Botín, incluidos los seis hijos de Emilio III.

El matrimonio tuvo dos hijos y dos hijas: Emilio Botín Sanz de Sautuola (Emilio II), el primogénito, fue el presidente más longevo del Banco Santander tras el fallecimiento de su padre; Marcelino, el segundo hijo, fue consejero del banco y su contribución más importante fue la creación de la Fundación Marcelino Botín, dedicada a promocionar el debate artístico y cultural. Este ente sin ánimo de lucro controla en la actualidad más del 1 % del capital de la entidad bancaria. Emilio II no accedió a la presidencia del Santander hasta 1950, tras haber sido director general en 1933 a condición de abandonar el consejo de administración, al que no regresó hasta 1946. Bajo su batuta, el banco hizo sus primeros pinitos en Latinoamérica y creció en España mediante adquisiciones hasta convertirse en uno de los siete grandes. Además fue quien consolidó el papel de la familia Botín al nombrar a su hijo, Emilio III, vicepresidente en 1973, consejero delegado en 1977 y presidente en 1986, tras su jubilación.

Emilio Botín-Sanz de Sautuola y García de los Ríos esta muy preparado. Estudió Derecho en la Universidad de Valladolid y se licenció en Derecho y Económicas por la Universidad de Deusto. Una vez finalizados los estudios, se incorporó al banco en 1958, con apenas 24 años, donde desarrolló trabajos en todos los niveles de la entidad, hasta llegar a la presidencia en 1986. Su acceso a la presidencia significó un auténtico vuelco para el banco y para el conjunto del sector en España. Con él al frente, la entidad comenzó a abandonar su vocación industrial para dedicarse exclusivamente al negocio financiero. Fue por aquel entonces cuando Emilio Botín dejó de acudir a las tradicionales reuniones que celebraban los entonces siete grandes bancos del sector en España —la cantidad de los mismos se ha ido reduciendo con los años a golpe de fusiones—. Al nuevo máximo ejecutivo de la entidad cántabra parecía no gustarle el statu quo y la competencia consensuada entre caballeros que reinaba entonces en el mapa bancario español. Al resto de tradicionales patriarcas de la banca, acostumbrados a gestionar el sector de forma consensuada y sin sobresaltos, no les gustó ese comportamiento. Y menos cuando lanzó la famosa *supercuenta*. Significaba, de hecho, una declaración de guerra al resto del sector, ya que hasta finales de la década de los 80, las cuentas corrientes carecían de remuneración o la que ofrecían era realmente minúscula. Al Santander le era posible retribuir a los clientes porque contaba con una estructura de costes mucho menor que la competencia. Fue entonces cuando el Santander, gracias a la mochila menos pesada que llevaba, dio su primer gran salto de crecimiento e incluso machacó a algunos de sus rivales que no pudieron seguir el ritmo del mercado debido a sus mastodónticas estructuras. Botín ha demostrado tener un finísimo olfato y una notable sagacidad para el negocio bancario. Son características que le han permitido adelantarse a los movimientos de sus competidores en muchas ocasiones. Y todo ello ha servido para mantener e incluso mejorar su posición como uno de los personajes más ricos de España.

Desde que accedió a la presidencia en 1986, Emilio III ha aupado a la entidad hasta los primeros puestos a escala mundial. En la actualidad, la cuarta generación de la saga, encabezada por su hija Ana Patricia Botín O'Shea, se prepara para relevar a un banquero tenaz, listo y que se ha caracterizado durante toda su carrera por tomar decisiones arriesgadas que han permitido a la entidad situarse en la cabeza no sólo de España sino de la banca mundial. Con la banca en las venas, este montañés (calificativo de las personas nacidas en Cantabria) de pobladas cejas dio muy temprano muestras de su agresividad y competitividad al romper el statu quo del sector bancario en España.

Y los de sus inicios no han sido los únicos golpes de efecto de este banquero, ya que en la actualidad preside un grupo en el que ha integrado a la entidad británica Abbey. De hecho, con la operación de compra de esa compañía protagonizó una de las primeras integraciones transfronterizas del sector financiero en la Unión Europea (UE). Pero no se paró aquí, porque en 2008 acordó la adquisición de la entidad también británica Alliance & Leicester, así como la red bancaria de Bradford & Bingley (las sucursales y los depósitos), que antes de su nacionalización era el octavo banco británico. Un año antes, el Santander participó en el consorcio formado con el Royal Bank of Scotland (RBS) y el belgaholandés Fortis para la compra del grupo holandés ABN Amro, con lo que se hizo con el italiano Antonveneta, que luego vendió por 9.000 millones, y el brasileño Banco Real y reforzó su papel como entidad financiera internacional, no sólo con una gran presencia en América Latina sino en Europa.

Y no ha sido la única de sus grandes apuestas, que seguramente seguirán en el futuro. En 1999, protagonizó uno de los grandes momentos de la historia financiera española al absorber el Banco Central Hispano (BCH). Gracias a su enorme capacidad estratégica, pese a tratarse inicialmente de una fusión entre iguales, al final Botín se hizo con el control absoluto de la nueva entidad. Con anterioridad, en 1994 se hizo con Banesto, que había sido intervenido por el Banco de España un año antes en una operación que acabó con el estrellato del financiero Mario Conde. El Santander hizo una oferta más alta que sus otros dos rivales en la puja, el entonces público Argentaria (que, en 1999, se fusionó con el BBV, naciendo así el BBVA) y el BCH (que, en 1999, se fusionaría con el Santander). Banesto está presidido hoy por su hija Ana Patricia Botín, sobre la que recae, como primogénita, la responsabilidad y tradición familiar de ser la que sigue como cabeza más visible de la saga, aunque su padre muestra todavía escaso interés por ceder las riendas, como en su día hizo su progenitor.

Quien está llamada a ser heredera, Ana Patricia, cuenta con una sólida formación profesional. Pasó por la Universidad de Harvard, en EE. UU. y por la dirección de la Banca Morgan en España. Es habitual que muchos empresarios hagan que sus hijos se forjen profesionalmente en otras empresas. En la actualidad, Ana Patricia, que era consejera del banco desde 1989, es la presidenta de Banesto. Con anterioridad, Ana Patricia fue directora del Banco Santander de Negocios. Está casada con el ingeniero agrónomo Guillermo Morenés Mariátegui, con quien tiene tres hijos. Por su parte, el otro hijo consejero del banco, Javier, el menor de los seis, está casado con una ejecutiva bancaria, Marta Ríos, y ha mostrado, como su hermana mayor, un gran interés por seguir el camino de banquero iniciado por sus ancestros. Es licenciado en derecho. Trabaja en una sociedad dedicada a la gestión de patrimonios de la que es socio su cuñado Guillermo Morenés. Algunos consideran que el hijo menor es una de las cartas que Emilio Botín III guarda en al recámara para la transición generacional. Pero ¿quién sabe?

Emilio Botín es el representante de una de las familias más ricas de Europa, a través de su participación en el banco. Se le atribuye una fortuna de unos 2.000 millones de euros. Al margen de los descendientes vinculados directamente al negocio bancario que ha tenido con su esposa Paloma O'Shea, están Emilio IV que no es que haya dejado la actividad, pero optó por probar suerte como gestor de fondos de inversión de alto riesgo y sociedades de cartera y dejar la comodidad del cargo de consejero en el Banco Santander. Es economista y se ha convertido en un experto en la gestión de carteras valores. Está casado con Elizabeth d'Ornano, descendiente del militar de origen polaco que luchó en España en el banco de Napoleón y que escribió la novela *El manuscrito encontrado en Zaragoza*.

Paloma, otra de las hijas, está casada con Ricardo Gómez-Acebo y Calparsoro, hijo primogénito del marqués de Deleitosa y sobrino del difunto cuñado del Rey y duque de Badajoz. Licenciada en historia del arte, ejerce en la actualidad de aseguradora en el sector del arte. Incluso realizó algunos pinitos como actriz en la producción *El Quijote*, una serie hispano-rusa en la que hizo el papel de Dorotea. Otra de las hijas, Carmen Botín, por su parte, se casó con el golfista Severiano Ballesteros, con el que tuvo tres hijos y del que se separó. Carolina, la más desconocida de los hijos del banquero, se dedica al arte y está especializada en manuscritos medievales; está casada con el médico alemán de origen coreano, Christian Shin.

No es raro que existan miembros de la saga inclinados por las artes. La madre, Paloma O'Shea, gran amante de la cultura y mecenas de la música clásica, obligó a sus seis hijos a estudiar piano hasta los 15 años. Esta hija de representantes de la alta burguesía bilbaína es presidenta de la Fundación Albéniz. Su actividad profesional en el mundo de la música comenzó en 1972 con la puesta en marcha del Concurso Internacional de Piano de Santander, que hoy lleva su nombre.

A Emilio Botín se le conocen pocas pasiones: la caza, la pesca el golf (al que dicen que juega a ritmo de *footing*), Santander y su banco, que es su auténtica obsesión. Cuentan que es austero, poco amigo de delegar, implacable y muy directo en las negociaciones y que es capaz de llamar a un directivo a altas horas de la madrugada para hacer una consulta. Es heredero de la banca anglosajona, donde las participaciones industriales son un mero apunte contable con potenciales plusvalías que se realizan en el momento más oportuno. Uno de los ejemplos de ese proceder fue la venta de la participación que el banco tenía en Unión Fenosa, la tercera eléctrica española. Vendió el paquete al mejor postor, que fue Florentino Pérez, el presidente del grupo de servicios ACS y ex presidente del Real Madrid F. C. Éste ofreció mejor precio que el que se había pactado anteriormente con un grupo de empresarios gallegos entre los que estaba el coloso del sector textil Amancio Ortega, el propietario de Inditex-Zara. Tal actuación del banquero provocó un brote de ira del poderoso y multimillonario gallego.

Quienes le conocen aseguran que es heredero de las estrategias de su abuelo y de su padre: mejor devorar que ser devorado y tratar siempre de jugar con ventaja, de contar con un as en la manga. La estrategia del máximo rendimiento siempre le ha funcionado a Botín. Quienes invierten en bolsa siguen sus movimientos con lupa porque sus apuestas suelen conllevar siempre rendimientos suculentos. Uno de sus rasgos consiste en buscar de forma constante la mayor de las plusvalías —como en principio hace todo el mundo—, pero siempre las obtiene —que es algo que no todos logran—. Emilio Botín prefiere comprar a fusionar y fichar a crear equipo. Nombrado en dos ocasiones como el banquero más influyente de Latinoamérica, su gran capacidad de trabajo y su objetivo de convertirse en el banco líder del mercado europeo le han llevado a entablar alianzas internacionales con entidades de primera fila, como la francesa Société Générale, el italiano San Paolo-IMI, entre otros.

⋔ BANCA MARCH

MARCH: DEL CONTRABANDO A LOS GRANDES NEGOCIOS

Es un clan que tiene cierto aroma a leyenda. El responsable de ello es el patriarca de la saga, Juan March Ordinas, quien dio los primeros pasos con el contrabando de tabaco entre Marruecos y las islas Baleares;

flirteó tanto con el dictador Primo de Rivera como con la República, a la que luego contribuyó a desmantelar al financiar a los militares que protagonizaron la sublevación que desembocó en la guerra civil en 1936. De esos orígenes nació un auténtico imperio que hoy gestionan sus nietos Juan y Carlos March Delgado, y en el que ya se ha producido un nuevo relevo con Juan March de la Lastra, miembro de la cuarta generación, como principal protagonista.

Además de la Banca March, controlada al 100 % por la familia, y fincas y residencias en Mallorca, los March poseen la mayoría en la Corporación Financiera Alba, a través de las que cuentan con numerosos intereses en compañías tan dispares como el grupo de servicios ACS, Acerinox o Prosegur. Sólo esta compañía de empresas participadas, en la que la familia controla más del 60 %, tenía un valor en bolsa de unos 2.200 millones de euros a mediados de 2008.

Nacido en Santa Margalida (Mallorca), en 1880, Juan March Ordinas, conocido en el pueblo como «en Verga», formaba parte de una familia de pequeños propietarios campesinos. Su padre, Juan March Estelrich, casado con Maciana Ordinas Pastor, era labrador y tratante de cerdos. Tuvo una hermana, Rosa, que se casó con José Monjo Roca, constituyendo la rama humilde de la familia, que heredó la casa de los padres en el pueblo natal. Juan March no fue mucho tiempo a la escuela, pero probablemente el suficiente para desarrollar un enorme olfato para los negocios. A este creador de un imperio económico y financiero en el que hoy ya se ha integrado alguno de sus bisnietos, es considerado por unos como un contrabandista —Francesc Cambó llegó a llamarle públicamente «el último pirata del Mediterráneo»— y, por otros, como el primer empresario moderno español. Se inició en el negocio del contrabando de tabaco en 1906 y cinco años después obtuvo el monopolio de este producto en Marruecos. Con esta actividad mermó de forma considerable los ingresos de la Hacienda pública, al menos hasta 1921. La Compañía Arrendataria del Monopolio de Tabaco en España (CAT) no podía vencer a March, cuyos navíos superaban en velocidad a los de la vigilancia fiscal.

Ése fue uno de los «negocios» en los que empezó a edad temprana, junto con el de tratante de cerdos y comprador y vendedor de terrenos. Una de las fórmulas que empleó fue la compra de latifundios y fincas rústicas de bajo rendimiento y prácticamente abandonadas por sus dueños. Luego las parcelaba y vendía a campesinos que las cultivaban a renta. Le pagaban a plazos. Fue un negocio próspero que extendió por toda Mallorca y, posteriormente, por Levante y La Mancha. Reforzó de forma considerable el crédito que precisaba para la adquisición de terrenos al casarse con Leonor Servera Melis, hija de un banquero local. Con ella tuvo dos hijos, Juan y Bartolomé March Servera. En 1926, este magnate constituyó con un capital de 10 millones de pesetas la entidad conocida hoy como Banca March.

Los socios de March en el contrabando de tabaco en Argelia, eran los Garau. La muerte a puñaladas de un hijo del patriarca Josep, Rafael Garau, un joven con fama de donjuán, no hizo más que alimentar la leyenda, y corrieron incluso rumores de que March podía estar detrás de este incidente ya que corría la especie de que Garau mantenía una relación amorosa con Leonor Servera. Más recientemente, un programa de investigación de la televisión autonómica de Cataluña (TV3) reveló la existencia de cartas íntimas entre el asesinado y la esposa de March.[62] En Santa Margalida, de donde también eran originarios los Garau, creció el odio hacia el empresario, que no volvió nunca más a pisar el suelo del pueblo que le vio nacer. Lo cierto es que el caso se cerró sin que Juan March fuera inculpado y la Justicia nunca llegó a pronunciarse sobre el asesinato.

Con la llegada de la Segunda República, el entonces ministro de Hacienda, Jaime Carner llegó a realizar una declaración que, con el tiempo, resultó ser una auténtica premonición: «O la República acaba con Juan March o Juan March acaba con la República». Incluso fue encarcelado por el Gobierno de Azaña, que lo consideró el principal responsable de la caída de ingresos fiscales por el tabaco, pero escapó sin mucha dificultad de prisión con la ayuda de sus carceleros para llegar hasta Gibraltar. March, un personaje anticipado a su época y conocedor de que para prosperar era imprescindible la complicidad de la opinión pública, creó incluso algunos periódicos, como *El Día*; fue diputado por la Cortes entre 1931 y 1933 y cedió la candidatura de 1936 a su hijo Juan.

62. «Joan March, els negocis de la guerra», reportaje televisivo de TV3.

Con grandes enemigos en la República, los protagonistas de la sublevación militar de 1936 contaron desde el principio con su apoyo financiero, haciendo realidad el pronóstico que había hecho Jaime Carner. Gracias a que buena parte de su fortuna se encontraba en el exterior para evitar que fuera incautada por el Frente Popular, March pudo facilitar apoyo a los militares rebeldes. Financió directamente operaciones como el alquiler del avión *Dragon Rapide*, que el general Francisco Franco utilizó para viajar de Canarias a Marruecos para ponerse al frente el Ejército rebelde que desató la guerra civil. Tras la contienda, el gran negocio de March —que, una vez finalizada la guerra civil, pasaba la mayor parte de su tiempo viviendo en el extranjero porque apreciaba poco las tesis de Falange— consistió en adquirir en subasta por un precio irrisorio, equivalente al uno por mil de su valor verdadero, la firma Barcelona Traction Light & Power (conocida como La Canadiense por tener su sede social en ese país), que transfirió a Fuerzas Eléctricas de Catalunya (FECSA), una sociedad constituida unos días antes de esa operación.

La estrategia contó con la cobertura y el aval del régimen de Franco y desató una batalla jurídica internacional. La operación era redonda, además de ser uno de los episodios más oscuros y escandalosos de la posguerra española. El régimen de Franco no dejaba sacar divisas al extranjero, por lo que los obligacionistas de la compañía, fundada en 1911 en Toronto, que en su totalidad eran de otros países, no podían cobrar sus cupones. La firma gestionaba la práctica totalidad de la electricidad de Cataluña. La imposibilidad de remunerar a los inversionistas hizo caer en picado las cotizaciones, circunstancia que March aprovechó para hacerse con una cantidad mayoritaria de títulos. Cuando tuvo una cantidad suficiente instó la quiebra a través de empleados suyos que pasaron por acreedores ante un juzgado de la localidad tarraconense de Reus. En 1948, el titular del juzgado, Alfredo Fournier, acostumbrado a lidiar con pleitos de escasa importancia, aceptó la petición. Todas las protestas ante el Gobierno y todas las argumentaciones de los representantes de la empresa (simplemente, no podían pagar sus deudas porque el régimen no les dejaba sacar el dinero del país) resultaron vanas. El juez obligó a realizar duplicados de las acciones de las filiales de la compañía (que también estaban en el extranjero) para venderlas en subasta pública. De este modo, el 4 de enero de 1952, FECSA se hizo con la titularidad de los activos por el precio mínimo, al ser el único postor, de unos 10 millones de pesetas de la época y el compromiso de saldar las deudas, la mayoría de la cuales estaban en manos del propio March.[63] La revista *Time* se hizo eco de la operación en 1952 y recogió el calificativo que Franco había hecho de la misma: «Nacionalismo audaz». Pero la propia publicación apuntaba que había sido tan audaz que «probablemente ahuyentará al capital de EE. UU. de España durante mucho tiempo». Los pleitos que iniciaron el Gobierno belga y otros accionistas de La Canadiense (entre los que estaba la financiera belga Sofina, dirigida por el poderoso Dannie Heinneman) y varios bancos británicos se prolongaron hasta 1970. En ese año, el Tribunal Internacional de Justicia de La Haya dio la razón a Juan March por quince votos a uno, al considerar que el Gobierno belga, la entidad que planteó la demanda, no podía actuar en defensa de intereses de capitalistas privados de una compañía con sede en Canadá.

Los negocios de March se extendieron no sólo a la nueva Tabacalera, creada en los años 40, sino a Trasmediterránea, en cuyos inicios, en 1916, no participó, pero en la que no tardó en entrar, al igual que la actividad petrolera a través de Petróleos Porto Pi, que posteriormente fue integrada en el monopolio de petróleo, CAMPSA, que March, para su disgusto, no logró controlar. En 1955 creó la Fundación Juan March, un hecho que le convirtió en un gran mecenas y filántropo. Esta entidad sin ánimo de lucro no ha sido sólo una de las más importantes de España sino del mundo. Juan March falleció el 10 de marzo de 1962 en la clínica de la Concepción de Madrid, donde había sido internado tras un choque frontal con su Cadillac en las cercanías de Madrid.

En su testamento dejó una mayor proporción de herencia a su hijo Juan que a Bartolomé March Servera. A sus nietos Juan y Carlos March Delgado, hijos de Juan, les legó el 20 % a cada uno. Actualmente, comparten intereses con sus dos hermanas, Gloria y Leonor, con las que tienen sindicadas las acciones de Banca March, que con-

---

63. «Audatious nationalism», *Time*, 14 de enero de 1952.

trolan al 100%, y las del 65% que tienen en la Corporación Financiera Alba. Este pacto, firmado en 2004, supone la prórroga de otro sellado en 1980, tiene vigencia hasta el 31 de marzo de 2015 y supone un «control conjunto y concertado» de la Corporación. La cooperación entre los cuatro hermanos es muy cordial, y comparten y se combinan en distintos cargos.

La Corporación Financiera Alba significó el gran auge de la familia. Este instrumento de ingeniería financiera, creado en 1986, fue el que emplearon para lanzarse a la compraventa de participaciones empresariales gracias a los 28.000 millones de pesetas que percibieron por la venta de Cementos Alba, controlada por la familia desde su creación, en 1953. A la parte empresarial (que a las participaciones más estables suma compra-ventas como la de una parte del Banco Urquijo que, en 1997, vendió a un grupo belga, y el resto, posteriormente, a otro luxemburgués) hay que añadir un inmenso patrimonio inmobiliario perteneciente a la familia, en el que destaca la finca Sa Vall, la más grande de Mallorca, con 35 kilómetros cuadrados, entre los términos municipales de Ses Salines y Santanyí, al sur de la isla.

La cuarta generación de los March está bien nutrida, pero la responsabilidad de la transición parece haber correspondido de nuevo a un Juan, Juan March de la Lastra, hijo de Carlos y Conchita de la Lastra. Licenciado en administración y dirección de empresas, trabajó antes de entrar en el negocio familiar en JP Morgan, en Nueva York, para recalar finalmente en la Corporación Financiera Alba. Entre otros cargos, es consejero de Banca March. Está casado con María Herrero, hija de Ágata Pidal y de Ignacio Herrero, bisnieto del fundador del Banco Herrero, y perteneciente a una de las familias más ricas de Asturias. Los otros hijos de Carlos March son Gadea, que destaca por sus dotes para la hípica, y Carlos. Por su parte, Juan March Delgado, casado con María Antonia Juan, tiene un perfil más institucional que su hermano y tiene cinco hijos: Carmen, María, Leonor, Catalina y Juan. Una de las más conocidas es Carmen March Juan, la primogénita, dedicada al negocio de la moda; y la otra, su hermana Leonor, quien se dedica a la historia del arte y, en 2002, se casó con el cineasta Jaime Rosales de Fontcuberta, descendiente de una de las familias de la nobleza de Barcelona.

Gloria March Delgado está casada con Ignacio Villalonga y sus hijos son Ignacio, Álvaro y Juan Carlos Villalonga March. El tercero es miembro del patronato de la Fundación Kovacs, institución creada en recuerdo de un médico cuya familia está muy cercana a los reyes de España. Por su parte, Leonor March Delgado está casada con Francisco Vilardell Viñas. Los hijos de la pareja son Mercedes, Carmen y Javier Vilardell March. La mayor es coleccionista de arte y comisaria de exposiciones. Su hermana Carmen es psicóloga.

La otra gran rama es la de Bartolomé March Servera, que se casó con Marita Cencillo, condesa de Pernia, de la que se acabó separando. Apartado por decisión paterna de las finanzas familiares, se convirtió en uno de los últimos mecenas a título individual y creó la Fundación Bartolomé March. Tuvo cuatro hijos: Leonor, Juan, María Dulce (Marita) y Manuel. La primogénita, Leonor March Cencillo se casó con el ingeniero Javier Chico de Guzmán y Girón, duque de Ahumada y descendiente del fundador de la Guardia Civil. Juan March Cencillo, ya fallecido, era escritor y la última hija, María Dulce (Marita) se casó con Alfonso Fierro Lopera, de la familia que era propietaria de la antigua Fosforera. El binomio Fierro-March ejerce una enorme influencia. Tres de los cuatro hijos del matrimonio (Bibiana, Juan y Alfonso) se dedican a los negocios, mientras que el cuarto, Bartolomé, pertenece al Opus Dei. Finalmente, Manuel March Cencillo, el más joven de los hijos de Bartolomé March Servera, llegó a presidir la fundación que lleva el nombre de su padre, cargo que tuvo que dejar tras las guerras familiares relacionados con la herencia.

A pesar de la coraza con la que la familia trata de cubrir todos sus asuntos, trascendió a la opinión pública la pugna entre los herederos de Bartolomé March Servera producida a propósito de la propiedad del tríptico Biniforani, valorado en tres millones de euros, y de un cuadro de Goya titulado *Retrato de la duquesa de Osuna*, también conocido como *La condesa de Benavente*, valorado en nueve millones de euros. La fundación, a la que Bartolomé March había cedido casi toda su fortuna para contrariedad de sus herederos, reclamó judicialmente a Marita March, una de las hijas, el lienzo por considerar que el fallecido lo había legado a esta entidad. Y quien encabezaba el pleito era Manuel March, hermano de Marita y presidente de la fundación hasta que fue obligado a abandonar el cargo, para que lo asumiera Luis Alberto Salazar Simpson.

El problema nació en realidad tras fallecer Bartolomé March en 1998. La viuda, de la que se había separado, renunció a la legítima y no recibió ningún bien. Para complicar más el asunto, sorprendentemente, apareció una cuarta heredera, Maruja Torres, una mujer que había convivido con el difunto en París, y que se sumaba a los hijos vivos del difunto, Leonor, Marita y Manuel, que debían repartirse la herencia, ya que Juan, otro de los descendientes, había fallecido en 1992. Los albaceas incluyeron en el reparto de la herencia, cuyo valor ascendía a unos 80 millones de euros, sin contar los bienes cedidos ni palacios, el cuadro de Goya. Y eso motivó el conflicto, ya que se tenía que determinar si su cesión a la fundación en 1986 fue válida a todos los efectos o si fue realizada de forma temporal o definitiva, es decir, en determinar si fue una cesión o una donación. En la escritura pública firmada por Bartolomé March se hacía referencia al depósito voluntario del cuadro y se establecía una cláusula según la cual el lienzo sería para siempre propiedad pública si el mecenas no lo reclamaba antes de nueve meses. Un informe encargado por los nuevos gestores de la fundación determinó que no se trataba de un acto de donación correcto, por ser incompleto. El asunto terminó en un armisticio entre las partes enfrentadas. Después de la batalla pública, todos optaron por regresar a la discreción, la auténtica marca de la casa.

L'ORÉAL

BETTENCOURT: PORQUE L'ORÉAL LO VALE

Valerlo lo vale, como afirma el *slogan* promocional de la marca. El valor en bolsa de la compañía alcanza los 42.000 millones de euros. L'Oréal es un auténtico imperio que fue heredado a mediados de los años 50 por Liliane Bettencourt, hija del fundador. La familia Bettencourt, con la matriarca Liliane en cabeza, cuenta con aproximadamente el 27% del capital del grupo, mientras que la mayor multinacional alimentaria del mundo, la suiza Nestlé, posee en torno al 26%, después de un largo y complejo acuerdo accionarial cerrado en 2004 por el que transformaron sus participaciones indirectas en directas a través de una sociedad *holding* conjunta. Liliane Bettencourt, para muchos considerada la mujer más rica del mundo, tiene una única hija, Françoise, que forma parte del consejo de administración y que está casada con Jean-Pierre Meyers, quien también participa en los órganos de gobierno de la compañía como vicepresidente. Ningún otro miembro de la familia trabaja en la empresa, con lo que las incógnitas sucesorias se mantienen a pesar de la avanzada edad de Liliana Bettencourt. Françoise pleiteó en 2008 con su madre por la donación de unos 1.000 millones de euros que ésta hizo a un viejo amigo.

La auténtica dueña del coloso de la cosmética no es muy aficionada a las apariciones públicas. Sólo participa en un acto social al año: la entrega del trofeo Lancôme, la competición de golf que patrocina su grupo, L'Oréal, a principios de otoño. Desde 1974, mantenía un pacto con Nestlé mediante el que controlaban la compañía a través del *holding* Gesparal. La multinacional suiza poseía el 49 % de esa sociedad que contaba con más del 53 % de L'Oréal, y la familia Bettencourt, el 51 % restante. Gracias al nuevo acuerdo los dos pasaron a ser accionistas directos del grupo, con la familia Bettencourt en cabeza. L'Oréal tiene marcas de productos de higiene y belleza tan populares en todo el mundo como Garnier, Lancôme, Biotherm, Vichy o Ralph Lauren. En 2006, la firma francesa sumó a su imperio el grupo británico de comercialización de productos de belleza The Body Shop, fundado por Gordon y Anita Roddick, dos iconos del empresariado británico al estilo de Richard Branson, creador de Virgin.

El nuevo acuerdo de control accionarial firmado con Nestlé cuenta con varias disposiciones que garantizan la estabilidad de la estructura del capital en los próximos años. Y es que Liliane Bettencourt, que supera los 80 años, siempre se ha esforzado por preservar la herencia de su padre, Eugène Schueller, fundador del grupo, por quien manifiesta una admiración sin límites. Schueller, de origen alsaciano, era hijo de un panadero y pastelero, químico de formación, e inventó en 1907 el tinte capilar. Era lo que hoy se denominaría un empresario arriesgado e innovador. Hizo fortuna vendiendo el tinte de su creación a los peluqueros parisinos. El invento tuvo tal éxito, que a los dos años de su cre-

Liliane Bettencourt considerada
para muchos la mujer más rica del mundo.

ación, en 1909, fundó la compañía L'Oréal (el nombre original era L'Auréale y la denominación legal era Société Française de Teintures Inoffensives pour Cheveux). En poco más de cinco años, el negocio se extendía por todo el territorio francés. La publicidad y el fichaje de bellas mujeres para anunciar sus productos fue desde el principio una de las marcas de la casa

Apasionado por la política y la economía, escribió también media docena de libros. La única sombra en su biografía fue su relación con el colaboracionismo, durante la ocupación de los nazis alemanes en Francia. Aunque fue absuelto en 1947, este episodio volvió a resurgir en los años 90, para gran consternación de su hija. Schueller se quedó viudo al fallecer su esposa, Louise-Madeleine Berthe Doncieux, cuando su única hija, Liliane Henriette Charlotte Schueller, tenía sólo cinco años de edad. A pesar de sus múltiples ocupaciones, se ocupó personalmente de la crianza y educación de la niña, con disciplina y rigor. «Me inculcó el gusto por la vida y el sentido del esfuerzo. Aunque sólo sea por eso le bendigo», ha recordado ella en alguna ocasión. Desde los 15 años, a la vuelta del veraneo, la hija del patrón de L'Oréal hacía ya sus primeras prácticas en la fábrica de Aulnay, pegando etiquetas en los envases. En Suiza, mientras se curaba de una tuberculosis, Liliane conoció al político André Bettencourt, próximo a Georges Pompidou, con quien se casó en 1950. Se hicieron inmediatamente famosos por las galas que solían ofrecer y por sus apoyos y donaciones a causas relacionadas con el mundo del arte y los problemas sociales. Durante aquella etapa, padre e hija estaban tan unidos que la pareja y el suegro intentaron vivir bajo el mismo techo, pero la cohabitación sólo duró 15 días.

En 1957, falleció Eugène Schueller y la heredera, apenada y a la vez sorprendida por el peso que le caía encima recurrió a un amigo de infancia de su marido, François Dalle, para regentar el grupo. Liliane Bettencourt nunca ha querido ocupar el sillón de presidente y director general, pero ha sido ella quien ha entronizado a otros para este cargo y quien les ha vigilado, desde el consejo de administración. No se pierde ni una de las reuniones del máximo órgano de gobierno de la empresa y tiene por costumbre instalarse enfrente del patrón de turno, con quien siempre ha mantenido relaciones de complicidad: Dalle durante 30 años, Charles Zviak, y, desde 1988, Lindsay Owen-Jones. Como a su padre, no le asustan los riesgos y así, respaldó la adquisición de Garnier propuesta por Dalle, aunque se consideraba demasiado cara en la época, como también animó a Owen-Jones a comprar Maybelline en EE. UU., operaciones que han resultado ser de una enorme rentabilidad.

A diferencia de otros magnates, nunca ha tenido la tentación de marcharse de Francia, ni siquiera en 1981, cuando llegó la izquierda al poder con una batería de nacionalizaciones en cartera. Vive lejos del bullicio de la *jet set* en su casa del elegante barrio parisiense de Neuilly, cuyas paredes están decoradas con cuadros de Monet, Picasso, Léger o Van Gogh. Amante del arte, en 1987, creó la fundación Bettencourt-Schueller para ayudar a los creadores de todo tipo. Su esposo falleció en 2007.

Liliane Bettencourt tuvo toda su fortuna invertida en acciones de L'Oréal hasta que en 1974, siguiendo las recomendaciones que le había hecho durante años Georges Pompidou, se resignó a la diversificación y alcanzó un acuerdo con Nestlé. Fruto de ese pacto, vendió el 46,3 % del capital de L'Oréal a cambio del 4 % de las acciones del grupo suizo Nestlé, del que se convirtió en una de las primeras accionistas. La heredera puso dos condiciones: que se tratara de un intercambio de papeles —es decir sin poner ni un franco, la moneda de entonces— y que ella (su familia) conservara de por vida el control de L'Oréal. Con los años, L'Oréal ha ganado tamaño con respecto a Nestlé y si ésta quiere aumentar su participación a más de un tercio, la legislación le obligará a lanzar una OPA sobre la totalidad de las acciones, lo que hace casi imposible que ese hecho se produzca. Liliane lo tiene todo atado y bien atado aunque se desconoce cómo tiene planteada su sucesión, algo que inquieta a la mayoría, dada su avanzada edad, aunque tal vez a ella no...

ⓘnvestor

WALLENBERG: SUECIA EN SUS MANOS

Pueden buscarlo, pero no lo encontrarán. En Suecia no existe una sociedad denominada Wallenberg S. A. ni nada parecido, pero esta familia, cuyas raíces provienen de finales del siglo XVIII y principios del XIX, está presente en las principales empresas del país escandinavo. De hecho, este clan, a principios del siglo XXI controlaba en torno al 40 % del valor de las compañías cotizadas en la bolsa de Estocolmo. Sus participaciones van desde la fabricante de equipos de telecomunicaciones Ericsson hasta la farmacéutica AstraZeneca, la compañía de electrodomésticos Electrolux, el gigante de la ingeniería ABB y las firmas de vehículos Saab y Scania, además de un sinfín de compañías que no cotizan en la bolsa. A lo largo de los años, la familia ha fichado a ejecutivos de primer nivel para la gestión de compañías y ha resuelto el asunto de la sucesión mediante el sistema de la primogenitura, lo que les ha permitido llegar a la quinta generación y encaminarse hacia la sexta. Durante varios años, Percy N. Barnevik, uno de los ejecutivos más legendarios (comparado con Jack Welch, de General Motors), fue el presidente de la sociedad que agrupa las participaciones de la familia, Investor. También era el presidente de una de las firmas controladas por el clan. En 2002, Barnevik, que fue el primer alto ejecutivo no familiar contratado por la familia en 50 años, decidió dejar esos cargos.

El imperio creado por André Oskar Wallenberg en el siglo XIX con la creación del Stockholms Enskilda Bank, en 1856, que se convirtió luego en el Skandinaviska Enskilda Banken (SEB), la base del poder económico de la familia, se sustenta en el control que ejercen una serie de fundaciones que destinan fondos a la ciencia, a la investigación y las artes. Éstas, a su vez, controlan el 46% de los derechos de voto y el 22% del capital de las sociedad Investor, fundada en 1916 y controlada por la familia y en la que centralizan algunas de sus principales participaciones industriales. El valor bursátil de Investor era en 2008 superior a los 10.000 millones de euros. Otra de las sociedades importantes de la familia es Providentia, fundada en 1946. Pero tienen otra cartera importante a través de fundaciones a las que han transferido intereses de peso, como los que poseen en la aerolínea SAS, en la papelera Stora Enso o en el fabricante de rodamientos, retenes, mecatrónica, servicios y sistemas de lubricación, SKF, en las que Foundation Asset Management (FAM), creada por algunas de las fundaciones de la familia, posee paquetes accionariales de consideración. Esta misma entidad, además de poseer una importante cartera, tiene contratos de gestión con otra compañías, entre ellas, Investor. En resumen, tras ver este conglomerado de relaciones, se puede afirmar con rotundidad que muy pocas cosas se mueven en Suecia sin que intervenga, de una forma u otra, la familia Wallenberg.

La dinastía, como decíamos antes, nació del banco fundado por André Oskar Wallenberg, que se convirtió en la principal fuente de financiación de la industrialización sueca. El fundador estaba casado con Anna von Sydow y, tras su fallecimiento, en 1866, dejó una inmensa familia. Con anterioridad, había mantenido una relación estable con Mina Anderson, con la que se casó en 1854 tras el nacimiento del tercer hijo, pero que falleció al nacer el cuarto. Con Anna tuvo 14 hijos, de los que 11 llegaron a adultos. Además, Anna aceptó adoptar a los tres hijos que André tuvo en su primer matrimonio. La mayoría de las hijas, que en aquella época no estaban destinadas a dirigir empresas, se casaron con aristócratas y nobles. El testigo de la gestión de la fortuna familiar recayó en dos de los hijos, Knut Agathon y Marcus —hijos de diferente madre—, que salvaron al clan de la recesión en la que cayó Suecia en la primera guerra mundial y permitieron que el grupo entrara en la década de los años veinte del siglo XX con plena solvencia.

Knut Agathon, que contra la opinión de su familia se casó con la cantante noruega Alice Nickelseon, no tuvo descendencia y cedió toda su fortuna a la Fundación Alice y Knuth Wallenberg, una de las más

Andrés Oscar Wallenberg (1816-1886),
fue el creador del Skandinaviska
Enskilda Banken (SEB), un instrumento
concebido en su origen para canalizar
préstamos hacia pequeños proyectos
empresariales.

importantes del clan también hoy. Por su parte, Marcus y su esposa
Amalia Hagdahl, sí tuvieron seis hijos y dos de ellos, Jacob y Marcus,
fueron los responsables de asumir la gestión de los intereses de la
familia. Dos hijos de Marcus, Peter y Marc, fueron los que tomaron
el testigo, ya que Jacob no tuvo hijos hasta el final de su vida, cuando
adoptó a Peder Seger. Se daba por hecho que era el fruto de la relación
que mantuvo con Madeleine Seger.

A diferencia de generaciones anteriores, las personalidades de Peter
y Marc chocaban, lo que facilitó una especie de división de papeles.
Uno presidía unas compañías y el otro, otras. El clímax de las diferencias se desencadenó con la fusión del Stockholms Enskilka Banken y el
Skandinvinska Banken, en 1972, para convertirse en el S-E-Banken.
Marc se suicidó en 1971. Peter, que siguió al frente, fue el principal
arquitecto de la construcción de una nueva compañía de inversiones
diversificada, con participaciones de control en varias empresas importantes en los años ochenta. Durante esa época, Investor pasó a desarrollar el papel central que con anterioridad había tenido en banco SEB.
Con la crisis financiera de 1992-1993 el banco, que a lo largo de sus
más de 150 años de historia fue el resultado de la suma de unas 120
entidades financieras, estuvo al borde la quiebra. La familia aumentó
su control sobre el mismo y, en 1997, se rebautizó como SEB. Un hijo
de Marc, Marcus, y otro de Peter, Jacob, fueron los miembros de la
quinta generación que adquirieron protagonismo a finales de los años
noventa y los que, en la actualidad, rigen los destinos de los intereses
de la familia.

AGNELLI: LA «MONARQUÍA» ITALIANA

En Italia no hay monarquía en la actualidad. Lo más parecido sería la familia Agnelli, una verdadera dinastía real en una República. Aunque sin la capacidad de control absoluto de años atrás, sigue siendo el clan italiano por excelencia. La mayor dinastía industrial italiana está hoy en manos de John Philip Jacob Elkann Agnelli, el hijo mayor de Margherita, hija de Giovanni Agnelli II, el último patriarca de este clan cuyo principal activo sigue siendo Fiat.

Poco se esperaba este joven, de maneras y aspecto más de actor que de empresario, que iba a heredar las riendas de este imperio hasta que con apenas 21 años en 1997 fue nombrado consejero de Fiat, la compañía señera de la familia después del fallecimiento de quienes, en principio, estaban llamados a cargar con esa responsabilidad. Precipitaron esta decisión los fallecimientos del abuelo de Elkann, en 2003, Giovanni II, el gran patriarca, y del hermano de éste, Umberto, en 2004. Todo ello desembocó en el nombramiento de John Philip Jacob Elkann como vicepresidente de Fiat y de IFIL, la compañía de inversión que aglutina los intereses de la familia. Su hermano Lapo, heredero de la vertiente bohemia y glamourosa de su abuelo Giovanni II, se ocupó del *marketing* de Fiat, pero una sobredosis de cocaína que estuvo a punto de acabar con su vida en 2005 truncó esa carrera; en la actualidad tiene un negocio de gafas de sol de diseño a través de la sociedad Italia Independent.

John Elkann es, desde mayo de 2008, el presidente de IFIL. Pero no es ya el más joven miembro de la nueva generación, ya que tras la muerte de Umberto en 2004, se incorporó al consejo de administración de Fiat, su hijo pequeño, Andrea Agnelli, primo segundo de John Elkann. El futuro del clan dio un vuelco con el fallecimiento de Giovanni (Gianni) Agnelli II, en 2003. Conocido como *L'Avvocatto*, fue, junto con su hermano Umberto, que le relevó en la presidencia de Fiat a su muerte y que le sobrevivió apenas un año, el artífice del crecimiento del grupo familiar.

Margherita Agnelli renunció
en su día a sus derechos
familiares a cambio de varias y
valiosas propiedades
y 109 millones de euros.

Giovanni no estaba llamado a ser el relevo tan temprano. Su padre, Edoardo, que era el hijo del fundador de la dinastía, Giovanni Agnelli I, pereció en un accidente de avión en 1935. Por aquel entonces, sus hijos, Giovanni (Gianni) II y Umberto, eran todavía muy jóvenes para llevar las riendas de la compañía. Fue un alto ejecutivo, Vittorio Valletta, el que se ocupó de gestionar el imperio y, en especial, tras el fallecimiento del fundador en 1945. No fue hasta 1966 cuando Gianni y su hermano se hicieron cargo plenamente del negocio.

Los Agnelli proceden de la nobleza rural piamontesa, con Turín como centro y punto de partida. Su casa solariega, en Villar Pedrosa, a unos 45 kilómetros de Turín es el cuartel general de la familia desde mediados del siglo XIX, cuando el clan comenzó a prosperar. Pero el creador de lo que es hoy esta saga fue Giovanni Agnelli I, nacido en 1866. En 1898 fundó, junto con el conde Bricherasio di Cacherano, una sociedad de producción de automóviles bautizada posteriormente como Fabbrica Italiana Automobili Torino (Fiat). Se desconoce cómo se hizo finalmente Agnelli con el control total de la compañía a través de la compra de las participaciones del resto de socios, inclusive las del conde, que fue el titular de la idea. Gracias a sus contactos políticos, el fundador de la saga logró contratos importantes de suministro de material bélico cuando Italia emprendió campañas militares en el norte de África a principios de la década de 1910. Posteriormente, no dudó en dar su pleno apoyo al máximo representante del fascismo italiano, Benito Mussolini, como en España hizo el empresario Juan March Ordinas con el alzamiento militar encabezado por el general Francisco Franco. Mussolini, una vez en el poder, le devolvió los favores.

El fundador de la dinastía, Giovanni, tuvo con su esposa, Clara Boselli, a su hija Aniceta, casada posteriormente con Carlo Nasi, y a su hijo Edoardo. Pero el único hijo varón no resultó ser lo que su padre quería. Los coches le gustaban para usarlos, pero no para fabricarlos ni para dedicarse a controlar su producción. Se volcó en la Juventus, el club del que la familia era dueña, así como en Sestriere, la estación de esquí también propiedad del clan, situada en los Alpes italianos. Edoardo falleció en un accidente de avión y dejó una viuda, Virginia Bourbon del Monte di San Faustino, y siete hijos —por orden, Clara (casada primero con Tassilo Fürstenberg, con el que tuvo una hija y dos hijos; y luego con Giovanni Nuvoletti), Giovanni II, Susana (casada con Urbano Rattazzi, con el que tuvo cuatro hijas y dos hijos y que fue la primera y única ministra de Asuntos Exteriores de la República italiana en 1995), Maria Sole (casada primero con Ranieri Campello della Spina, con el que tuvo dos hijas; y luego con Pio Teodorani Fabbri), Cristiana (casada con Brando Brandolini d'Adda, con el que tuvo cuatro hijos; Giorgio (fallecido en 1965) y Umberto (casado primero con Antonella Bechi Piaggio, con la que tuvo dos hijos, y luego con Allegra Caracciolo di Castagneto, hermana de la esposa de su hermano Giovanni, Marella Caracciolo di Castagneto).

Una vez fallecido Edoardo, su esposa Virginia se entregó también a todo tipo de placeres, mientras que sus hijos, entre ellos un pillo y consentido Giovanni (Gianni) eran criados por institutrices.[64] A pesar de todo ello cumplió con sus deberes militares como teniente en la campaña en Rusia en el contexto de la segunda guerra mundial. Se interesó por la empresa familiar, por entonces dirigida por un eficaz y fiel Vittorio Valletta, pero le tentaron los placeres de la Riviera francesa y se labró una gran fama como *playboy* internacional, además de formar parte casi fija de las revistas del corazón. Mientras, el grupo familiar se convertía en la primera industria de Italia, con participaciones que

64. Landes, David S.; *Dinastías*, Crítica, Barcelona, 2006.

se extendían hasta la prensa, con la propiedad de *La Stampa*. En 1953 se produjo un gran punto de inflexión en la vida de Gianni, al casarse con la atractiva Marella Caracciolo di Castagneto, hija del duque de Melito y de la que el escritor Truman Capote llegó a decir que poseía «el cuello más largo de Europa». A partir de aquí, Gianni Agnelli decidió sentar la cabeza y se volcó en el grupo, primero como responsable de una de sus unidades, a modo de prueba, y después, en 1959, como pesidente de IFIL, el *holding* que controla los intereses de la familia. En 1963, para sorpresa de Vittorio Valletta, decidió tomar las riendas de Fiat, que el fiel ejecutivo había cogido tras el fallecimiento del abuelo de Gianni en 1945. En 1966, Valletta se retiró y Gianni se convirtió en el todopoderoso gestor del conglomerado familiar.

Bajo su mandato, Gianni trató de llegar a una fusión con la francesa Citroën, que fue imposible debido a un factor imprevisto: el orgullo francés y la oposición del gobierno del general Charles De Gaulle. Posteriormente, adquirió Alfa Romeo. Con el tiempo, la compañía fue creciendo y Gianni se entregó de nuevo a los placeres que le merecieron el título popular de *Il Re*. Como sucedió primero con la muerte de su padre, Edoardo, y luego con la de su abuelo, de nuevo un ejecutivo ajeno a la familia fue el responsable de que el grupo familiar siguiera creciendo. Se trataba de Cesare Romitti, un hombre severo y con fama de buen gestor y buenos contactos públicos, conocido como *Il Duro*.

En lo que respecta a la propiedad, Gianni había previsto que su hijo Edoardo lo sucediera. Pero no era lo que este pensaba. Se trataba de un joven más interesado por la astrología, que prefería vivir aislado, como un asceta, que llevar las riendas de los negocios. Al final, en 2000, fue encontrado muerto bajo un puente de Turín. Al parecer se había suicidado. Saltaron las alarmas y Gianni pensó en su sobrino Giovanni —conocido como Giovannino—, hijo de su hermano Umberto, para sucederle, pero éste murió prematuramente de cáncer en 1997, con sólo 33 años.

De nuevo, la fatalidad se cernía sobre un clan que muchos ya comparaban con el de los Kennedy, de EE. UU., también marcado por la tragedia a lo largo de su historia. Gianni ya había vivido el fallecimiento de su padre, Edoardo, que debía haber sido el sucesor del fundador, pero que pereció en un accidente de avión en 1935. Fue de este modo que Gianni pensó en su nieto John Elkann, y por eso tomó el mando de su educación. Durante los últimos años, Fiat, de la que incluso se vendió una parte del capital a la estadounidense General Motors, ha pasado por momentos muy difíciles, que la llevaron al borde la bancarrota.

El imperio familiar es considerable. El clan está formado por más de 80 familiares que son accionistas. Se trata de representantes de las ramas Elkann, Agnelli, Ratazzi, Fürstenberg, Campello, Brandolini d'Adda, Ferrero Ventimiglia, Nasi y Camerana. Todos ellos participan en este conglomerado a través de una cadena que empieza en la sociedad Giovanni Agnelli & C., fundada en 1987. Esta entidad controla el 100 % de IFI que, a su vez, tiene el 69,8 % de IFIL, firma que cotiza en bolsa y que es dueña de las joyas de la corona de la dinastía. Además del 30,45 % de Fiat —con marcas como la propia Fiat, Ferrari, Alfa Romeo, Lancia y Masseratti—, poseía en 2008 un paquete de acciones de Intesa Sanpaolo, el mayor banco de Italia; el 15 % de SGS, una firma suiza de certificación, y el 72,11 % de Cushman & Wakefield, una consultora inmobiliaria, así como la compañía de componentes de automoción Magneti Marelli. A su vez posee el 60 % del club de fútbol Juventus y el 9,8 % del banco de inversión Banca Leonardo. El valor bursátil de esta cartera industrial era, en 2008, de unos 9.000 millones de euros, de los que en torno al 60 % corresponde a Fiat.

Consciente del legado que tiene que manejar y de que a los períodos de dificultades les suceden otros de bonanza, Elkann afirma: «La mayor de mis satisfacciones ha sido aprender, teniendo en cuenta mi inexperiencia, que hay vías de salida para las peores dificultades. Aprendí a estar desesperado en los tiempos malos y estoy aprendiendo a ser optimista cuando las cosas van bien».[65] La meritocracia es otro de los asuntos que tiene muy presente cuando habla con la prensa: «Soy muy joven... y, a la vez, un poco privilegiado. Seguramente no se me ve como alguien que ha llegado donde está por sus méritos».[66] Cuando se incorporó al negocio familiar, Fiat estaba al borde

65. «Dynasty calls», *The Economist*, 8 de mayo de 2008.
66. «Guardian of Agnelli assets puts merit first», *Financial Times*; 16 de noviembre de 2007.

de la bancarrota, amenazando así toda la fortuna del clan. IFIL era un auténtico caos. Estaba desorganizada y todo presagiaba que el final estaba cerca, echando por tierra los logros de los antepasados. Pero Elkann, junto con sus colaboradores fueron los artífices de una revolución que ha dado sus frutos con la resurrección de Fiat y también de la cartera de participaciones de la familia. La obsesión de este ingeniero de gestión por el mérito parece que dio sus frutos.

Como es costumbre en este tipo de familias, lo habitual es que dinero y poder busquen o bien algo parecido o bien aristocracia y, por eso durante estos años (concretamente en 2004), John Elkann tuvo tiempo de casarse con Lavinia Borromeo, descendiente de San Carlo Borromeo y Federico Barbarrosa, una de las familias nobles más antiguas y con más solera de Italia, junto con los Sforza y los Visconti. La boda tuvo lugar en el archipiélago Borromeo, perteneciente a la familia de Lavinia y situado en la región del Piamonte. La pareja tuvo su primer hijo en 2006, y le llamaron Leone.

«Mi hijo es todo menos un hijo de papá. Ha vivido en EE. UU., Francia, Brasil y Japón. Ha trabajado en General Electric. Ha sabido cohabitar inteligentemente con su tío abuelo Umberto. Al igual que su hermano Lapo, es ante todo un ciudadano del mundo»,[67] asegura el padre del sucesor de la corona Agnelli, el periodista y asesor de imagen de Silvio Berlusconi, Alain Elkann, ya separado de Margherita, con la que, además de John y Lapo, tuvo a Ginevra.

Margherita se casó luego con Sergio de Pahlen, con el que tuvo cinco hijos, y ha mantenido una pugna jurídica con el resto de la familia Agnelli al pedir que se revisaran las cuentas de la herencia de su padre. Este conflicto desató un auténtico enfrentamiento no sólo con sus tías Clara, Susana (Suni), Maria Sole y Cristiana Agnelli, las cuatro hermanas vivas del patriarca Giovanni, sino con su propio hijo John Elkann, quien declaró sentirse «dolorido como hijo».

Margheritta Agneli de Pahlen, la única hija aún viva de Giovanni Agnelli, reclamaba que se revisaran las cuentas detalladas de la enorme herencia de su padre. Por ello, presentó en mayo de 2007 ante el tribunal de Turín, ciudad que alberga la sede de Fiat, una demanda para obte-

67. De Gasquet, Pierre; *La dinastía Agnelli*, Lid Editorial Empresarial, Madrid, 2007.

ner de los tres albaceas testamentarios de su progenitor un control deta-
llado de los bienes personales del industrial en el momento de su muerte
(en enero de 2003) y el estado de los mismos. Y es que, cuando murió
Giovanni Agnelli, hubo que afrontar un delicado reparto. Además de
satisfacer a su viuda, Maranella Caracciolo, y a su hija Margherita, había
muchos otros familiares. Y, a la vez, había que tratar de evitar que se des-
perdigaran las acciones de las distintas compañías del clan. Los aboga-
dos de la familia habían creado la entidad Giovanni Agnelli & Cia., que
dependía a su vez de otra sociedad llamada Dicembre. Estas dos firmas
son las llaves que controlan las firmas de cartera IFIL e IFI. La idea del
fallecido era que John Elkann tuviera más de un tercio de Dicembre, para
que, si se aliaba con algunos familiares como sus hermanos Lapo y
Ginevra, pudiera dominarlo todo.

Margherita renunció en su día a sus derechos en los intereses familiares a cambio de varias y valiosas propiedades y 109 millones de
euros. En la época en la que se selló ese acuerdo, las acciones de la Fiat
estaban en su mínimo histórico y nadie parecía apostar nada por el
futuro de la compañía. Con una situación radicalmente opuesta —en
la que Luca Cordero di Montezemolo (presidente de Fiat), John
Elkann (vicepresidente) y, sobre todo, el consejero delegado Sergio
Marchionne, le dieron la vuelta al calcetín—, y una vez hubieron vuel-
to a tener beneficios, se despertaron los apetitos de Margherita, quien
debió pensar que no había hecho muy buen negocio ni para ella
misma ni para los cinco hijos, fruto de su matrimonio con Sergio de
Pahlen (Pietro, Sofia, Maria, Anna y Tatiana). La fortuna familiar se
estima entre 2.500 y 3.000 millones de euros, y ella sólo recibió 109
millones. Margherita, que es pintora y poeta de vocación, quiere
ahora saber si lo que recibió en herencia era lo que realmente le
correspondía. Eso sucede hasta en las mejores familias e incluso en las
que, en apariencia, se llevan muy bien. Como dijimos unas páginas
atrás, no se conoce a una persona hasta que hay que compartir una
herencia con ella.

BIBLIOGRAFÍA

Amat, Joan M.; *La sucesión en la empresa familiar*, Deusto, Barcelona, 2004.

Amat, Joan M., y Miguel Ángel Gall; *Los secretos de las empresas familiares centenarias*, Deusto, Barcelona, 2003.

Amat, Joan M., Martínez, Jon I., y Juan Roure; *Transformarse o desaparecer*, Barcelona, 2008.

Arriaza Ibarra, Karen, y Sergio A. Berumen; *Treinta inmensas fortunas y cómo se hicieron*, Ecobook, Madrid, 2008.

Davis, John A.; Gersick, Kevin E.; Lansberg, Ivan; y Marion McCollom; *Generation to generation*, Harvard Business School Press, Boston, 1997.

De Gasquet, Pierre; *La dinatía Agnelli*, Lid Editorial Empresarial, Madrid, 2007.

Ferrer Guasp, Pere; *Joan March. Els inicis d'un imperi financer*, Edicions Cort, Palma, 2000.

Fuentes Ramírez, Javier; *De padres a hijos*, Pirámide, Madrid, 2007.

Galiacho, Juan Luis, y Julián Pérez Olmos; *Los herederos del gran poder*, La Esfera de los Libros, Madrid, 2006.

Gay Forden, Sara; *The House of Gucci*, Perennial, EE. UU., 2001.

Gómez-Betancourt, Gonzalo; *¿Son iguales todas las empresas familiares?*, Ediciones Granica, Barcelona, 2005.

Guillén, Mauro F., y Adrian Tsochoegl; *Santander, el banco*, Lid Editorial Empresarial, Madrid, 2007.

Koenig, Neil N.; *¡No puedes despedirme, soy tu padre!*, Deusto, Barcelona, 2004.

Landes, David S.; *Dinastías*, Crítica, Barcelona, 2006.

Lansberg, Ivan; *Succeeding generations*, Harvard Business School Press, Boston, 1999.

Leach, Peter; *La empresa familiar*, Granica, Barcelona, 1993.

Le Breton-Miller, Isabelle, y Danny Miller; *Gestionar a largo plazo*, Deusto, Barcelona, 2006.

Lladró, José; *El legado de Lladró*, Lid Editorial Empresarial, Madrid, 2006.

Navarro, Rafael; *Los nuevos burgueses valencianos*, La Esfera de los Libros, Madrid, 2005.

O' Hara, William T.; *Centuries of success*, Adams Media, Avon, 2004.

Rodríguez, Julián; *Señores de Galicia*, La Esfera de los Libros, Madrid, 2008.

Sala, Agustí; *Sucedió en Wall Street*, Ediciones Robinbook, Barcelona, 2006.

—*Sucedió en Wall Street 2*, Ediciones Robinbook, Barcelona, 2007.

Salgado, Jesús; *Riquísimos*, La Esfera de los Libros. Madrid, 2008.

Sánchez, Carlos; *Dinero fresco*, Temas de Hoy, Madrid, 2003.

—*Los nuevos amos de España*, La Esfera de los Libros, Madrid, 2007.

Sánchez Bardón, Luis; *Ricos y desconocidos*, Temas de Hoy, Madrid, 1997.

Schwass, Joachim; *Crecimiento inteligente*, Deusto, Barcelona, 2008.

Urreiztieta, Esteban; *Los March. La fortuna silenciosa*, La Esfera de los Libros, Madrid, 2008.

VV. AA. (dirigida por Eugenio Torres); *Cien empresarios españoles del siglo XX*, Lid Editorial empresarial, Madrid, 2000.

VV. AA. (dirigida por Francesc Cabana); *Cien empresarios catalanes*, Lid Editorial Empresarial, Madrid, 2006.

VV. AA.; *Construyendo el legado de las familias empresarias*, Deusto, Barcelona, 2005.

Ward, John L.; *Perpetuating Family Business*, Palgrave Macmillan, Nueva York, 2004.

Ynfante, Jesús; *Los muy ricos*, Grijalbo, Barcelona, 1998.

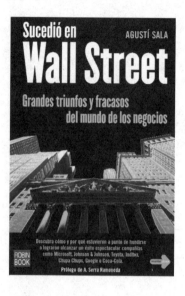

Sucedió en Wall Street
AGUSTÍ SALA

¿Nacieron las empresas más prestigiosas a partir de ideas revolucionarias? ¿Hay fórmulas o estrategias milagrosas? ¿Cómo empezaron algunos de los emprendedores que han alcanzado un mayor éxito? Un libro que da respuesta de una forma clara, amena e incisiva a estas y otras muchas preguntas relacionadas con el mundo de la empresa nacional e internacional, y en el que se suceden los estudios de casos relativos a Sony, Coca-Cola, Hewlett-Packard, Ryanair, Walt Disney, Nokia o Motorola.

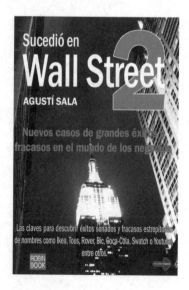

Sucedió en Wall Street 2
AGUSTÍ SALA

Tras el gran éxito de Sucedió en Wall Street, Agustí Sala nos demuestra que el mundo de las empresas es una carrera de evolución constante y que como tal está plagada de éxitos, pero también de fracasos. ¿O no fueron grandes inventos el bolígrafo Bic, el velcro, o la popular fregona? Y puestos en una clave más actual, ¿qué decir de Ikea, los relojes Swatch o Google? En estas páginas se recogen algunos inventos e ideas que cuajaron y otros que fueron rotundas decepciones.

El secreto de las marcas

DOUGLAS ATKIN

¿Por qué algunas personas sienten una lealtad casi sin límites hacia unas marcas determinadas? ¿Por qué existen clubes de fans o comprometidos seguidores de una marca concreta? ¿Religión, sectarismo, mercadotecnia...? Douglas Atkin responde a estas preguntas a partir de una premisa inicial: el consumo de hoy en día ha venido a sustituir, en cierto modo, a las religiones. EL SECRETO DE LAS MARCAS es el primer libro que ha afrontado el desafío de establecer una conexión entre las creencias religiosas y el vertiginoso consumismo de esta sociedad de comienzos de siglo.

¡Sea diferente y gane!

ROBERT CRAVEN

Basado en los galardonados talleres a los que han asistido 15.000 empresarios en los últimos tres años, ¡Sea diferente y gane! le ayuda a mirar su empresa a través de los ojos del cliente, a recuperar esa perspectiva vital para los negocios. Grandes presupuestos, campañas de publicidad masivas... cada vez tienen menos eco en un entorno saturado y muy competitivo: hay que conocer a fondo a nuestros compradores y el boca-a-oreja llega más lejos que cualquier promoción en la web. Craven define marca así: «mensajes que emite su empresa como si fuera radioactividad.»

¿Su jefe está loco?
STANLEY BING

¿Alguna vez, sin saber por qué, ha tenido la impresión de que, por mucho que usted se esfuerce, nunca logra alcanzar los objetivos que su superior le ha impuesto? No le dé más vueltas: el problema no radica en su manera de trabajar, ni en sus habilidades para relacionarse con sus compañeros y superiores, sino en la propia organización de la empresa. Stanley Bing le ofrece algunas de las claves para abrirse paso en el difícil mundo de la empresa, independientemente de sus dimensiones o el sector al que pertenezca.

Todo lo que sé de negocios lo aprendí de mis hijos
IAN DURSTON

¿Sabía usted que conseguir que su hijo se vaya a la cama a su hora puede aumentar su nivel de perseverancia en el trabajo? ¿De qué manera los primeros pasos de su hijo pueden enseñarle la importancia de los errores como herramienta de aprendizaje? En este peculiar acercamiento al mundo laboral, Ian Durston, un directivo de éxito y padre de tres niños, hace uso de su experiencia en la educación de los hijos para arrojar algo de luz sobre los eternos retos de la dirección de empresas.